现代运动训练的
多维审视与方法研究

张 磊◎著

中国水利水电出版社
www.waterpub.com.cn
·北京·

内 容 提 要

本书不仅对运动训练的相关理论进行了多维审视,而且从实践着手对竞技能力各要素的训练方法、常见项目专项训练方法、社会各职业人员及特殊人群的运动训练方法进行了重点研究。

本书不仅理论性强,且实用性高,理论与实践并举,对现代运动训练理论研究及不同人员参与运动训练具有可靠的指导价值,对运动训练学理论体系的完善、运动员训练水平及运动成绩的提高具有巨大的促进作用。

图书在版编目(C I P)数据

现代运动训练的多维审视与方法研究 / 张磊著. --
北京:中国水利水电出版社,2017.9(2025.4重印)
　　ISBN 978-7-5170-5864-9

Ⅰ.①现… Ⅱ.①张… Ⅲ.①运动训练－研究 Ⅳ.
①G808.1

中国版本图书馆CIP数据核字(2017)第230317号

书　　名	现代运动训练的多维审视与方法研究　XIANDAI YUNDONG XUNLIAN DE DUOWEI SHENSHI YU FANGFA YANJIU
作　　者	张　磊　著
出版发行	中国水利水电出版社
	(北京市海淀区玉渊潭南路 1 号 D 座 100038)
	网址:www. waterpub. com. cn
	E-mail:sales@waterpub. com. cn
	电话:(010)68367658(营销中心)
经　　售	北京科水图书销售中心(零售)
	电话:(010)88383994、63202643、68545874
	全国各地新华书店和相关出版物销售网点
排　　版	北京亚吉飞数码科技有限公司
印　　刷	三河市天润建兴印务有限公司
规　　格	170mm×240mm　16 开本　20 印张　358 千字
版　　次	2018 年 1 月第 1 版　2025 年 4 月第 3 次印刷
印　　数	0001—2000 册
定　　价	88.00 元

前　言

　　运动训练是竞技体育的基础与核心,是提高运动员运动水平和运动成绩的前提。经过多年的发展,我国运动训练已逐步摆脱了单一的训练形式,初步形成多系统全方位的体系,但该体系的构建还处于初级阶段,有待进一步丰富与完善。运动训练是一个复杂的系统,受多方面因素与条件的影响,如信息技术的发展、社会文化环境及政治、经济全球化发展趋势等都在不同程度上影响了我国体育事业与运动训练的发展,面对这些新的发展背景,我们必须加大运动训练理论与方法的研究,从多维角度审视运动训练,丰富运动训练理论,提高运动训练水平,使运动训练符合新的历史条件的需要。此外,在中国特色社会主义市场经济条件下,我国竞技体育正朝着市场化、职业化、产业化的方向发展,竞技体育的新发展对运动员各方面的素质都提出了更高的要求,因此要加大运动训练力度,提高运动训练实效,以期实现提高运动员训练水平和运动成绩的目的。鉴于以上各方面的原因和必要性,特撰写《现代运动训练的多维审视与方法研究》一书,以期为我国运动训练理论的丰富完善及运动训练水平的提高提供科学的指导。

　　本书共有十章内容,第一章至第五章主要分析与审视现代运动训练的相关理论与发展,第六章至第十章重点就现代运动训练方法实践展开研究。具体来看,第一章是运动训练概述,阐述了运动训练的概念与特点、目的与任务、运动训练学及其理论体系。第二章是现代运动训练的科学理论基础研究,包括运动训练的生理学基础、教育学基础、营养学基础及工程学基础。第三章是现代运动训练的发展审视,分析了运动训练学的发展概况、研究热点与展望、创新与发展,并站在辩证唯物论角度对运动训练理论进行了分析。第四章是现代运动训练手段与方法体系审视及应用,分别对运动训练手段、运动训练方法的基本知识、体系及应用进行了研究。第五章是现代运动训练的科学管理研究与审视,主要内容有运动训练管理体系概述、高水平运动队的训练管理、高校及职业俱乐部运动员的训练管理、竞技体育后备人才的训练管理。第六章是运动员体能训练理论与方法研究,着重对运动员体能训练概述、运动员运动素质的多维转移、运动员基础体能训练、实用体能训练设计等内容进行了详细分析与研究。第七章至第八章分别研究了运动员心智训练理论与方法、技战术能力训练理论与方法。第九章是职业运动员专项运动训练研究,涉及足球、篮球、田径及游泳四个项目。第十章是社会各职业人员及特殊人群运动训练研究,涉及坐姿类职业人员、站姿类职业人员、变姿类职业人员、工场操作类职业人员、特殊职业人群的运动训练,以及慢性病及功能障碍人群的运动训练。

　　整体而言,本书内容丰富,逻辑严谨清晰,结构合理有序,不仅对运动训练的相关理论进行了多维审视,而且从实践着手对竞技能力各要素的训练方法、常见项目专项训练方法、社会各职业人员及特殊人群的运动训练方法进行了重点研究,不仅理论性强,而且实用性高,理论与实践并举,对现代运动训练理论研究及不同人员参与运动训练具有较大的指导价值,对运动训练学理论体系的完善、运动员训练水平及运动成绩的提高具有巨大的促进作用。

　　本书在撰写过程中,借鉴了许多专家、学者的研究成果和观点,在此表示诚挚的谢意。另外,由于时间和精力有限,书中难免有不妥之处,敬请读者谅解,并指正。

作　者
2017 年 7 月

目　录

第一章　运动训练概述

运动训练是我国竞技体育运动发展的重要基础,同时也是其中的重要内容。经过多年的发展,运动训练也不断积累的丰富着理论知识和实践经验,并形成了一门科学——运动训练学。本章就运动训练的相关理论进行研究,内容包括运动训练的概念与特点、运动训练的目的与任务、运动训练学及其理论体系。

第一节　运动训练的概念与特点

一、运动训练的概念

(一)运动训练的定义

所谓运动训练就是指教练员和运动员在相关人员的积极配合之下,促使运动员竞技能力得以不断提高,从而创造出优异运动成绩,争取获得比赛胜利的一种准备性的体育教育过程。就词的本来含义来说,训练就是指练习、教导,是指为了促使某种机能得到提高,更好地掌握某种技能所进行的反复练习的过程。因此,将其套用在运动训练中后,"训练"则可以指为提高竞技运动能力和运动成绩而专门进行的一种体育实践活动,运动训练是对人的运动能力的改造和提高的过程。

但目前来看,对于运动训练,人们的认识是比较偏向于狭义层面。从人们的思维认识来看,运动训练主要是同教练员有关的,在运动场上所进行的所有的教练活动。但事实上,现代运动训练是指同运动成绩和运动技术水平提高有关的所有过程。运动训练是指为提高和保持运动成绩的一切因素和措施的总和,其本身包含的内容更多。

由此可见,运动训练不仅指运动场上的身体性练习活动,也指包括运动员选材、组织管理、运动竞赛、生活管理,心理、智力和思想教育活动,以及恢复和营养等一切与提高和保持运动成绩有关的全过程。对这一过程汇总,除了包含了教练员和运动员的积极参与外,还包含了在此过程所有的参与人员,如管理人员、科研人员以及后勤保证人员,等等。这一认识是根据现代训练的特点所形成的对运动训练的一种全方位的、全新的理解,也是现代训练对运动训练的一种广义的认知。狭义层面的运动训练其实就是广义层面运动训练的核心,参与运动训练实践,一方面要对狭义的运动训练进行充分考虑,也就是指对运动成绩产生影响的直接因素,另一方面还要估计到对运动成绩产生影响的训练以外的因素,以全方位地调控运动训练的整个过程。

运动训练的概念主要包括以下几个层面。

1. 作为一个专门组织的教育过程

教育最为直接的目的就是对人进行培养,同时为人以后更好地走向社会,参与各类社会实践活动做好相应的准备,而运动训练也是一样的。但由于运动训练自身的特殊性,其更加倾向于对人的运动能力进行培养和提高,这也决定了运动训练过程的组织形式、目的与任务、内容、手段以及方法等都具有其自身的特点。这就需要在运动训练过程中,根据运动训练的固有特点来科学地对运动员进行训练,以为国家培养和输送更多的优秀运动人才。

2. 提高竞技水平,创造优异成绩是运动训练的目的

运动训练并不是随意而为的活动,它的目的非常明确,就是要促使运动员的竞技能力得到提高,并创造出更好的优异成绩。由于运动训练是以提高运动员竞技技术水平,促使运动员创造并保持优异运动成绩,获得比赛胜利作为主要目的,所以在运动训练中要采用各种方法和手段来对运动员机能潜力进行充分地挖掘、培养和发挥,从而促使他们创造并保持优异的运动成绩。

3. 运动训练的实现离不开教练员和运动员的积极参与

运动训练应在教练员和运动员双方积极参与下实现。

从人的角度来看,在运动训练中,教练员和运动员是其中最直接的参与者和组织实施者,缺少了任何一方的参与,那么整个运动训练过程也都将无法继续。运动训练是将运动员作为主体的,教练员则是其中的直接组织者、实施者和指导者。运动训练具体成效是通过运动员在比赛中的成绩来体现的,所以训练中既要发挥运动员的主体作用,又要发挥教练员的主导作用;既要有运动员的主观努力,也需要教练员的科学指导。只有在运动员和教练员的协同配合下,通过共同努力才能促使运动训练达到最大限度的效果。

（二）运动训练与竞技体育的关系

当谈到运动训练与竞技体育的关系这个问题时,便可以将运动训练的最大用途发挥出来。如果运动员想有效提高自身的竞技运动成绩,那么首先他必须要按照自己所从事的运动项目的客观规律行事,并且要严格遵循与之相关的训练规律和原则,在此基础上再利用科学、合理的训练方法,在合理的运动计划指导下逐步完成运动训练。需要特别说明的是,训练计划一旦确定,就要严格按照计划内容进行训练,保证认真严格地落实计划,如此才能够取得相应的训练效果。

运动训练和竞技体育和竞技运动之间关系紧密,它们不仅是一种从属性、层次性关系,还表现为以下几方面的内在联系。

首先,运动训练安排和要求在很大程度上都是以各个竞技运动项目的特点和竞赛规则的要求为依据。

其次,运动训练的成果只在运动竞赛中才能最有效地表现出来,而运动竞赛的特定条件和气氛又为创造高水平运动成绩提供了平时训练中难以具备的良好的应激刺激条件。

再次,只有在正式比赛中表现出来的运动成绩才能得到社会的承认。

最后,竞技体育发展使运动训练项目和内容更加多样化,现代科学技术与体育运动的结合也使得训练方法和手段更加丰富。

除此之外,运动训练对竞技体育的重要性还表现在以下三个方面。

（1）运动训练是竞技体育中的主体。一方面,在竞技体育中运动训练是其多种构成中最主要的一项。这样认为的依据是在竞技体育中,运动训练无论从所占用的时间、活动的容量,还是从运动团队对训练的人、财、物的投入来看都是最多的;另一方面,在竞技运动早期对于运动员选材来说,实际上也就是为运动会的训练提供优质的素材,在运动员经过长期的训练后,会安排其参加一定级别的比赛,这种运动竞赛则是对其训练成效的检验;运动员的竞技能力的高低取决于多种效应,包括遗传效应及训练效应等多个方面。其中,训练效应是运动员获得竞技能力最重要、最有效的途径。只有通过长期、系统和科学的训练,运动员的竞技能力才能达到较高的水平,才能在复杂多变的比赛中表现出优异的运动成绩。

（2）运动训练对运动员选材的影响。决定运动员竞技能力的因素有两方面:一是先天遗传因素;二是后天训练因素。在科学的方法和相关教练员丰富的教学经验的结合下,基本上可以最大概率地选择出适合参与某个运动项目的苗子。科学选材结束后,还要在此基础上进行科学的训练,才能有效地发展运动员的竞技能力,并使得运动员先天遗传性的竞技能力得到充分的展现。正确的选材是运动训练能否达到最佳效果和产出更多优秀运动员的前提条件,而科学选材与科学训练二者之间有着不可分割的紧密联系,相辅相成。也就是说,没有科学的训练,再好的素材也不可能成为优秀的选手。

(3)运动训练与运动竞赛的影响。在运动员经过一段时间的训练后,在适当时候会被安排参加竞技比赛,力争最好的竞技成绩,而这也是运动员参与运动训练的最终目的。运动训练的内容和安排应力求符合各个运动项目的特点和竞赛规则的要求,最终求得在比赛中充分地表现出已经具备的竞技能力。同时,运动竞赛的特定条件和气氛,为创造高水平运动成绩提供了平时训练中难以具备的良好条件,而运动成绩也只有在专门组织的比赛中表现出来,才能得到社会的承认。运动员的比赛成绩正是对其训练效果的最好检验。

二、运动训练的特点

同体育运动锻炼和体育教学相比较来说,运动训练具有其自身的特点,具体如下。

(一)专一性和多向性

任何一名运动员都会参与到特定的专项训练之中,他们的训练目标就是在特定的专项比赛中能够创造出优异的运动成绩,获得比赛胜利,这也使得运动训练呈现出目标转移性的特征。随着现代竞技运动的快速发展以及运动项目竞争越来越激烈,这对运动员的能力提出了更高的要求。实际上,同一运动员无法在不同性质的项目中都能够达到世界先进的水平,即便是运动天才也能够将精力放在某一项目或相近项目。因为每一个运动项目对人体运动能力都有不同的且特殊的要求。正因为如此,必须在全面训练的基础上,根据不同的训练阶段及运动专项的特殊要求,采用各种手段发展专项特殊需要的运动能力,特别是对高水平运动员的训练来说,这一点显得尤为重要。

运动训练项目和内容的专门性,并不对那些能够促使专项竞技能力得到快速提高的其他项目的训练手段和内容予以排斥,而是对各种内容和手段在促使专项运动能力得以提高方面的作用,包括长期作用、间接作用、直接作用、短期作用,等等,进行认真分析。这些都应根据不同项目的特点和不同训练阶段的具体任务选择运用,以便更为有效地选用多种方法和手段服务于专项竞技水平的提高。由于从广义的角度认识运动训练,再加上竞技能力结构的复杂性,所以尽管运动训练表现出明显的专项的专一性,但是在具体的训练任务方面却是多向性的。运动训练的任务既有训练因素方面的训练任务,也有非训练因素方面的训练任务,因此是多向的。

(二)复杂性和多样性

运动训练具有多样化的任务和功能,其整个的训练过程也是复杂的,这一特点在运动训练内容方面也同样有着很好的体现,这也使得与之匹配的训练方法和训练手段也变得丰富多彩起来。如此,现代训练中对训练内容、方法和手段的选择就显得非常重要。

运动训练的方法和手段是多样化的,并且在对人体的作用方面,每一种方法和手段都是有所差异的,也都是比较特殊的。在不同时期、不同阶段的运动训练中,运动训练所要解决的问题也是不同的。正是由于训练任务的多样性也决定了训练手段内容的多样性。身体练习是运动训练的基本手段,要想促使运动能力得以提高,就必须要进行相应的身体练习。而在具体的训练实践中,既要根据不同任务选择运用最有效的手段和方法以提高训练的效果,又要采用多种手段、方法达到同一目的,从而提高运动员的训练兴趣,使其主动、自觉、积极地参与运动训练。

(三)长期性与系统性

就本质来说,促使运动能力得以不断提高的过程就是运动员有机体适应训练刺激,并从量变转变为质变的过程。在运动训练过程中,如果缺少了长时间量的积累,那么无法产生质的变化和提高。若想通过进行运动训练来对优秀运动员加以培养并促使其创造出优异的运动成绩,那么就必须要制定出多年的系统训练计划,在系统训练中实现这一目标。

尽管各个运动项目所需的训练年限不同,但是从整体上看大多数项目都需要经过十年左右的系统训练才能取得良好的训练效果。而在这个长期的训练过程中,须对影响训练的多种因素加以长期系统的科学控制,并通过阶段目标的制定来促使预期总目标的实现。

(四)个体性与针对性

不管是个人项目还是集体项目,运动员大都是以个体作为单位来参加的,并在个体参与的基础上,形成了群体间的协调配合。这就使得运动员参与训练的个体性以及训练安排的针对性显得非常重要。

在运动训练中,运动员优异成绩的获得以及运动技术水平的提高都是在多种因素综合作用下进行的。这些因素包括运动员个体的形态、机能、运动素质以及技战术掌握的程度、心理发展的水平、组织管理因素、比赛因素、卫生保健因素等。不同的运动员，其运动成绩和运动水平会受到不同因素的影响，换句话说，就是上述这些因素对不同运动员来说，其影响也是不相同的。运动训练中要充分发挥每一名运动员的优势，并弥补其不足，就必须从每一名运动员的实际状况出发，采用各种科学有效的手段和方法，有针对性地安排训练内容和形式，这样才能使训练刺激更有效地作用于运动员，从而使运动员的各种能力在原有的基础上得到大幅度的提高。在具体的运动训练过程中，对运动员要重视进行区别对待，这种区别对待主要从确立训练目标、选择训练方法和手段以及应用、运动负荷的安排等方面反映出来。只有针对性强的训练刺激才能最大限度地挖掘运动员的潜力，提高运动员的训练水平。当然，训练安排的针对性并不否认群体训练中，在特定的训练过程和时间，统一安排练习形式、内容、方法及训练计划。

（五）极限性和应激性

就目前来说，运动员要从事艰苦训练，这是运动训练所要求的，这也对运动员承受艰苦的能力提出了较高的要求。运动训练要求要促使人体机能的潜力得到最大限度的发挥，人体运动能力的不断提高意味着人体的适应能力也得到了快速提高。要提高人体适应能力就必须通过各种运动应激刺激（主要是运动负荷）最大限度地作用于运动员的有机体，如果没有最大限度的运动应激刺激，就不能把运动负荷推到最高应激水平，也不可能最大限度地提高人体对运动训练和比赛的适应能力，也不可能将运动水平发挥到最好。

通过承受高水平的运动负荷，才能创造出更高水平的运动成绩，这在现代竞技运动训练中已经得到了非常普遍的认可。专项运动成绩能够反映出运动员对专项负荷强度的承受能力，承受负荷强度的能力越高，运动成绩就越好，反之就越差。简言之，如果运动训练中运动员不能承担大负荷乃至极限负荷的训练，就不可能成为一名优秀的运动员。运动训练中要依据机能适应规律，循序渐进地加大运动负荷，直至达到运动员的极限。

（六）激烈性与科学性、计划性

随着现代体育竞技变得越来越激烈，比赛胜负有时从一些比较微小的因素上获得微弱的优势，有时仅是一厘米、百分之一秒之差，甚至是在相同成绩下来决定比赛的胜负。如果不通过各种科学的训练理论、方法和手段去尽可能地夺取那些微小因素上的微小优势，是很难取胜的。现代训练是一个高度科学化的实践活动过程，体育竞技实际上也是各个国家和社会团体的综合实力的竞赛。可以说现代训练的最大特点之一就是运动训练的科学化水平越来越高。

运动训练所具有的科学性主要从运动训练计划中得以体现出来,运动训练计划是教练员和运动员开展运动训练的重要依据,如果运动训练缺少了科学的训练计划,那么运动训练就是不科学的、盲目的,即使有了计划,如果不进行科学的安排,那么也很难获得最高的训练成效。所以,在当今运动竞技的激烈性不断增强的情况下,运动训练安排的科学性与计划性具有重要的作用。

(七)整体性与互补性

项目不同,运动员的竞技能力结构也存在较大差异,都有各自的特点以及侧重点。但任何一个体育运动项目,运动员的竞技能力都包括体能、技能、战术能力、心理能力以及运动智能等诸要素构成。各项目运动员的主导竞技能力及次要的竞技能力,各以适当的发展水平、相应的结构协调地组合在一起,构成了运动员表现在专项竞技之中的综合竞技能力。同时,各个子能力之间相互制约并相互促进,有着较好发展的优势子能力会对发展较为滞后的子能力在一定程度上产生补偿作用。例如,发球变化多、攻球速度快的亚洲直拍乒乓球选手在与相持能力强的欧洲横拍选手比赛时,力求在前三板中得分。

(八)表现性和差异性

运动训练中所获的效果以及运动训练竞技水平的提高,都需要通过参与竞技比赛来进行检验。也只有通过了正式比赛所表现出来的能力才会获得认可,并且在重大的比赛中创造出来的运动成绩,其意义也是最大的,并能够促使竞技运动的社会价值得到最大限度的发挥,并产生最大的社会效应。这是由竞技运动的本质,以及作为竞技运动组成部分的运动训练和运动竞赛的关系所决定的。训练中既要着眼于培养与提高运动员的竞技能力,又要对运动员的比赛能力和强大的心理素质进行重点训练,进而最大限度地使平时通过训练已经具有的运动能力在最重大的比赛中表现出来。也就是说,在运动训练的过程中,既要着眼于竞技能力的提高,也要让运动员在近期比赛和长期比赛中进行科学的训练。

运动成绩是通过一定的方式来得以表现出来的,不同的运动项目,其运动方式和比赛方式存在很大的不同,这也使得其运动成绩的表现方式也存在很大的区别,有的是通过功率指标来进行表现;有的是通过比分来体现出来;有的是通过评分的方式来表现出来。此外,各个体育运动项目,都具有非常严格的限制因素和规则,如果运动员不遵守相应的规则,那么在正式比赛中,即使创造出了运动成绩,也是无法得到认可的。

第二节 运动训练的目的与任务

一、运动训练的目的

运动训练并不是凭空出现的,它自身拥有各自的追求目标,否则就是失去响应的存在意义和价值。虽然不同的运动训练项目、训练起点、运动水平竞争强度以及运动竞赛的层次,使得训练目标呈现出多样性和差异性,但就运动训练来说,每一个运动项目都有其自身的主要目的。促使运动员的竞技能力提高是运动训练最为直接的目的,从而从竞赛中将已经获得的最佳竞技状态予以更好地发挥出来,从而在激烈的比赛中获得相应的运动成绩。

我国的运动训练的目标还包括:在有效监控运动训练整个过程的基础上,促使运动员或运动队的社会适应能力得到不断提高,从而促使他们能够在国际竞技体坛中创造出更为优异的运动成绩,从而为整个国家取得更多的荣誉。

二、运动训练的任务

运动训练的任务主要体现在以下几点。

(1)根据运动专项的相关需要,来对运动员的身体形态进行改善,促使其各器官系统的机能得到提高,并促进专项运动素质和基本运动素质得到发展。此外,还要促使运动员的健康水平得到不断增进,以对运动伤病进行预防和治疗。

(2)促使运动员的专项技战术技能水平得到提高,使之达到能够进行熟练掌握并运用自如的程度。此外,还要促使运动员的应变能力、对外界环境的适应能力以及比赛能力得到提高。

(3)对运动员良好的心理素质进行培养,并培养运动员吃苦耐劳、坚忍不拔的精神,以及顽强勇敢的意志品质。此外,还要对运动员的心理状态进行调节。

(4)使运动员掌握运动医务监督、运动营养等理论知识,对运动员自我训练和自我保健的能力进行培养。

(5)加强运动员的思想政治教育,对运动员的爱国热情、努力进取的精神以及良好的道德行为规范进行培养,促使运动员养成优良的运动道德作风以及文明礼貌的行为习惯。

三、实现运动训练目的、完成运动训练任务的基本要求

要想使运动训练的目的尽快实现,使运动训练的任务高质量完成,就需要做到以下几点要求。

(1)在运动训练中,要全面贯彻并执行训练目的和训练任务。对于运动训练来说,其训练目的和任务都是相互制约、相互联系的,只有将这些训练任务完成,才能更好地实现这些运动训练的任务和目的。

(2)不同的运动训练阶段,有着不同的训练目的和训练任务。这就要求在各个训练阶段中要有所侧重。运动训练的目的和训练任务是针对整个运动训练过程的,但它是一个长期的过程,这就要求要根据不同的项目特点、不同的训练阶段,以及运动员的具体实际有所侧重,否则就很难将各个阶段的特点突出出来,也就难以达到预定的目的。

(3)运动训练要对各项任务相互之间的联系加以很好的处理。在运动训练中,各个训练任务之间也是相互联系的。在具体的运动训练中,要对身体训练、心理智力训练、技战术训练以及思想政治教育等相互之间的关系进行正确的处理;同时,还要对各项任务内部的各个要素之间的关系进行处理,如机能、形态、运动素质之间的关系以及各运动素质之间的关系,等等。只有如此,才能够更好地促使运动训练的目的和任务得以顺利实现。

(4)构建有效、科学的运动训练管理体制。对于运动训练来说,有效、科学的运动训练体制是促使训练目的和训练任务得以顺利实现的组织保证。训练体制主要包括训练组织形式、组织管理体系以及相关的法规制度等多项内容。在促使运动训练目的和训练任务得以实现的过程中,科学的管理是其中的重要环节,要实现运动训练的目的任务,既要根据国际竞技运动发展的趋势和我国的国情制定好竞技运动发展的战略,又要建立各种规章制度,引入和运用竞争机制。通过对人、财、物进行加强管理,才能使各个方面的积极因素得以充分调动起来,只有这样才能创造出更大的效益,这样才能促使运动训练目的的实现和运动训练任务的顺利完成得到保证。

第三节　运动训练学及其理论体系

一、运动训练学的概念

运动训练学是一门新兴的体育交叉学科,它主要是对运动训练中的一

般规律进行研究和反映,它是在对运动训练丰富的实践经验加以总结和研究的基础上,对其他相关学科的基本原理和方法加以广泛运用。之所以能够确立运动训练学的概念,主要归因于其研究对象的确定,这也是一门新兴学科得以产生的最为重要的前提条件之一,同时也是这一学科同其他学科进行区别的重要标志。每一门学科都具有其特定的研究对象,这对于运动训练学来说也是不例外的,它所研究的对象就是运动训练中所存在的普遍规律。具体来说,主要包括运动训练的目的、任务和特点、竞技体育的地位和作用;运动训练的方法和手段;运动训练的原理和原则;技战术训练;身体训练;心理和智能训练;运动员选材;训练过程的计划和控制;负荷与恢复等内容。

在确立好运动训练学的研究对象之后,逐渐建立起各自的理论和内容体系。运动训练学的理论体系,主要有自然科学和社会科学两大类构成(图1-1)。

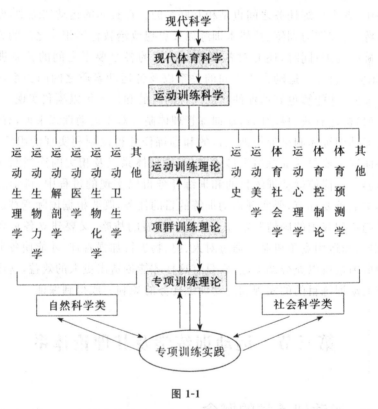

图 1-1

由此可知,运动训练学就是以专项训练理论、专项训练实践和现代体育科学技术发展作为基础而建立起来的,对运动训练的目的、原理、任务、原则,训练的基本内容、基本方法,选材方法、训练过程的组织、结构,控制与计划的安排,以及对教练员和运动员的具体要求和运动队的组织和管理等一般规律进行系统、概括地阐明的一门新兴的体育学科。

运动训练同其他专项训练理论有着非常密切的关系,两者之间既有各自不同的特点,同时也有共同之处,也就是说,两者是相互联系、相互区别的。

首先,两者之间的区别,主要从研究对象的不同得以表现出来。运动训练的"一般规律"是运动训练学主要的研究对象,换句话说,就是运动训练学侧重于对运动训练过程一般规律进行反映的基本理论的研究,对运动训练具体组织方法的基本理论进行了阐明,同时阐明了训练过程中带有普遍性和共性的问题。各专项训练的"特殊规律"是专项训练理论的主要研究对象,换句话说,专项训练理论主要是侧重于对专项训练的基本方法和基本原理、基本手段进行研究。

其次,两者之间存在非常密切的联系,这主要表现在它们相互影响、相互促进。一方面,运动训练学要高于专项训练理论;另一方面,运动训练学优势从专项训练理论中发展而来,它是将专项训练理论作为基础的,从专项理论中总结出具有共性规律的东西,使其上升为对运动训练具有普遍指导意义的理论,从而形成运动训练学的基本理论体系。

在确定运动训练学概念,特别是确定运动训练学研究对象方面,各个国家的不同运动训练学研究者都有各自不同的观点和表述形式,但不管进行怎样的表述,他们都认为:运动训练学所研究的不是某一个运动项目的特殊规律,而是对各个运动项目的普遍规律进行研究。因此,根据运动训练学的研究对象,田麦久教授将运动训练学划分为一般训练学和专项训练学两部分,一般训练学是对运动训练中的一般规律进行反映;专项训练学是对专项训练中的特殊规律进行反映。

二、竞技运动项目分类的意义

根据各运动项目的性质、形式、结构、场地、器材等,把众多的运动项目按照一定标准进行的区分和归纳,就是竞技运动项目分类。认识客观事物并将其进行科学分类是科学研究的重要内容,人类从来没有停止过用这种方法加深对客观世界的认识。进行分类之后,就可以通过采用类比的方式来对各个竞技体育运动项目进行了解。虽然说并不是很精确,但能够大体上了解各个运动项目。

就目前来说,在国际上有很多竞技体育运动项目非常流行,并且所采用的依据也是非常多的,科学地对众多的运动项目加以分类,是一个非常复杂的工作,也是非常困难的,但划分竞技体育运动项目的意义是非常重大的,这主要从以下几个方面很好地体现出来。

（一）能够很好地促进运动训练理论体系的建立和发展

在认识运动训练和运动比赛时，人们总是从各个运动项目所具有的特点进行分析来着手的，然后将他们的共性抽象地概括出来，以对运动训练实践进行指导。因此，对各个竞技体育运动项目的特点进行分析，并加以科学归纳，能够加深人们对各个运动项目的认识，并对运动训练理论体系进行丰富，以对运动训练时间进行更为科学的指导。

（二）对于各运动项目的异同点的把握和运用有较好的指导作用

认识各运动项目的个性和共性，可以使我们在训练实践中更好地利用良性正迁移，避免不良负迁移，有利于项目之间的相互渗透移植，互相借鉴，从而提高训练的效果。

（三）能够充分地了解各项群的特点

通过对各个项群的特点进行了解能够促使整个训练过程更加具有针对性，更为有效地提高运动员的运动能力，促进竞技运动得到更好的发展。

由于任何形式的分类都具有一定的局限性，这也使得对于竞技体育运动项目的分类一直没有达成统一，不同学者、不同国家总是从各自认为最重要的特定角度认识各运动项目并进行分类的。通过结合我国运动训练的实际情况，我国学者深入地研究了竞技体育运动项目的分类，并确立了一套科学合理的分类体系，这对于竞技体育运动理论体系的构建及发展做出了非常重要的贡献。

三、竞技运动项目分类体系

为了更深刻地认识和指导运动训练实践，就需要对竞技运动项目进行分类。根据不同的分类标准，众多的竞技运动项目可分为不同的类别。竞技运动项目分类的基础是运动项目某一特定的共性。竞技运动项目分类的体系主要有以下几种。

（一）以竞技运动的对象及其身体活动的性质为依据的分类体系

根据竞技的对象，俄罗斯马特维也夫把现在国际上普及的运动项目分为五类，即最大限度发挥运动员的体力和意志力的项目、通过操作特殊移动器械的项目、使用器械（武器）瞄准目标的项目、将运动员模型—设计活动结果进行比较的项目以及以抽象理论和智力为手段战胜对手的项目。

1. 最大限度发挥运动员的体力和意志力的项目

竞技成绩是运动员个人的,是比赛中通过发挥运动员个人的运动能力而直接取得的,是这一类项目的主要特点。这一类项目包括的内容很多,大多数主要的运动项目都属于这一类,比如田径、体操、格斗、游泳、球类、击剑等。在训练这一类项目时,应注意以提高运动员个人运动能力和意志力为主。

2. 通过操作特殊移动器械的项目

竞技成绩是由运动员人工以外的动力和运动员的操作技能决定的,是这一类项目的主要特点。常见的运动项目主要有摩托车、汽车、帆船等。在进行这类项目的训练时,不仅要不断提高运动员的操作技能,而且还要选择最好的移动器械。

3. 使用器械(武器)瞄准目标的项目

运动员身体活动受到很大限制,是此类运动项目的主要特点。常见的运动项目主要有射击、射箭等。在进行这类项目的训练时,应以提高运动员的本体感觉能力,特别是精细感觉能力,以及稳定性为主。

4. 将运动员模型—设计活动结果进行比较的项目

一种智力活动与精细制作活动的结合,是此类运动项目的主要特点。常见的运动项目主要有航空模型、汽车模型、航海模型等项目。

5. 以抽象理论和智力为手段战胜对手的项目

以智力活动为主,是此类运动项目的主要特点。常见的运动项目主要有围棋、中国象棋、国际象棋、桥牌,等等。在进行这类项目的训练时,应以提高运动员的智力为主,特别是处理好整体与局部、进攻与防守等的关系。

(二)以竞技能力主导因素为依据的分类体系

以运动项目所需的竞技能力的主导因素为划分依据,可将所有的运动项目按从大到小的类别,分为大类、亚类以及具体项目。首先分为两类项群,即体能主导类和技能主导类(简称体能类和技能类),这两大类项群又分成若干个亚类,每个亚类又包含若干个具体运动项目和单项,从而形成一个以竞技能力主导因素为基本依据的分类结构体系(表1-1)。

表 1-1　根据竞技能力的主导因素对竞技项目进行的分类

大类	亚类		项目
体能主导类	速度力量性		跳跃、投掷、举重
	速度性		短距离跑（100米、200米、400米）、短距离游泳（50米、100米等）、短距离速度滑冰（500米等）、短距离赛场自行车等
	耐力性		中长距离竞走、跑、速度滑冰、中长距离游泳、越野滑雪、中长距离公路自行车、划船等
技能主导类	表现	准确性	射击、射箭、弓弩
		难美性	体操、艺术体操、技巧、跳水、花样滑冰、花样游泳、冰舞、武术（套路）等
	对抗	隔网	乒乓球、羽毛球、网球、排球等
		同场	足球、手球、冰球、水球、曲棍球、篮球等
		格斗	摔跤、柔道、拳击、击剑、武术（散打）等
智能类			棋类、牌类、航海模型、航空模型、无线电测向等

（三）以运动项目的动作结构为依据进行分类

这一体系是根据马特维也夫按动作结构分类的基本思想,将所有的竞技运动项目划分为有动作结构类和无动作结构两类,其中,有动作结构类又分为单一动作结构、多元动作结构及多项组合动作结构三大类,然后再将这三大类分为七个亚类,再将这些亚类分为具体运动项目而形成的(表1-2)。

表 1-2　根据动作结构对竞技运动项目进行的分类

大类	亚类		项目
有动作结构类	单一动作结构	非周期性	铁饼、铅球、链球、举重、跳跃滑雪
		周期性	跑、竞走、游泳、自行车、射击、射箭、长距离滑雪、速度滑冰、划船
		混合性	跳高、跳远、三级跳远、撑竿跳高
	多元动作结构	固定组合	体操单项、武术单项、艺术体操单项、技巧、花样滑冰、马术、回旋滑雪、自由式滑雪
		变异组合	篮球、手球、足球、水球、曲棍球、冰球、乒乓球、羽毛球、网球、台球、拳击、摔跤、柔道

续表

大类	亚类		项　目
有动作结构类	多项组合结构	同属多项组合	田径男子十项和女子七项全能、速滑全能、体操全能、艺术体操全能、武术全能
		异属多项组合	现代百项、冬季两项、铁人三项
	无动作结构类		航空、航海模型类、棋牌类等

（四）以运动成绩的评定方法为依据的分类体系

按各项比赛成绩的评定方法,可将各竞技项目分为测量类、评分类、命中类、制胜类及得分类五大类,然后再分为各种具体的运动项目。需要注意的是,这五大类中,有些运动项目是有重叠的,即可以属于两大类(图 1-2)。

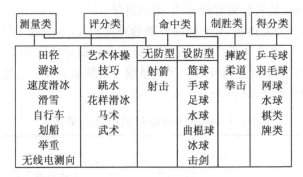

图 1-2

（五）以项目运动的负荷特点为依据的分类体系

运动负荷是科学安排运动训练的核心,而各个运动项目从其运动负荷的性质上看,都表现出不同特点,有突出负荷量的,也有突出负荷强度的;有以生理(体力)负荷为主的,也有以心理和智力负荷为主的。我国学者徐本力按各运动项目运动负荷的特点提出了一个新的项目分类体系(表 1-3)。

表 1-3　按运动项目负荷性质的项目分类体系

大类	亚类	项　目
按负荷量与负荷强度的对应关系划分	强度为主类	短跑、短游、短滑、跳跃、投掷、举重、击剑、体操等
	力量为主类	马拉松、长跑、长游等
	强度与力量均衡类	中跑、球类、中距离游泳、武术

续表

大类	亚类	项 目
按对人体影响的类别划分	生理负荷类	田径、球类、体操、重竞技等
	心理负荷类	射击、射箭等
	智力负荷类	棋类、牌类、航模等

(六)综合型分类体系

通过对比将各种功能、结构相似的运动项目划分类别,并分别进行探讨,是项目分类的重要目的。因此,要想达到这一目的,在研究各类运动项目特点之前,首先必须对各具体项目在技术结构、运动负荷、主要竞技能力的构成、对机体机能的要求,以及训练的目的等各方面的特点进行全面的分析,从而使训练的安排更有针对性,更加科学。

针对这一分类体系,有不同的理解和表现形式,下面就介绍甘德尔斯曼和斯米尔诺夫 1970 年提出的一个多指标综合性的项目分类体系(表 1-4)和田麦久教授根据其单指标项群分类体系确立的体能类和技能类竞技项目多指标综合型分类体系(表 1-5)。具体如下。

表 1-4　各类运动项目的综合分类体系

分类	训练目的	运动项目举例	技术结构	运动强度	主要生物运动能力	机能要求
1	完善某种技能的协调性与动作外形	体操、花样滑冰等	非周期性运动	高、低强度交替	协调性、力量与速度的混合能力	中枢神经系统、神经肌肉系统
2	获得周期性运动的高速度	赛跑、赛艇、游泳等	周期性运动	从极限到各种较低强度、高低强度的交替	速度、耐力	中枢神经系统、神经肌肉系统、心肺系统

续表

分类	训练目的	运动项目举例	技术结构	运动强度	主要生物运动能力	机能要求
3	提高某种技能的力量与速度	举重、投掷、跳跃等	非周期性运动、周期—非周期结合性运动	高、低强度交替	力量、速度	神经肌肉系统、中枢神经系统
4	完善比赛中同对手对抗的技能	集体项目、某些个人项目	非周期性运动	高、低强度交替	协调性、速度、力量、耐力	中枢神经系统、运动系统、心肺系统
5	熟练操纵各种驾驶工具	帆船、马术、摩托车	非周期性运动、周期—非周期结合性	高、低强度交替	协调性、速度	中枢神经系统
6	提高中枢神经系统在紧张但低负荷运动中的活动能力	射击、棋类	非周期性运动	低强度	协调性、耐力	中枢神经系统
7	综合性运动	十项全能、冬季两项等	周期性运动、非周期性运动及周期—非周期结合性运动	不同项目、不同强度	混合能力	中枢神经系统、运动系统、心肺系统

表 1-5　体能、技能项群竞技项目多指标综合分类体系

标准	竞技能力的主导因素		动作结构特点		成绩评定方法	负荷特点
项群划分	体能主导类	快速力量性	单一动作结构	周期性	测量类	生理负荷为主;突出强度
				非周期性		
		速度性	单一动作结构	周期性	测量类	生理负荷为主;突出强度
		耐力性	单一动作结构	周期性	测量类	生理负荷为主;突出量(长)和强度与力量均衡(中)
	技能主导类	表现准确性	单一动作结构	周期性	测量类	生理、心理负荷为主;突出强度(心)、力量
		表现难美性	固定组合多元动作结构		评分类	生理、心理负荷为主;突出强度、力量和强度均衡
		同场对抗性	变异组合多元动作结构		命中类	生理负荷为主;力量和强度均衡
		隔网对抗性	变异组合多元动作结构		得分类	生理、心理负荷为主;力量和强度均衡
		格斗对抗性	变异组合多元动作结构		制胜/命中类	生理负荷;力量和强度均衡

四、运用竞技运动项目分类的注意事项

　　竞技运动项目分类是从不同方面探索各运动项目的特点与共性规律的。分类的目的是为了更好地运用竞技运动项目分类的知识,科学地制定竞技体育发展战略,指导运动实践,促进竞技运动发展。但是,并不是任何时候、任何情况下都能够随意进行分类的。为了能够很好地达到分类的目的,在运用竞技运动项目分类时,要注意以下几方面事项。

（一）要在充分了解共性与个性的基础上,处理好两者的关系

在竞技体育运动项目中,各个体育运动项目都具有其特殊性,即所谓的个性。也正是因为这种个性的存在才使其成为自身的存在。这种特殊性也是我们对各个竞技体育运动项目的发展规律加以认识的基础。各种分类体系都是在对各个运动项目个性加以充分分析的基础上对某一方面进行抽象概括出来的共性。

从多个角度,人们对各个运动项目的共性进行了相应的探索和认识,这是为了更好地对各个项目之间的相似点和联系进行寻找,以对各个运动项目的发展规律进行探索。在对各个分类体系进行运用时,一定要对共性与个性之间的关系进行正确的处理,既要对个性进行充分的认识,同时也要了解共性。只有如此,才能更加深入地认识各个竞技体育运动项目及其规律,才能对训练和比赛实践加以更好地指导,以更好地促进各个体育运动项目得以更好发展。

（二）要区别对待,注意结合民族性等特殊因素

每个民族由于所生存的环境不同,因此在选择安排项目布局时,要从本地区、本民族的特点出发,选择适合本地区、本人种特点的运动项目。

（三）坚持因地制宜的原则,将任务要求作为主要分类依据

各个分类方式都是从各个不同的角度来对各个运动项目的共性进行探索的,所要解决的任务也是不相同的。所以,采用什么样的分类方法要根据具体任务来确定。对于项目布局,对运动员竞技能力提高的规律和方法进行研究时可以采用以竞技能力作为主导因素进行分类的方法。而对于技术训练,可以采用以动作结构进行分类的方法。

（四）注意运用的侧重点,切忌一概而论

每一种分类方法都是从某一个特定的角度来对运动项目某一方面的属性进行反映的,因此所能够解决的任务受到了比较大的局限。在运动训练和比赛中,所要解决的具体任务有很多,项目本身也具有很多方面的属性。因此,在对项目分类进行运用时,在某一时期要根据主要任务以一种方法为主,并结合其他分类方法进行运用。

五、项目、项群、项群的分类结构与项群训练理论

从体育运动发展史来看,竞技体育运动项目是从很多具有竞技性质的游戏开始得以逐渐发展起来的。在对各个运动项目的内在特点进行深入研究时发现,很多运动项目具有相似的属性和特点,而项群就是我们对这些具有相似特征和属性的项目归属为同一类属项目的总称。

"项群训练理论"是能够对各项群运动训练规律进行揭示和反映的理论和原理,也称为"项群训练原理"。

对众多的现代竞技运动项目进行结构性分类是项群训练理论的一个非常重要的基础。我国运动训练学专家、学者,以动作结构、竞技能力主导因素以及运动成绩的评分标准作为三个竞技运动项目的因素,对三个相对应的项目分类体系进行了确立,并在全面研究三个项群相关训练方面的各种相关问题的基础上对一整套项群训练的基本理论进行了确立,这对竞技体育运动项目分类理论做出了非常重要的贡献。

六、项群训练的基本原理

(一)各项群竞技能力决定因素的系统分析

无论哪一个体育运动项目,运动员的竞技能力都是由其身体能力、心理能力、技术能力、战术能力、智力能力和思想作风这六个方面的能力决定的。要想更好地促进运动员的竞技能力得以不断提高,就要对这六个方面的能力进行加强。这六个方面的能力具体又可以被划分为各个不同层次的具体的能力。例如,体能又可以被细分为机能、形态、健康和素质四个方面的具体能力。

但是,对运动员竞技能力的影响,各个因素的能力也不是完全一样的,具体由于不同的项群具有不同的特点而有所差别。例如,耐力素质和心血管系统的工作能力对于耐力性项目有着非常重要的作用,但耐力素质对体操运动员的重要程度则大大减弱。往更小的方面说,即使是同一种竞技能力,由于项群的差异性,其对运动员的整体竞技能力的影响也是有非常显著的区别的。例如,运动技能的好坏对每一个运动项目运动员发展高度竞技能力都有着不可忽视的重要意义。但对于不同的项群,其作用程度的不同仍然表现出明显的差异性(表1-6)。

表 1-6 运动技术在不同项群中的作用

项　群		作　用	特　征
体能主导类	快速力量性	重要作用	集中快速发挥力量
	速度性	重要作用	短时间内有效地发挥体能
	耐力性	重要作用	经济省力有效,推迟疲劳出现
技能主导类	表现难美性	决定性作用	充分显示运动员技艺和美感
	表现准确性	主导作用	正确稳定的瞄准与击发(撒放)
	隔网对抗性	决定性作用	战术的基础,突破防守而得分
	同场对抗性	主导作用	战术的基础,突破防守而命中得分
	格斗对抗性	主导作用	战术的基础,突破防守而制胜和得分

此外,就很多运动项目来说,战术能力在其中也发挥着非常重要的作用,是不可缺少的一个因素。但这一因素并不是在所有的体育运动项目中都具有巨大的作用。例如,在同场对抗性球类运动项目中,战术能力发挥着非常重要的作用,但战术能力对于表现准确性技能项目来说则没有太过重大的意义。因此,加强对各项群竞技能力起主导作用因素构成系统的研究,对确立各运动项目的竞技能力的构成因素有着十分重要的意义。

(二)各项群运动成绩决定因素的系统分析

在表述运动成绩时,不同的项目,有着不同的理解。根据各个运动项目特点的差异性,对于运动成绩应尽可能地从更为广义的角度来理解,也就是说,运动成绩是运动比赛的最终结果,同时也是对运动训练工作效果的检验。任何一场运动竞赛的结果都受比赛名次和运动员在比赛中所表现出来的竞技运动水平(成绩)这两个方面的影响。

对于运动员的比赛结果(运动成绩)主要受到三个方面因素的影响,分别是运动员自身所具有的竞技能力水平以及在比赛中的实际发挥情况、对手所具有的竞技能力水平以及在比赛中的实际发挥情况,以及运动比赛结果的评定(图 1-3)。鉴于专项运动的特殊需要,就决定了每个项目运动员的专项耐力在竞技比赛中不仅起到十分重要的作用,而且还表现出各自不同的特点,具体如表 1-7 所示。

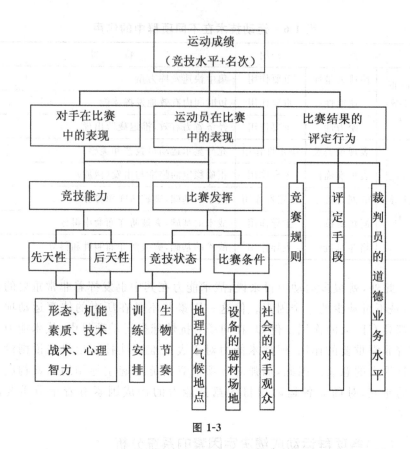

图 1-3

表 1-7 不同项群专项耐力的表现及训练特点

项群	专项耐力的表现	训练内容与手段	负荷强度	负荷量
体能主导类快速力量性	以最大强度重复完成完整比赛动作的能力	多次重复完成比赛动作和接近比赛要求的专门练习	极限或极限下强度	中/大
体能主导类周期竞速性（速度性、耐力性）	以尽可能高的平均速度通过全程的能力	主项或接近主项距离的大强度重复训练；短段落至 1/2 段落的间歇训练	大强度	短:3～10 倍 中:3～6 倍 长:1～3 倍 超长:3/4～1 倍
技能主导类表现性	以最佳技术重复完成完整比赛动作的能力	多次重复完整练习、成套练习和半套以上的练习	同上	中
技能主导类对抗性	长时间表现最佳技能及体能的能力	较长时间的专项对抗或专项练习	同上	中/大

　　对抗性是运动比赛的最为重要的特征之一，也就是说，参与运动比赛的双方或多方在对抗的过程中进行各种能力的较量。但由于运动项目处在不同的项群之中，其在比赛中的表现形式和具体特点以及对抗性的强弱也会存在一定的差异性。例如，足球、冰球比赛中，双方运动员在同一场地比赛，并在高速运动中身体频频接触的条件下完成进攻和防守，运动员技术水平的发挥往往直接受对手表现水平的影响和制约；但在乒乓球、网球、羽毛球和排球等项目比赛中，由于有网将双方隔开，使运动员可以在不受对手身体直接干扰的情况下去全力发挥自己的运动才能；而花样游泳、推铅球等个人竞技项目的比赛中，运动员依次参加比赛，各个运动员竞技水平的发挥则较少受到对手场上表现情况的直接影响，即使有影响也是间接的影响。这就要求我们要根据各个项目运动项目所具有的对抗性特点，来开展相应的、有针对性的训练，以争取获得更好的运动成绩，尽最大努力获得比赛的最终胜利。

　　除了以上几个因素对比赛结果产生影响之外，对运动成绩所采用的评定方法也会产生一定的影响。运动项目不同，在评定运动成绩方面所采用的方法也是不同的，对运动比赛的结构所产生的影响也是不同的，随着电子测距系统、电动计时等高科技产品在体育运动中的应用，游泳、跑、竞走等各种竞速类项目和跳跃类项目在精确度方面有着越来越高的要求。但在花样滑冰、竞技体操等评分类项目中，裁判员所具有的业务水平和职业道德水平对比赛结果所产生的影响就会越来越突出。所以，为了在比赛中更好地体现出公正、公平的原则，在对运动成绩评定的方法加以建立和健全的同时，还要对裁判员的业务能力和职业道德水平进行培养和提高。

　　对于比赛结果来说，比赛规则的改变也会对其产生非常重要的影响。由于各个项群具有不用的比赛方式和评定方法，所以各自比赛规则的变化都要服从于各个不同的具体目标，呈现出不同的发展趋向（表 1-8）。

表 1-8　不同项群竞赛规则发展的主要趋向

项　群		规则发展的主要趋向
按评定方法	按主导因素	
可测量类	体能主导类 技能主导类 表现准确性	提高评定的精确度，利于运动员更好地发挥，便于比赛的组织进行
评分类	技能主导类 表现难美性	加强评定的客观性，提高评定标准，便于比赛的组织进行
得分类、命中类、制胜类	技能主导类 对抗性	保持宏观的攻防平衡，提高观赏价值，便于比赛的组织进行

对影响各个运动项目运动成绩的因素的特点加以准确把握,不仅能够很好地促进各个不同项群运动项目实施更为有效的宏观管理,同时针对运动员的训练活动也提供了更为明确的要求,这对于训练工作的组织产生了非常大的推动作用。除此之外,对运动竞赛组织、体育情报等方面的工作更准确的指导,具有很大的推动作用。这就要求我们要将准确地把握好对运动成绩产生决定作用的因素特点作为一项重要的工作。

(三)各项群训练的基本特点

由于不同项群运动员的竞技能力结构和运动成绩所受到的决定因素特点存在很大的差异性,这也使得各个不同项目类的各个运动项目的训练工作呈现出不同的特点,其中训练工作主要包括训练内容、方法、手段以及负荷量和恢复措施的安排等内容。运动训练的训练内容和具体的训练任务,主要是取决于竞技能力的发展目标以及在比赛中充分发挥竞技能力获得优异运动成绩目标的需要。同时,这也是对相应的训练方法和手段进行确定的重要依据,如技能主导类项目,运动员大量的时间用于发展其速度、耐力和力量等各种素质,因此为了促使体能得以更好发展,常采用的训练方法和手段主要有间歇法、持续法以及重复法,等等。

现代训练理论与方法的发展,促使人们更多地重视对优秀运动员竞技能力的新特点加以认真的研究。从总体看,现代优秀运动员竞技能力表现出"全面发展加特长绝招"的新特点,在不同的项群中表现出不同的发展趋向(表1-9)。

表1-9   不同项群优秀选手竞技能力结构的新特点

项　群		竞技能力结构及训练目标新特点
体能主导类	耐力性	在保持高度发展的耐力水平的同时,明显地提高了速度水平;在保持高度发展的专项竞速能力的同时,注意提高全面训练水平
	速度性	明显提高运动员的力量素质以及快速反应、快速动员的能力
	快速力量性	在最大力量的基础上重视发展快速力量,突出力量与速度、技术的结合,单一技术进一步精雕细刻
技能主导类	表现难美性	继续突出动作的难度价值(增加翻转的周数和度数,减少高难度的预备动作,发展新动作类型等),同时强调动作质量,提高艺术修养
	表现准确性	心理训练的重要性更加突出,场地、器械进一步改进

项　群		竞技能力结构及训练目标新特点
技能主导类	同场对抗性	全攻全守继续发展,良好的形态条件与娴熟的技巧相结合
	隔网对抗性	战术变化更加多样,战术决策对比赛结果的影响更为突出,体能的作用加大
	格斗对抗性	鼓励主动进攻,绝对胜利的比例减少,相持能力(技术与体力)的作用加大,重视全面发展和突出绝招

七、项群训练理论的新发展

(一)主导竞技能力的项群划分

在构建项群理论体系的过程中,竞技体育运动项目的项群划分是其重要的前提。田麦久首次根据运动员的竞技能力的主导因素对项目进行了分类,并以此为基础构建起了体能主导类项群和技能主导类项群两大项群理论体系。之后,在其他学者的建议下,田麦久建立了复合主导竞技能力的概念,根据各个项目的竞技特点,对拥有两种主导竞技能力的项群类属进行实事求是的确定。将射箭射击等项目归入技心能主导类项群,将球类运动项目和格斗类项目归入技战能主导类项群(表 1-10)。

表 1-10　主导竞技能力的项群划分的调整

原有项群名称	调整后的项群名称
技能主导类表现准确性项群	技心能主导类表现准确性项群
技能主导类同场对抗项群	技战能主导类同场对抗性项群
技能主导类隔网对抗性项群	技战能主导类隔网对抗性项群
技能主导类格斗对抗性项群	技战能主导类格斗对抗性项群

通过这种划分,能够很好地对各个项群所包含的项目的竞技特点进行准确的认识,同时也能够对专项的竞技规律进行准确的认识,从而对相对应的训练方法和理论加以确定。

(二)多标准多维度的项群组合

在经典的项群训练理论中,主要是以运动员竞技能力的主导因素、运动技术的动作特征和运动成绩的评定方法为三个分类标准建立了三个主要的分类体系。事实上,由于分类标准有很多,从理论上说,项群体系的划分也是多种多样的。因此,人们在进行研究的过程中,可以根据自己的需要来构建新的项群体系开展研究。

总的来说,不管是在实践研究过程中,还是在组织训练活动的过程中,都可以根据工作的需要,依据多种多样的标准、多个维度聚合相应的项群来进行相关研究。

(三)训练大周期划分的项群特点

面对三层次的训练学理论体系,所有的训练学命题,如训练内容、训练原则、训练负荷、训练方法、训练安排等,都可以在一般性的训练学层次上进行研究,也可以在某一项群和范畴内进行研究,同时还可以就某一专项的需要进行理论研究,如有关训练大周期的划分问题。

训练大周期的划分是否合理,必须要对运动员竞技状态的周期性是否发生变化,能够更好地适应特定日程重大比赛的参赛需要。不同项群运动员,其竞技状态所表现出来的主要特征是不相同的,显然其训练大周期的划分也应该有着明显的区别。田麦久通过对不同项群运动员良好的竞技状态的主要表现和相应的指标进行分析,构建出不同项群运动员竞技状态的评价体系,在对不同项群运动员良好竞技状态的培养途径确立之后,提出了各个不同项群大周期中阶段训练的安排要点(表 1-11)。

表 1-11 不同项群大周期中阶段训练的安排要点

项　群	大周期中阶段训练安排的要点
体能主导类各项群	1.专项化程度的变化 2.负荷强度与复合量的变化
技能主导类表现难美性项群	1.由单个动作到成套动作的完成过程 2.有序地提高成套动作的成功率
技心能主导类表现准确性项群	1.基本功训练,空射到实射的转换 2.提高并力求完善定向的心理自控能力
技战能主导类个人对抗性项群	1.技战术积累及针对性选用 2.实战性对抗训练及热身赛安排
技战能主导类集体对抗性项群	1.技战术积累及针对性选用 2.阵容选配,组合训练及成队训练 3.实战性对抗训练及热身赛安排

不同的项群,运动员表现出来的竞技状态也是不同的。对于体能主导类项目运动员来说,其竞技特征主要是看在比赛中运动员是否能够表现出最佳的体能状态;对跳水、体操等技能主导类表现难美性项目来说,主要是看成套动作是否成熟稳定、连接是否流畅;对于射箭、射击等技心能主导类各种对抗性项目来说,主要是看技术是否合理、是否熟练,战术准备是否充分,战术的运用是否多变而实效。不同项群运动的竞技状态表现的主要特征是不同的,这也使得训练大周期的结构也存在很大的不同。这一研究为非体能主导类项目运动员训练大周期的安排,提供了非常重要的理论依据。

八、项群训练理论在现代运动训练中的应用

(一)在竞技体育发展战略规划的科学制定方面的应用

无论是一个国家,还是一个地区,在对竞技体育的发展战略进行制定时,为了获得更好的效果,都要从众多竞技体育运动项目中正确地选择出重点的竞技体育运动项目并给予高度的重视。在对发展战略规划进行制定的过程中,项群训练理论能够提供科学有益的帮助和依据。

(二)在竞技体育项目进行科学管理的指导方面的应用

通过贯彻和应用项群训练理论能够有助于对竞技体育运动项目内部进行科学有序的管理,从而为运动训练组织机构的领导者和管理成员实施科学有效的宏观管理提供诸多的可能性,如各级体委在对运动项目实施分类管理时,可以将项群的分类系统作为分类的依据。

(三)对同项群训练规律的探讨和揭示方面的应用

根据项群训练理论,我们在对具有共同特点的项群内部的训练规律进行研究和揭示时能够获得很好的帮助,它从中提供了重要的先决条件,这也是一般训练学和专项训练理论都很难做到的。

项群理论的主要作用是,能够促使研究者在很大程度上打破原有的运动项目的界限束缚,从而进行跨项规律性的研究和探索。在这一方面,相关研究已经获得了很多研究成果。例如,技能类表现难美性项群中,对武术、跳水、花样游泳、花样滑冰、艺术体操等七个项目优秀运动员的调查表明,优秀运动员多年训练过程(启蒙训练阶段、基础训练阶段、提高阶段和巩固阶段)的不同阶段中,基本动作的练习在技术训练中的比例成"前高 U 形"的变化规律。而在年度性的训练过程中的不同时期(准备期、比赛期和过渡期)成"后高 U 形"的变化规律。因此,在同项群训练规律的探讨和揭示方

面应用项群理论时要对此有充分的了解。

(四)在各项群相关运动项目间的竞技人才的合理转项和流动方面的应用

在现代运动训练实践中,从相似的邻项进行转项之后能够获得优异运动成绩的实例也是越来越多。王大卫在对运动员转项成才的情况进行研究和探讨后发现,"同项群内部的转项多于异项群之间的转项"。

(五)在运动训练方法的创新与发展方面的应用

现代运动训练实践研究表明,在同外界进行信息交流的过程中,所有的竞技体育运动项目对其他项目中有益于自身的技术、理论和方法进行吸收,同时也不断地将自己的精湛技巧、科学理论以及有效的方法向着其他运动项目进行传输。

这种信息的交流都是在同一项群内各个不同项目之间进行的。如果得以良好运用,能够获得比较理想的应用效果。例如,澳大利亚的卡莱尔夫妇在 20 世纪 60 年代初期将 40 年代中长跑中创立的间歇训练的理论和方法在运动项目中进行了移植应用,并获得了成功。目前,间歇训练法在周期性运动项目中得到了更为广泛的应用,并获得了相应的成功。

第二章　现代运动训练的科学理论基础研究

随着现代运动训练的发展,不断对运动训练的科学理论基础进行探索和追求是非常有必要的,这对于丰富运动训练的理论体系,进一步科学指导运动训练具有重要的意义。本章将探讨运动训练的生理学基础、教育学基础、营养学基础和工程学基础,以提供一定的理论参考。

第一节　运动训练生理学基础

一、运动训练的能量系统

能量代谢是人体和外界环境能量的交换与人体内能量转移的过程。物质代谢和能量代谢是两个紧密相连的过程,在能量代谢过程中可以使脂肪、糖、蛋白质等能量物质中所蕴藏的化学能释放出来,供体育运动利用。

(一)磷酸原供能

1.磷酸原供能系统

ATP、CP 分子内均含有高能磷酸键,在代谢中均能通过转移磷酸基团的过程释放能量,所以将 ATP、CP 合称磷酸原。由 ATP、CP 分解反应组成的供能系统称为磷酸原供能系统。

肌肉收缩时,ATP 是将化学能转变为机械能的唯一直接能源,人们在进行体育运动时 ATP 转换率会加快,且与训练强度成正比。训练强度越大,ATP 转换率越快,机体对骨骼肌磷酸原供能的依赖性越大。但是 ATP 在肌肉中的贮存量并不决定 ATP 主要作用的发挥,它的迅速合成过程是否顺畅则是其发挥作用的决定因素。

磷酸肌酸(CP)是贮存在肌细胞中与 ATP 紧密相关的另一种高能磷化物,分解时能释放出能量。当肌肉收缩且强度很大时,随着 ATP 的迅速分解,CP 随之迅速分解放能。肌肉在安静状态下,高能磷化物以 CP 的形式积累,故肌细胞中 CP 的含量为 ATP 的 $3\sim5$ 倍。尽管如此,其含量也是有限的,随着运动时间的延长,必须有其他能源来完成供应 ATP 再合成,才能使肌肉活动持续下去。

CP供能对ATP再合成有着重要的意义,这种意义的表现不在其含量,而在其快速可动用性,既不需氧,又不产生乳酸。但是因为分子过大,不能被人体吸收,CP和ATP不能直接用作营养补充。前面提到过的肌酸能被人体直接吸收,肌酸吸收进入肌细胞后能合成CP,进而为合成ATP所用。

磷酸原供能系统中,ATP、CP均以水解分子内高能磷酸基团的方式供能,因此,在体育运动的初期和开始阶段,机体会最早起用、最快利用磷酸原供能系统,且不需要氧气参与。

2.不同强度体育运动下的磷酸原的变化

(1)当极量运动至力竭时,CP储量接近耗尽,达安静值的3%以下,而ATP储量不会低于安静值的60%。

(2)当以75%最大摄氧量强度持续运动达到疲劳时,CP储量可降到安静值的20%左右,ATP储量则略低于安静值。

(3)当以低于60%最大摄氧量强度运动时,CP储量几乎不下降。这时,ATP合成途径主要靠糖、脂肪的有氧代谢提供。

3.体育运动对磷酸原系统的影响

体育运动可以明显提高ATP酶的活性;具有提高肌酸激酶的活性,从而提高ATP的转换速率和肌肉最大功率输出,有利于运动员提高速度素质和恢复期CP的重新合成;使骨骼肌CP储量明显增多,从而提高磷酸原供能时间;对骨骼肌内ATP储量影响不明显等影响。

(二)糖酵解供能

葡萄糖无氧分解生成乳酸,并合成ATP的过程称为糖的无氧代谢,又称为糖酵解。糖酵解供能是机体进行高强度剧烈运动时的主要能量系统。糖酵解的过程是在细胞质中进行,不需要氧的参与。在缺氧条件下,丙酮酸在乳酸脱氢酶的催化下接受磷酸丙糖脱下的氢,被还原为乳酸。

在体育运动开始阶段,ATP会在ATP酶催化下迅速水解释放能量。一旦机体中ATP的浓度下降,CP就会立刻分解释放出能量,以促进ATP的合成。肌肉利用CP的同时,糖酵解过程被激活,肌糖原迅速分解,提供体育运动所需要的能量。

在氧供应充足时,无氧酵解所产生的乳酸,一部分在线粒体中被氧化生能,一部分被合成为肝糖原等。乳酸是一种强酸,在体内积聚过多会破坏内环境的酸碱平衡,造成肌肉酸痛,工作能力下降,这是运动性疲劳的产生原因之一。

(三)有氧代谢供能

有氧代谢就是机体在有氧的条件下进行体育运动时,糖、脂肪、蛋白质会被彻底氧化成水和二氧化碳的反应过程。

在体育运动过程中,当氧的供应能够满足机体对氧的需求的情况时,主要由糖、脂肪和部分蛋白质的有氧氧化来为运动所需的 ATP 供能。有氧氧化能够提供大量的能量,从而能维持肌肉在较长时间进行工作。例如,由葡萄糖有氧氧化所产生的 ATP 为无氧糖酵解供能的 19 倍。ATP 和 CP 的最终再合成以及糖酵解产物乳酸的消除都要通过有氧氧化来实现的。

在体育运动过程中,机体的骨骼肌一般要通过以下三大能源物质的有氧代谢释放能量,满足机体的运动供能。

(1)在机体的有氧代谢供能系统中,体内糖原储量较多,一般需要经过持续 1~2 小时的小强度运动,肌糖原才耗尽。

(2)体内的脂肪储量丰富,是安静或低中强度运动下的主要供能基质。它的氧化过程对糖有依赖性,其供能的比例会随体育运动强度的增大而降低,随体育运动持续时间的延长而增加。

(3)蛋白质在长于 30 分钟的高强度运动中才会参与供能,并与肌糖原的储备有关,糖原储备充足时,蛋白质的供能仅占总热能的 5% 左右,肌糖原耗竭时,蛋白质的供能可占总热能的 10%~15%。

二、运动训练的神经系统

(一)大脑皮质对人体运动的调控

高等动物随意运动的发动是由大脑皮质调控的。大脑皮质中参与发动随意运动的区域称为皮质运动区,包括主要运动皮质、辅助运动区和后顶叶皮质等部位。大脑皮质运动区结构的基本功能单位是"运动柱",细胞呈纵向柱状排列。一个"运动柱"可以控制同一个关节的几块肌肉的活动,一块肌肉可接受几个"运动柱"的控制。

1.大脑皮质主要运动区是控制人体运动的最重要区域

大脑皮质主要运动区包括中央前回和运动前区,该区接受来自关节、肌腱及骨骼肌深部的感觉冲动,感受身体在空间的姿势、位置以及身体各部分在运动中的状态,并根据这些器官的状态发出运动指令来控制和调整全身的运动,所以是控制人体运动最重要的区域。主要运动区具有三个功能特征。

(1)交叉性支配。运动皮质对人体运动的调节支配具有交叉的性质,即一侧皮层支配对侧躯体的肌肉。但在头面部肌肉的支配中,除面神经支配的下部面肌和舌下神经支配的舌肌主要受对侧支配以外,其余部分均是双侧性支配。

(2)功能定位精确。运动区具有精细的功能定位,即一定部位的皮质运动区支配一定部位的肌肉活动。皮质代表区的大小与人体运动的精细复杂程度有关,运动越精细和复杂的肌肉,其代表区的面积就越大。

(3)运动区定位从上到下的安排是倒置的。即下肢的代表区在皮质顶部,膝关节以下肌肉的代表区在皮质内侧面,上肢肌肉的代表区在中间部,而头面部肌肉的代表区在底部,但头面部代表区内部的安排仍为正立的。运动区的前后安排为:躯干和肢体近端肌肉的代表区在前部(6区),肢体远端肌肉的代表区在后部(4区),手指、足趾、唇和舌的肌肉的代表区在中央沟前缘。

2.皮质其他运动区是控制人体运动的辅助区域

运动辅助区位于大脑皮质两半球纵裂的内侧壁,扣带回沟以上,4区之前的区域。该区在编排复杂的运动程序时和执行运动前的准备状态中起着一定的作用;顶后叶皮层位于5区和7区,在解码并用于指导肢体运动的感觉信息方面起着重要的作用。

3.运动传导系统是皮质发动随意运动的传出通路

运动传导系统通常分为锥体系和锥体外系两条通路。前者是指皮质脊髓束和皮层脑干束,后者是指锥体系以外所有控制脊髓运动神经元活动的下行通路。

(1)皮质脊髓束和皮质脑干束是皮质发动随意运动的主要传出通路

主要由皮质中央前回运动区发出,经内囊、脑干下行到达脊髓前角运动神经元的传导束,称为皮质脊髓束;而由皮质发出,经内囊到达脑干内各脑神经运动神经元的传导束,称为皮质脑干束。皮质脊髓束中约80%的纤维在延髓锥体跨过中线到达对侧,在脊髓外侧索下行,纵贯脊髓全长,形成皮质脊髓侧束,其纤维终止于脊髓前角外侧部分的运动神经元,其作用是控制四肢远端肌肉的活动,调节肌肉的精细、技巧性运动;其余约20%的纤维不跨越中线,在脊髓同侧前索下行,形成皮质脊髓前束,皮质脊髓前束通过中间神经元的接替后,终止于双侧脊髓前角内侧部分的运动神经元,支配躯干和四肢近端的肌肉,尤其是屈肌,参与姿势和粗略运动的调节。

(2)其他运动传导通路是皮质发动随意运动的另一传出通路

皮质脊髓束和皮质脑干束直接下行控制脊髓和脑干运动神经元外,还发出侧支,并与一些其他直接起源于运动皮质的纤维一起,经脑干某些核团接替后,形成顶盖脊髓束、红核脊髓束、网状脊髓束和前庭脊髓束,维持姿势并调节近端肌肉的粗略运动,参与对四肢远端肌肉的精细运动的调节。

(二)小脑对人体运动的调控

小脑是皮层下与大脑皮质构成回路的重要脑区,由于它所处的位置的关系,使得它不仅与大脑皮质形成神经回路,同时还与脑干及脊髓有大量的纤维联系。因此,小脑对于人体的运动和协调起到了至关重要的作用。除参与运动的设计和程序编制外,还参与运动的执行,对维持姿势、调节肌紧张、协调随意运动均有重要作用。根据小脑的传入、传出纤维联系,可将小脑划分为三个主要的功能部分,即前庭小脑、脊髓小脑和皮层小脑。

1.前庭小脑参与躯体平衡和眼球运动的控制

前庭小脑主要由绒球小结叶构成。由于前庭小脑主要接受前庭器官传入的位置改变和直线或旋转加速运动情况的平衡感觉信息,而传出冲动主要影响躯干和四肢近端肌肉的活动,所以,具有控制躯体平衡的作用。此外,前庭小脑也接受经脑桥核中转的来自外侧膝状体、上丘和视皮质等处的视觉传入,并通过对眼外肌的调节来控制眼球的运动,从而协调头部运动对眼球的凝视运动。

2.脊髓小脑参与随意运动的调节和肌紧张的调节

脊髓小脑由蚓部和半球中间部构成。这部分小脑主要接受来自脊髓和三叉神经的传入纤维的投射,也接受视觉和听觉的传入信息。可见,脊髓小脑与脊髓及脑干之间有大量的纤维联系,其主要功能是调节正在进行的运动,协助大脑皮质对随意运动进行适时的控制。

脊髓小脑可通过皮质脊髓束的侧支从运动皮层获取有关运动指令,同时接受来自肌肉与关节等处的本体感觉传入冲动以及视、听觉传入的外周感觉反馈信息,通过对这两方面的信息进行比较和整合后,发现大脑皮质的控制指令与运动执行情况之间的偏差,并通过上行冲动修正运动皮层的活动。同时通过下行冲动调节肌肉的活动,纠正运动的偏差,最终使运动能按预定的目标和轨道准确进行。

此外,脊髓小脑还参与肌紧张的调节,既有易化作用,也有抑制作用,分别通过脑干网状结构易化区和抑制区转而改变脊髓前角运动神经元的活动来实现。抑制肌紧张的区域是前叶蚓部,易化肌紧张的区域是小脑前叶两侧部和半球中间部。在进化过程中,由于小脑抑制肌紧张的作用逐渐减退,易化作用逐渐占优势。所以,脊髓小脑受损后表现为肌张力减退、四肢乏力。

3. 皮层小脑参与随意运动的设计和运动程序的编制

皮层小脑,是指脑半球外侧部位,它仅接受由大脑皮质广泛区域(感觉区、运动区、联络区)传来的信息,而不接受外周感觉的传入信息。其传出纤维经齿状核、丘脑外侧腹核换元,然后投射到皮层运动区。

皮层小脑与大脑皮质运动区、感觉区、联络区之间的联合活动和运动计划的形成及运动程度的编制有关。例如,在初学一种较为精细的动作时,首先由大脑对动作做出反应和判断,但此时由于小脑尚未发挥协调功能,因此大脑皮质通过皮质脊髓束和皮质脑干束所发动的运动是不协调的,这就造成了在一开始接触技术动作时表现出的不协调、想法与动作相脱离的现象。然而此后经过反复的练习后,大脑皮质与小脑之间开始发生联合活动,同时脊髓小脑不断接受感觉传入信息,逐步纠正运动和大脑指令之间的偏差,使动作逐渐变得协调起来。在此过程中,皮层小脑参与了运动计划的形成及运动程序的编制,并将整套动作程序储存起来。当大脑皮质再发动这套动作时,首先通过下行通路从皮层小脑中提取储存的程序,并将它回输到大脑皮质运动区.再通过皮质脊髓束和皮质脑干束发起运动。

4. 小脑和基底神经节对人体运动功能调节的比较

小脑与基底神经节相同,都参与了运动的设计、程序编制、运动的协调、肌紧张的调节以及本体感觉传入冲动信息的处理等活动。但两者在功能上存在一些差别,基底神经节主要在运动的准备和发动阶段起作用,而小脑则主要在运动进行过程中起作用;此外,基底神经节主要与大脑皮质之间构成回路,此时小脑除与大脑皮质形成回路外,还与脑干及脊髓有大量的纤维联系。因此,基底神经节可能主要参与运动的设计,而小脑除了参与运动的设计外,还参与运动的执行。

(三)脊髓对人体运动的调控

脊髓由感觉传入纤维、各类中间神经元和运动神经元组成。它是人体运动调控的最低级中枢。脊髓的功能一方面为将外周感受器的传入信息进行初步的整合,并上传至各级脑区;另一方面,又将上位中枢下传的控制机体运动的信息通过运动神经元传出至相关的肌肉，以此达到通过肌肉对运动的调控目的。除此之外，它还可以支配躯体完成一些原始的如牵张反射和屈肌反射等的反射性运动。

1.牵张反射

牵张反射，是指当骨骼肌受到外力牵拉伸长时，能反射地引起受牵拉的同一块肌肉发生收缩的现象。肌肉收缩的反应效应受牵拉的形式不同而显现出不同的效果。因此，可以将牵张反射分为动态牵张反射和静态牵张反射两种类型。

（1）动态牵张反射

动态牵张反射也称腱反射，是指快速牵拉肌腱时发生的牵张反射。例如，叩击膝关节以下的股四头肌肌腱以使该部位的肌肉受到牵拉，则股四头肌发生一次快速收缩，称为膝跳反射；叩击跟腱使小腿腓肠肌受到牵拉，则该肌肉发生一次快速收缩，称为跟腱反射，这两种反射均属于动态牵张反射。动态牵张反射的特点是，时程较短，并且能够产生较大的肌力，并发生一次位相性收缩。正是基于这些特点，使得医学临床上经常通过牵张反射来了解脊髓的功能状态，如在检查中表现为反射减弱或消失，则提示相应节段的脊髓功能受损；如果反射亢进，则提示相应节段的脊髓失去了高位中枢的制约。

（2）静态牵张反射

静态牵张反射也称为肌紧张，是指由于缓慢、持续的牵拉肌肉而引起的一种反射活动。在正常状态下它经常受到上位中枢的调控。静态牵张反射主要作用是通过调节肌肉的紧张度，维持躯体的姿势，并不表现出明显的动作。在肌紧张发生过程中，由于肌肉内的不同运动单位（一根 α 运动神经元与它支配的肌纤维，统称为一个运动单位）轮换地进行收缩，所以反射活动不易造成疲劳，因此可以持久维持。

在面对一些需要较大力量的运动时，就需要尽可能地快速牵拉肌肉，然而这种快速也是要在一定的范围内进行。如果肌肉在收缩前适当受到牵拉，可以增加其收缩的力量。例如，投掷标枪时的引臂动作、跳远和跳高起跳前的屈膝动作，都是利用牵张反射的原理，牵拉主动肌中的本体感受器（肌梭），将信息通过传入神经纤维传向中枢，加强支配该肌的运动神经元兴奋，使其收缩力量加大。但应注意牵拉与随后的收缩之间的延搁时间一定要短，否则，牵拉引起的增力效应就会消失。

2.屈肌反射

屈肌反射,是指当皮肤或肌肉受到伤害性刺激时,引起受刺激一侧的肢体快速回撤的现象。屈肌反射的最大用途在于对身体的下意识性保护,它能够使肢体在最短暂的时间内避开伤害性刺激。这种反射的强度与刺激强度成正比,如足部较弱的刺激只引起踝关节的屈曲,而当刺激强度加大时,则不仅是踝关节屈曲,甚至连膝关节和髋关节也可发生屈曲;如刺激强度更大,则可在同侧肢体发生屈肌反射的基础上,出现对侧肢体伸展的反射,称为对侧伸肌反射。这一反射角利于支持体重,维持姿势。

(四)脑干对人体运动的调控

在脑干中轴部位中存在许多形状不一、大小各异的神经元,这些神经元组成了脑区,脑区中穿行着各类走向不同的神经纤维呈网状,因此,这一部位被称为脑干网状结构。在这一脑区有许多神经核团,它既获得来自脊髓各节段的传入信息,同时也发出下行纤维组成传导束,调节和控制脊髓神经元的活动。

1.脑干对肌紧张的调控

实验证明,脑干网状结构存在着抑制区和易化区两个部分,这两个部分对肌紧张进行着调控。抑制区范围较小,仅位于延髓网状结构的腹内侧部。电刺激此区域肌张力显著降低,肌梭感受器传入冲动频率减少;若破坏该区引起肌张力增加,这表明延髓网状结构腹内侧部位的活动能减弱肌牵张反射。易化区分布的范围广泛,贯穿于整个脑干中央区域,包括延髓网状结构的背外侧部分、脑桥被盖、中脑的中央灰质及被盖(此外底丘脑、下丘脑和丘脑中线核群也具有对肌紧张的易化作用)。如果对以上部位进行电刺激,会引起肌紧张加强,如破坏此区则肌张力显著降低,这表明该区域活动增强时,起着易化肌紧张的作用。从活动的强度来看,易化区的活动比较强,抑制区的活动比较弱,因此在肌紧张的平衡调节中易化区略占优势。

正常情况下,脑干网状结构接受来自大脑皮质、小脑、纹状体和丘脑的下行影响,然后再以其活动影响脊髓反射活动。如果在脑干以上的位置切除大脑和小脑,网状结构的下行抑制作用就会明显地减弱。例如实验中,在动物中脑四叠体的上、下丘之间切断脑干,造成去大脑动物,此时动物全身伸肌的紧张性显现出亢奋状态,临床表现为四肢僵直,颈背肌肉极度紧张收缩,导致头部向背面弯曲,腿部位置也向背面翘起成背弓反张。这是一种以伸肌为主的肌肉紧张亢进现象,被称为去大脑僵直。这种现象表明了机体不同肌群的肌紧张是受高位中枢调节的。

2.姿势反射

姿势反射,是指在躯体活动过程中,脑干可以通过调整不同部位骨骼肌的张力以完成各种动作或保持、变更躯体各部位的位置的反射。姿势反射根据其表现形式不同又可分为状态反射、翻正反射、直线运动反射和旋转加速运动反射等。为更好地理解姿势反射,我们就主要以状态反射和翻正反射为例进行探讨。

(1)状态反射

状态反射,是指头部在空间的位置发生改变以及头部与躯干的相对位置发生改变,可反射性地改变躯体肌肉的紧张性的反射。

状态反射包括迷路紧张反射和颈紧张反射。迷路紧张反射是内耳迷路的椭圆囊和球囊的传入冲动对躯体伸肌的紧张性的反射性调节,其反射中枢主要是前庭核;颈紧张反射是颈部扭曲时颈部脊椎关节韧带和肌肉本体感受器的传入冲动对四肢肌肉紧张性的反射性调节,其反射中枢位于颈部脊髓。

人类在正常情况下,状态反射常受高级中枢的抑制,不易表现出来,但在完成一些运动技能时则起着一定的作用,如在体操运动员进行跳马项目时,如果头部位置不正,就会使两臂伸肌力量不一致,身体随之失去平衡,常常会导致跳马后落地站立不稳或无法完成动作。其实完成任何运动技能,都是在大脑皮质参与下实现的,在一些动作中,甚至可以表现出与状态反射相反的规律。

(2)翻正反射

翻正反射,是指当人或动物处于不正常体位时,通过一系列协调运动将体位恢复常态的反射活动。翻正反射的过程是会按照一定的步骤进行的,这个步骤首先是由于头部位置不正,使得视觉和耳石器官受到刺激产生兴奋,当这种兴奋传入冲动后会反射性地引起头部位置率先复正,然后带动颈肌扭曲复正,从而使颈肌内的感受器发生兴奋,继而导致躯干翻转复正,最终使身体恢复常规状态,即稳定的站立。在翻正反射中,视觉起着非常重要的作用,因为身体判定是否处在非正常姿态几乎全依赖于视觉。

在许多体育运动项目中,都是依靠人体的翻正反射为基础进行的,如跳水和体操运动中的许多转体动作,都要先转头,再转躯干,然后再转下肢,最终形成一种头朝下入水或脚朝下着地的技术动作。

3.脑干对节律性运动的调控

节律性运动又称形式化运动,这是一种一经发起后便不再需要过多意识的参与且能够自动地、以固定的模式重复进行的运动。例如,人类的走和跑等运动。在脊髓内存有模式发生器,具有自动地、协调地引起伸肌和屈肌运动神经元节律性地传出兴奋的能力,但在整体情况下,它的活动受到脑干的中脑运动区(MLR)的激活和控制。MLR 的下行指令由脑桥和延髓网状结构的兴奋性神经元沿脊髓腹外侧索下行到脊髓,激活控制行走的脊髓中枢模式发生器(CPG),CPG 能将下行通路的紧张性放电转变为运动神经元的节律性发放,以产生节律性行走运动。而 MLR 又能被大脑皮质运动区的意向性指令所激活。所以,行走运动可以随意地发动和终止。

(五)基底神经节对人体运动的调控

1.基底神经节是皮层下调节人体运动的重要脑区

基底神经节是深藏在大脑皮质下的一些神经核群,与运动调节有关的主要包括尾状核、壳核、苍白球、丘脑底核和黑质。其中,尾状核、壳核和苍白球统称为纹状体。基底神经节则是鸟类运动调节的高级中枢,而在哺乳类动物,随着大脑皮质的发育,基底神经节降为皮层下的运动调节结构,是皮层下与大脑皮质之间构成神经回路的重要脑区之一。

基底神经节接受大脑皮质广泛区域的兴奋性纤维投射,同时经其几个核团之间的交替后又由传出纤维回到大脑皮质运动前区和前额叶。在此神经回路中,有直接通路和间接通路两条途径。直接通路的活动最终能易化大脑皮质发起运动;而间接通路的活动对大脑皮质发起运动起抑制作用。

2.基底神经节参与运动的设计和程序编制

基底神经节参与运动的设计和稳定肌紧张的调节以及本体感受传入冲动信息的处理过程。例如在清醒时,记录苍白球单个神经元的放电活动时观察到,当肢体进行随意运动时神经元的放电频率发生明显地变化,并且其放电发生在运动开始之前,说明基底神经节与随意运动活动的设计有关。电刺激纹状体的动物实验中观察到,单纯刺激纹状体并不能引起运动效应,但如在刺激大脑皮质运动区的同时,再刺激纹状体,则皮层运动区发出的运动反应即被迅速抑制,并在刺激停止后抑制效应还可继续存留一定时间。根据这些观察,结合人类基底神经节损害后的临床表现可以认为,基底神经节可能参与运动的设计和程序编制,将一个抽象的设计转换为一个随意运动。此外,基底神经节还参与自主神经活动的调节、感觉传入、行为和学习与记忆等功能活动。

三、运动训练的呼吸系统

(一)呼吸的特性与功能

人体在新陈代谢过程中,会不断地从外界环境摄取氧气,并排出二氧化碳,这种机体与外界环境之间的气体交换过程称为呼吸。呼吸的全过程由外呼吸、气体运输和内呼吸三个环节组成。

外呼吸指外界环境与血液在肺部实现的气体交换,包括肺通气和肺换气。其中,肺和外界环境之间的气体交换过程叫作肺通气;肺泡和肺毛细血管之间的气体交换过程称为肺换气。

气体运输是指肺在换气后,血液载氧经过血液循环将氧运送到组织细胞,同时把组织代谢产生的二氧化碳运送到肺部的过程。

内呼吸是指人体组织毛细血管中的血液和组织及细胞之间的气体交换(又称组织换气),有时候也把细胞内的生物氧化过程包含在其中。

1. 肺通气

肺通气是指肺和外界环境之间气体交换的过程。实现肺通气的结构包括呼吸道、肺泡、胸廓和胸膜腔等。呼吸道是气体进出肺泡的通道,肺泡是肺进行换气的场所,而胸廓的节律性呼吸是实现肺通气的原动力。

2. 气体的运输

通过肺换气和组织换气之后,扩散进入血液的氧和二氧化碳通过血液运输。气体在血液中的运输形式包括化学结合和物理溶解,其中大部分是通过化学结合的形式运输的。物理溶解的量虽然比较少,但是很重要。因为进入血液的气体要首先溶解于血浆之中,然后再与血液中的化学成分相结合;结合的气体首先要溶解以后才能从血液中溢出。在生理范围之内,气体的溶解状态与结合状态维持动态的平衡。

3. 呼吸的调节

呼吸是一种节律性的活动,呼吸的深度与频率随机体新陈代谢的水平而改变。在运动时,随着运动者运动强度的增加,呼吸会不断加深加快,这些都是通过神经和体液因素共同调节才得以实现。

(二)呼吸对于运动的反应

1.肺通气功能对运动的反应

肺通气量:运动中肺通气量的增加是通过增加潮气量与呼吸频率来实现的。潮气量可以从安静时 500 毫升增加到 2 000 毫升以上,呼吸频率从每分钟 12~18 次增加到 40~60 次,肺通气量也因此增加到每分钟 100 升以上。肺通气量中等运动时主要靠潮气量增加来实现,而剧烈运动时主要靠呼吸频率的增加。

运动过程中肺通气量的时相性变化:一般认为肺通气量的快速增长期和快速下降期是神经调节机制,缓慢增长期和缓慢下降期则是由体液调节机制实现的。在进行最大强度的运动时,肺通气量的增加不会出现稳定,而是持续增加到衰竭。

肺通气量与运动强度:在一定范围内运动时肺通气量的增加与运动强度呈比例增加,当超出范围的某一点时,肺通气量增加就与运动强度失去了线性相关,肺通气量的增加就会大于运动强度的增加。

2.肺换气功能对于运动的反应

运动时肺换气功能的变化包括氧在肺部的扩散速率增大、呼吸膜面积的增大、氧扩散容量增大。

运动时组织换气功能的变化包括氧在肌肉组织部位的扩散速率加快、组织处气体交换面积增大、肌肉的氧利用率提高。

3.呼吸对于运动的适应

长期的运动训练能够改善和增进呼吸系统的功能,提高运动时的最大通气量和肺换气及组织换气的效率。

(1)肺容积对于运动的适应

肺容量是影响肺通气功能的基础。研究表明,除潮气量外,经常运动者肺容积的各个成分都比无运动者大。通过运动可使呼吸肌的力量加强,吸气和呼气的能力提高。研究表明,运动训练还可延缓肺活量随年龄增长而下降的趋势。

(2)肺通气功能对运动的适应

每分通气量:运动对安静时的肺通气量影响不大。亚极量运动时,有运动者每分通气量增加的幅度减少。因此,有运动者能承受的最大运动负荷比无运动者高得多,所以在运动时能达到的每分通气量的上限(最大通气量)比不运动者大。

肺通气效率:运动可使运动者安静时的呼吸深度增加、呼吸频率减慢,运动时呼吸深度与频率的匹配更合理。运动时,在相同肺通气量的情况下,运动者的呼吸频率比不运动者低,运动者肺通气的增长主要依靠呼吸深度的增加。运动时较深的呼吸深度可使肺泡通气量和气体交换率提高,呼吸肌的耗氧量减少,这对于进行长时间的运动很有利。

呼吸效率:氧通气当量是指每分通气量与每分摄氧量的比值,即机体每吸入 1 升氧所需要的通气量,是评价呼吸效率的重要指标之一。安静时的氧通气当量为 20~28,一般此值越小,氧的摄取率越高,运动生理学把氧通气当量最小点称为最佳呼吸效率点。在中小强度运动时,每分通气量与每分摄氧量保持直线相关,氧通气当量的值依然保持在安静时的范围。当人体从事每分摄氧量大于 4 升的运动时,氧通气当量达 35,通气效率降低。氧通气当量的变化与运动者的性别、年龄和运动项目有关。

(3)肺换气功能对训练的适应

肺换气功能可用氧扩散容量进行评定。长期耐力训练对提高氧扩散容量有良好的影响。经常参与运动的人,氧扩散容量随年龄降低的趋势将推迟,安静或运动时运动者的氧扩散容量都比不运动者高。不同项目的运动者氧扩散容量增大的程度不同,以耐力、划船运动者为最大,游泳者次之。运动者之所以有较高的氧扩散容量,是因为其心输出量大,参与气体交换的肺泡与肺泡毛细血管的面积增加,以及呼吸膜阻力下降等因素共同作用的结果。

(4)肌肉对摄氧能力的适应

肌肉摄氧能力的高低由肌肉动一静脉氧差来衡量。一般人安静时的动一静脉氧差为 4.5%,而耐力训练者可使慢肌纤维线粒体增大增多,线粒体氧化酶活性增高,摄取氧利用氧的能力增强,使动一静脉氧差增大至15.5%或者更大。

四、运动训练的血液分析

(一)血液的特性与功能

血液是由血浆和血细胞组成的流体组织,在心血管系统中循环流动,并在机体里起着物质运输、调节体温、维持酸碱平衡的作用。

1.血液的组成与特性

血液是由血浆和血细胞组成。血浆呈淡黄色,含大量水分、蛋白质、多种电解质、小分子有机物、氧和二氧化碳等。血液包括颜色和比重、黏滞性、渗透压、血浆 pH 等多种理化特性。

2. 血液的功能

血液在心血管系统内周而复始地循环流动,起着沟通内外环境、联系机体各部分的作用。血液主要有运载、调节体温、维持血浆的酸碱平衡、防御和保护等功能。

(二)血液对于运动的反应

1. 血量

一次性运动对血容量的影响取决于运动强度、持续时间、项目特点、环境温度及湿度、热适应等因素。例如,在短时间大强度运动后,血浆容量和血细胞容量都会明显增加,其中血细胞容量增加较明显。血容量的增加主要是由于储血库里的血被动员入循环使循环血量增加;由于储存血较循环血的血浆少,红细胞多,因此储存血进入循环血后使血液的红细胞浓度相对提高。经常进行运动训练者的循环血量增加比不运动者要多很多。

在进行耐力运动时,由于体内产热增加,大量排汗以散热,且温度越高,运动时间越长,血浆的水分损失就会越多。一次性长时间运动能够使血浆容量减少 10％左右。脱水使人体心输出量和有氧能力下降,代谢产物堆积增多,体温升高,进而疲劳加剧及运动能力下降。

2. 血细胞

红细胞:红细胞的反应包括红细胞数量和压积与红细胞的流变性。一般进行短时间大强度的运动时红细胞数量比长时间耐力运动时增加更明显。短时间运动后即刻红细胞数量增多,一般认为这是储血库释放较浓缩的血液进入循环血,因此相对提高了红细胞的浓度。长时间运动时,排汗增加并引起血液浓缩,运动中肌细胞代谢产物浓度升高,使细胞内渗透压增高,与毛细血管中血浆渗透压梯度增大,钾离子进入细胞外液使肌肉毛细血管得到舒张,这些都造成血浆水分向肌细胞和组织液移动,也使血液浓缩增加。运动中红细胞数量会暂时性增加,在运动停止后便开始恢复,一般 1～2 小时后恢复到正常水平。而在短时间运动中,肌肉持续紧张收缩使静脉受到压迫,血液流向毛细血管增多,并贮留在那里使毛细血管内压升高,血浆中的水分渗出,也使血液出现浓缩。运动中红细胞压积的变化与运动的项目及水平有关。运动时红细胞流变性受运动强度、持续时间和训练水平多种因素的影响。经过系统训练的运动员,安静时红细胞变形能力增强,使红细胞更易于通过毛细血管。这些变化既降低了血液的黏滞度,也使血液循环的阻力减小,减轻了心脏负荷,提高了血液运输氧的能力。

白细胞:研究表明,最大负荷运动后白细胞总数和淋巴细胞均出现大幅度增加,增加幅度随持续时间的延长而增加。较低强度运动后白细胞总数和淋巴细胞数的增加幅度显著低于最大负荷运动后的增加幅度,随着运动时间的延长,白细胞总数和淋巴细胞数的增加幅度反而减少。研究表明,持续时间不同的运动之后淋巴细胞数量的增加幅度比白细胞总数的增长幅度大。不同运动方式在运动过程中对 T 淋巴细胞数目影响也不相同。运动对 T 淋巴细胞亚群的影响表现为中小强度适当的运动训练及长期适度训练可以使机体的免疫功能提高,运动后白细胞在 20～120 分钟之内可以恢复到正常水平。其恢复与运动强度及持续时间有关。

血小板:相关研究表明,一次性剧烈运动后即刻血小板数量、血小板平均容积增加,活性增强,循环血中血小板聚集趋势也同时增加。这些变化只发生在大强度运动情况,其增加幅度与负荷增强呈高度正相关。而中小强度运动后血小板聚集性没有明显改变,说明中小强度有氧运动在抑制血小板功能,减少血栓形成方面具有重要作用,而大强度运动后血小板聚集性升高,血小板的反应性增强。运动后,血小板黏附率和最大聚集率有明显的增加。

五、运动训练中运动技能形成的生理机制

(一)运动技能的反射本质

有关研究表示,人的所有运动都是从感觉开始,随之产生心理活动,最后表达为肌肉的效应活动的一种反射。还有学者认为随意运动的生理机理是暂时性神经联系,并用狗作为研究对象建立食物—运动条件反射证明,大脑皮层动觉细胞可与皮质所有其他中枢建立暂时性神经联系,包括内、外刺激引起皮质细胞兴奋的代表区在内。运动的生理机理是以大脑皮质活动为基础的暂时性神经联系。所以,学习和掌握运动技能,其生理本质就是建立运动条件反射的过程。

(二)运动技能形成的生理学本质

运动条件反射的形成是通过很多简单的非条件反射综合而成的。随着大脑和各个器官的发育,在这些非条件反射的基础上,通过听觉、视觉、触觉和本体感觉与条件刺激物多次结合,就形成了简单的运动条件反射。人形

成运动技能就是形成连锁的、复杂的、本体感受性的运动条件反射。具体的特征如下。

1.复杂性

运动技能是由多个中枢参与形成运动条件反射活动(运动中枢、视觉中枢、听觉中枢、皮肤感觉中枢和内脏活动中枢)。

2.连锁性

运动技能的反射活动是连续的,前一个动作的结束便是后一个动作的开始。

3.本体感受性

在条件反射过程中,肌肉的传入冲动(本体感受性冲动)起到重要作用,没有这种传入冲动,条件刺激得不到强化,同时由运动中枢发放神经冲动传至肌肉效应器官引起活动的复杂过程条件反射就不能形成,也就无法掌握运动技能。

因此,运动技能与条件反射的关系就是:运动技能是建立复杂的、连锁的、本体感受性的运动条件反射。

(三)运动技能形成的过程

运动技能的形成,可划分为以下几个阶段,即泛化阶段、分化阶段、巩固阶段和自动化阶段。

1.泛化阶段

完成一个动作,最开始都是要从教师或教练的讲解示范,到自我实践,然后获得一个感性认识,但是对运动技能的内在规律并没有很深的认识。由于人体对外界的刺激,通过感受器(特别是本体感觉)传到大脑皮质,引起大脑皮质细胞的强烈兴奋,另外因为皮质内抑制尚未确立,所以大脑皮质中的兴奋与抑制都呈现扩散状态,使条件反射暂时联系不稳定,出现泛化现象。在这个阶段表现为肌肉的外表活动往往是动作僵硬,不协调,不该收缩的肌肉收缩,出现多余的动作,而且做动作很费力。这些现象是大脑皮质细胞兴奋扩散的结果。对此过程,教师或教练应以正确的动作示范来榜示学生正确掌握动作,抓住动作的主要环节和运动者掌握动作中存在的主要问题进行教学,不应过多强调动作细节。

2.分化阶段

通过对动作技术的初步掌握后,初学者对该运动技能的内在规律也有了初步的理解,逐渐消除了一些不协调和多余的动作。这时候,大脑皮质运动中枢兴奋和抑制过程逐渐集中,由于抑制过程加强,特别是分化抑制得到发展。大脑皮质的活动由泛化阶段进入了分化阶段,因此练习过程中的大部分错误动作得到纠正,能比较顺利连贯地完成完整动作技术。这是初步建立了动力定型。但定型尚不巩固,如果有新异刺激产生,多余动作和错误动作可能重新出现。在这个阶段,教练或教师要特别注意纠正错误动作,让运动者更加准确地掌握动作。

3.巩固阶段

巩固阶段是在经过反复的练习后,运动条件反射系统已经巩固,大脑皮质的兴奋和抑制在时间和空间上更加集中和精确。此时,不仅动作优美、准确,而且某些环节还可出现不需要意志支配就能做出动作,叫作动作自动化。在环境条件变化时,动作技术也不易受破坏,同时由于内脏器官的活动与动作配合得很好,完成练习时也感到省力和轻松自如。

4.自动化阶段

在完成了运动技能的泛化、分化、巩固阶段后,就会产生动作的自动化发展。所谓自动化现象,就是练习某一套动作时,可以在无意识的条件下完成的一种行为。自动化的特征是,对整个动作或者是对动作的某些环节,暂时变为无意识的,例如,走路是人类自动化的动作,在走路时可以谈话、看报,而不必有意识地想应如何迈步,如何维持身体平衡,又如熟练的篮球运动员在比赛时运球等动作往往也是自动化的动作。

在运动技能得到巩固后,第一、第二信号系统之间的联系,已经成为运动动力定型的统一机能体系。第一信号系统的兴奋可以选择性地扩散到第二信号系统,所以运动员可以精确地意识到自己所完成的动作,并可以用语言表达出来。

当动作出现自动化现象时,第一信号系统的活动已经从第二信号系统的影响下相对地"解放出来"。完成自动化动作时,第一信号系统的兴奋不向第二信号系统传递,或者只是不完全地传递,这时的动作是无意识的,或是意识不完全。动作自动化的程度对提高运动成绩有着很大的影响,但是不应认为动作达到自动化后质量就得到保证。虽然动力定型已经非常巩固,但由于进行自动化动作时第一信号系统的活动经常不能传递到第二信号系统中去,因此,如果动作出现细微的错误,很可能一时不能觉察,等到一旦觉察,可能变形的动作已因多次重复而巩固下来。因此,在动作自动化的发展中,也要时刻保持动作质量的检查和纠正。

第二节 运动训练教育学基础

在运动训练过程中,教练员需要进行"教"的过程,而运动员需要进行"学"的过程,这本身就是一个教育的过程。因此,应该掌握运动训练过程中的教育基础和理论。具体分析如下。

一、全面性的综合素质教育

竞技运动员要想在比赛中取得优异的成绩,必须要具有全面的综合素质,主要包括思想政治素质、法律与道德素质、科技和人文素质等。教练员在平时的训练过程中,除了教授运动员相应的运动技能以外,还要对其进行综合素质的培养和教育。运动员在参加运动训练的过程中,除了要进行技战术方面的学习外,还要进行其他知识的学习,不断提高自己的综合素养,成为一名优秀的竞技运动员。

运动训练是一个长期的过程,教练员要通过自己的努力,将一些具有运动潜质的儿童和青少年培养成优秀的竞技运动员。在这个过程中,教练员需要掌握一定教学方法和技能,将相关的训练知识和技术传递给运动员,否则就不能达到训练目标,不能提高运动员的运动成绩。运动员也要学会调整自己的心态,积极主动地参与到教练员制定的训练计划中去,刻苦训练。此外,运动员应该全方位地学习科学文化知识,努力提高自己的综合素质,以应对训练过程中遇到的各种困难以及分秒必争的竞技运动场。

二、必要的创新性教育

随着世界竞技体育的飞速发展,运动场上的竞争越发激烈,运动员要想在比赛场上取得优异的成绩,必须拥有创新性的思维。这是因为,高水平运动员和运动队之间的竞争,技战术的作用已经不是最重要的,双方对竞争对手的技战术已经有了比较深的了解。因此,在比赛过程中,一定要积极调动思维,认真分析场上形势,使用创新性的比赛手段和方法,努力取得比赛的胜利。

在平时的运动训练中,教练员和运动员都应该积极培养创新性的思维,如教练员可以创新性地制定训练计划、比赛计划,创新训练的理念和方法,不断提高自己的创新能力。运动员应该不断创新自己训练和比赛的方法和手段,树立创新思维和理念,模拟实战比赛的场景,不断提高自己训练和比赛的创新能力。

三、进行民主式教育

民主,是现代社会的重要标志,也是重要的教育思想。在我国传统的运动训练中,教练员往往起着绝对权威的主导作用,运动员在这个过程中往往只是被动地接受训练,处于一种从属地位,甚至在一些运动项目的训练过程中,教练员采用的是粗暴的训练方式和方法,没有正确的训练理念,给运动员的身心健康带来了严重的危害,更谈不上提高运动成绩了。

在运动训练过程中,应该进行民主式的教育,改变教练员教育方式,在运动训练过程中,教练员应该起主导作用,运动员起主体作用。教练员的主导作用主要表现为"施教"和"施控"。"施教"的意思是向运动员传授运动知识和技术,指导运动员进行科学训练,并关注运动员的人格发展。"施控"的意思是,教练员应该通过各种运动科学的监控手段,确保运动员达到训练目标的监控过程。运动员的主体作用是指,运动员应该积极主动地、创新地参加训练,不断提高自己的运动水平,为参加比赛做好各方面的准备。教练员的"教"和运动员的"学",应该是互相促进的,两者应该是良性的互动关系,而民主式的教育思想有助于形成两者的良性关系,促进运动训练过程的不断完善。

四、开展纪律性教育

竞技运动具有一定的规则性,运动员必须遵守比赛的规则,才能继续参加比赛,并在比赛中取得一定的成绩。因此,开展纪律性教育,就是倡导运动员在平时的训练中,应该严格遵循规则。竞争是人类天性使然,竞争是社会进步的动力。竞技运动赋予人类文明的重要贡献是,在提供惊心动魄的竞争形式的同时,也提供了和平对抗的竞争规则。竞技运动的规则客观上规范了竞技者的行为方式,约束了参与者的不轨行为。因此,通过竞技运动的训练过程能够提高运动员遵纪守法的意识。

竞技运动中规则的正义制定是促进人类社会文明行为的前提,规则的公正执行是维护人类社会秩序的基石,规则的科学修改是适应人类社会发展的需要。遵纪守法地按照竞技运动竞赛规则活动,就是维护社会文明、社会秩序和社会发展的行为。对运动员进行纪律性教育,可以使他们熟悉和掌握比赛的规则,并遵守规则,养成良好的参赛习惯,从而取得比赛的胜利。

五、进行职业性教育

随着世界体育的不断发展,职业体育的发展速度越来越快,已逐渐成为竞技体育的主流形式。职业体育具有一定的欣赏价值和经济价值,如美国的四大职业体育联盟,产生了巨大的经济效益和社会价值。长期以来,受举国体制的影响,我国运动员总是将自己视为国家的人,将参加比赛作为一项专业任务来完成,而不是将其作为一项职业目标来完成,不能形成很好的内驱力。通过对运动员进行职业性教育,有助于运动员形成良好的参赛动机,提高参赛的运动成绩,形成良好的职业体育观。进行职业性教育就是要不断提高运动员的职业意识,促进其形成职业行为,严格要求自己,做好各方面的训练,包括体能训练、技战术训练等。此外,一名优秀的职业运动员还应该有一支职业教练团队作为支撑,包括体能教练,还有生理监控师、技术摄像师、战术分析师、心理咨询师和装备服务师等。总之,应该在运动训练过程中,不断加大运动员和教练员的职业化教育,提高运动训练的质量。

六、运动训练相关的学习理论

(一)有意义学习理论

罗杰斯是人本主义理论的主要代表人物之一。1969年,罗杰斯出版了《学习的自由》,书中首次对有意义学习理论进行了阐述。有意义学习理论认为,仅仅是促进知识增长的学习还不能够称作有意义学习,有意义学习必须是融合学习者各部分经验的学习。精神集中、自觉学习、客观评价自己以及综合发展是有意义学习的几个主要特点。只有自由学习,才有利于产生有意义学习。人们天生就具有学习的潜质与能力,然而真正有意义的学习具备以下三个条件。

(1)学习的内容本身具有意义。

(2)个体的学习目标与学习内容密切相关。

(3)个体参与学习的态度是积极主动的。

只有同时具备了这三个条件,才算是真正有意义的学习。

除此之外,罗杰斯还主张为学习者构建舒适的外部学习环境,尽量不威胁个体的学习行为,师生关系要融洽、要和谐,教师要对学习个体表示充分理解,要懂得维护个体的学习形象,使学习者逐渐减少对教师的防御意识,学习者也要提高自身学习的积极主动性,教师要指导学习个体的正确学习,提高学习者对客观世界的适应能力。罗杰斯的这些主张都是为了促进有意义学习的出现。

罗杰斯还强调，促进学生的健康成长是教育的主要目标，教育就是要指导学生怎样学习，要想办法提高学生对外界环境的适应能力，帮助学生发展成为全面进步又有个性的人。总的来说，将学生培养成为完整的人就是教育的总目标，重点要从知识、认识能力以及情感意志等几方面进行着重培养。

根据罗杰斯的有意义学习理论，在运动训练过程中，应该提供给运动员一些有意义的训练内容和方法，并创设良好的学习环境，激起运动员的学习主动性和积极性，促进运动员的有意义训练和学习，快速提高运动员的运动水平和能力。

（二）自我实现理论

自我实现理论主要由马斯洛倡导。在马斯洛看来，自我实现是人性完满的强调，它充分展现了人的协作、审美、团结、求知以及创造等潜能，主要实现的是人的个性。马斯洛把自我实现描述为"充分利用和开发天资、能力和潜能等。这样的人似乎在竭尽所能，使自己趋于完善"。自我实现强调实现的是人的本性，通过实现本性，人们可以体验到很强的快感。这种体验能够使人心情愉悦，甚至能够促进人格的改变。马斯洛认为，自我实现能够使人们的性格更加成熟与丰富，因此，在教育中自我实现理论的意义重大。马斯洛还认为，快感的体验比人们想象中或预知得多。不但健康人会通过实现自我体验快感，而且非健康人也会有这种体验。实际中，差不多人人都有这种高峰体验，只是有时候人们认识不到或难以接受。从实质上说，教育的职能和目标就是帮助人们实现自我，促进其人性的形成与丰满，引导其达到最佳状态。具体来说，就是通过教育，促进个体学习动机的激发，促进个体潜能的充分发挥，引导其积极向上地投入学习，从而使个体进行自我教育，最终达到自我实现。

从运动训练的角度来看，教练员通过一定的激励手段，刺激运动员树立自我突破和自我实现的目标，提高运动训练的目标导向性，在运动员内驱力的引导下，不断提高运动训练的水平。

（三）成就需求理论

成就需求就是个体对成就的需要。个体对成就的需要具体表现在：个体希望可以找到一份良好的、适宜自己的工作，然后以这项工作为事业，并通过工作的完成来追求事业的成功。渴望有所成就的个体，当实现成就时，就会感到满足,就会有一种精神刺激的快感,这种刺激与满足会为其更好地投入工作产生积极的影响。

如果成就需求很高的人来担任管理人员的话,会有利于促进整体效率的有效提高。通常情况下,成就需求很高的人在工作中会表现出如下几个特征。

(1)如果一个工作环境中,需要依靠员工的个人能力来解决工作中遇到的问题,而不是过分依赖别人,成就需要较高的人在这样的环境下工作,一种强烈的成就感就会油然而生。在这类人看来,如果工作独立,富于挑战性,就会体验到无比的快乐。

(2)成就需求很高的人能够独立完成难度较为适中的工作。

(3)适度肯定。对成就具有需要的人,其成就感可以通过正面评价、增加工资、职位晋升或别的方式来充分反映出来。

对具有高成就需要的人来说,他们在做出一些行为后,如果成功了或取得了一定的成就,就会在感情上得到平衡,精神上感到满足。所以,只要他们对工作的高成就需要得到满足,他们就会成为工作环境中的核心力量。相反,如果他们的高成就需要被抑制,再多的物质报酬也不会激发他们工作的动机与热情。

成就动机具体指的是"一个人力求实现有价值的目标,以便获得新的发展或地位或赞扬的一种内在推动力量"。对成就动机的相关研究反映,如果学生有着越强的成就动机,其就有越高的学习热情与积极性,也就会更好地发挥其学习的内部潜在能力。有关心理学家指出,如果学生的成就动机很强,他们就会更加主动地投入学习中。由此可知,越强的成就动机,能够更好地促进潜在兴趣向实践兴趣的转化。

对于参与运动训练的运动员来说,都想通过努力训练,获得比赛的胜利,并不断取得运动场上的成就。因此,合理地调动和激发运动员的成就需求,可以使其更加积极地进行训练,并不断克服训练中的各种困难,从而取得一定的成就。

第三节　运动训练营养学基础

一、营养与营养素

营养,是指人体不断从外界摄取食物,经过消化、吸收、代谢和利用食物中身体需要的物质(养分或养料)来维持生命活动的全过程,它是一种全面的生理过程,而不是专指某一种养分。生命的存在,有机体的生长发育,生命活动及各种脑力劳动和体力劳动的进行,都有赖于体内的物质代谢过程,因此必须不断地从外界摄取一定数量的新物质,主要从食物中摄取。

食物中的养分科学上称为营养素。它们是维持生命的物质基础,没有这些营养素,生命便无法维持。人体需要的营养素约有 42 种,归纳起来分七大类,即蛋白质、脂类、糖类、矿物质和维生素、水和膳食纤维。这些营养素在体内功能各不相同,概括起来可分为三方面:供给能量以满足人体生理活动和体力活动对能量的需要;作为建筑和修补身体组织的材料;在体内物质代谢中起调节作用。

营养素通常来自食物,而任何一种食物都不能包括人体所需要的一切营养素,况且任何一种食物也不可能具备各种营养素的功能,因此,人体需要从多种食物中获得各种营养素。

二、运动中营养素的消耗

(一)蛋白质的消耗

人在运动状态下,体内蛋白质的分解和合成代谢会增加,蛋白质的消耗就会增加。这是因为运动使器官肥大、酶活性提高、激素调节活跃造成的。由于蛋白质食物的特别动力作用强,蛋白过多能提高机体的代谢率,增加水分的需要量,在运动前蛋白质的摄入不宜过多。

(二)糖的消耗

糖类是运动时能量的主要来源之一,它在人体日常以及运动中的利用程度决定了运动者是否具备良好的耐力,从而顺利完成规定的运动强度,达到一个很好的运动效果。糖类易消化、耗氧少,人体内糖类代谢的产物主要是水和二氧化碳,在运动时会随时被排出,如果补充不及时,就会形成供需脱节;如果运动者没有及时补充糖而又继续运动,机体对糖类的大量需要只能来自体内贮备的糖原,从而造成糖原枯竭。

(三)脂肪的消耗

脂肪是运动中能量的主要来源之一。运动者在长时间运动过程中对脂肪的利用会有显著的增加,在寒冷环境中,体内的脂肪消耗也会增多。

(四)维生素的消耗

研究表明,激烈的运动会加速水溶性维生素从汗、尿排泄,尤其是维生素 C 的排泄。此外,运动会引起线粒体的数量增多和体积增大,酶和功能蛋白质数量增多,参与这些物质更新的维生素的需要量增加。运动者长时间持续大强度的运动,会使机体的能量消耗大大增加,加速了物质能量代谢过程,同时也加快了各组织更新,使维生素利用和消耗增多,因此,应及时补充足够的维生素。

(五)矿物质的消耗

运动者在运动过程中,体内矿物质和微量元素的代谢均可能发生变化。运动量大时,尿中钾、磷和钠排出量减少,而钙的排出量增加。

(六)水的消耗

机体水的消耗主要是通过出汗来实现的。长时间剧烈的运动会导致机体排出大量的汗。另外,出汗的多少与气温、热辐射强度、气压、温度、单位时间运动量及饮食中的含盐量有关。

三、运动中营养素的补充

(一)蛋白质的补充

成年人蛋白质需要量以每日每千克体重 1.2 克为宜。婴幼儿、青少年、怀孕期间的妇女、伤员和运动员通常每日需要摄入更多蛋白质。早餐必须摄取充分的蛋白质。

参加运动的人每日蛋白质需要量为 1.0~1.8 克/千克体重。随着运动水平的提高,机体需要的量增加越多。连续数天大负荷耐力运动时,每日补充蛋白质 1.0 克/千克体重,身体仍然出现负氮平衡,这表明体内蛋白质分解多于补充;而以 1.5 克/千克体重摄入蛋白质时,身体处于正氮平衡。

(二)糖的补充

日常生活中,由于人们生活习惯、饮食结构和劳动强度的不同,糖的食用量也不相同。运动过程中应根据运动需要和机体状态合理补糖。具体如下。

1. 运动前补糖

可在参加运动前的数日增加膳食中的糖类食物,也可在参加运动前的1~4 小时每千克体重补糖 1~5 克。但应避免在运动前 30~90 分钟补糖,以防止运动时血中胰岛素升高。

2.运动中补糖

运动者在运动过程中,应每隔 20 分钟补充含糖饮料或容易吸收的含糖食物,补糖量一般不大于 20～60 克/小时或 1 克/分钟,通常采用少量多次饮用含糖饮料。

3.运动后补糖

大强度的运动后,运动者补糖的时间越早效果越好。理想的方法是在运动后即刻补糖、运动后 2 小时内补糖、每隔 1～2 小时连续补糖。补糖量以 0.75～1.0 克/千克体重为宜。

(三)脂肪的补充

正常人每日膳食中摄入 50 克脂肪即可满足日常活动需要,运动者可适当增加脂肪的摄入。人体每日所需热量的 20%～30% 来自脂肪,而在花生、玉米、大豆、芝麻、橄榄、豆腐等素食中含有丰富的不饱和脂肪酸。

(四)维生素的补充

维生素在体内不能合成,一般情况下储存量少,因此,必须经常从食物中摄取。在食物供应充足的情况下,不必再从药物中补充维生素。进行大强度运动时,或是摄入控制体重膳食,或饮食无规律,或吃偏食的运动员出现维生素缺乏时,应及时检查,适时适量进行维生素补充。各种维生素的补充应结合运动项目、运动强度、运动时间等合理进行。

(五)矿物质的补充

1.铁的补充

一般地,正常成人身体总铁量为 3.5～4.0 克。大强度长时间的运动时,机体对铁的需要量高,铁丢失严重,再加上摄入不足,普遍存在铁营养状况不良。因此,运动者膳食中应加强铁的摄入。

2.锌的补充

锌与运动能力之间的关系非常密切,它是多种酶的组成成分和激活剂,能调节体内各种代谢。机体中,红细胞的含锌量约为血浆的 10 倍,主要以碳酸酐酶和其他含锌金属酶类的形式存在。另外,锌还可以影响睾酮的产生和运输。

3.硒的补充

硒与运动也有着非常密切的关系。硒是谷胱甘肽过氧化物酶的辅助因子,由于具有消除过氧化物,增强维生素 E 的抗氧化能力等作用,在进行大强度运动时,运动者硒的摄入量应为平时的 4 倍,以每天约 200 微克为宜。

4.钾的补充

一般的,成人体内总钾量为 117 克左右。一般钾大部分存在于细胞内液,只有约 2% 存在于细胞外液。当血钾浓度降低时,脑垂体生长素输出下降,造成肌肉生长减慢。运动中补钾可迅速恢复生长素水平和提高胰岛素样生长因子的水平。

5.铜的补充

铜是很多金属酶,如超氧化物歧化酶(SOD)等的辅助因子,参与多种代谢反应。运动中补充铜可提高和运动员机体内铁的运输,防止运动中贫血。

(六)运动补液

1.补液的原则

重在预防:避免脱水的发生,防止运动能力下降。

少量多次:避免一次性大量补液,以免加重胃肠道和心血管系统的负担。

补大于失:为了在运动过程中能保持最大的运动能力和最迅速地恢复体力,补液的总量一定要大于失水的总量。

2.补液的措施

运动前补液:运动前,补充的饮料中可含有一定量的电解质和糖,补充的量应根据具体情况而定,如在运动前 2 小时可以饮用 400~600 毫升的含电解质和糖的运动饮料。每次可摄入饮料 100~200 毫升。

运动中补液:运动者运动过程中出汗量大,为预防脱水的发生,有必要在运动中补液。运动中补液应采取少量多次的方法,可每隔 15~20 分钟,补充含糖和电解质的运动饮料 150~300 毫升。注意补液的总量不超过 800 毫升/小时。

运动后补液:也称复水。运动后的补液切忌暴饮,补充的液体以含有糖和电解质的运动饮料为宜。运动后的体液恢复以摄取含糖和电解质饮料效果最佳,饮料的糖含量可为 5%~10%,钠盐含量为 30~40 毫摩尔/升。

四、不同运动项目的营养需求

(一)耐力性运动项目的营养需求

1.营养需要特点

耐力性运动项目的运动强度相对比较小、持续时间较长,主要依靠有氧氧化进行供能,应该进行糖类等能量物质的补充,此外,长期从事耐力项目的运动员容易发生缺铁性贫血。

2.相关膳食营养安排

应该补充糖类物质,增加体内的糖原储备,并及时补充一定的水分、维生素 B、维生素 C 以及一些矿物质,如铁、钙等。

(二)力量、速度运动项目的营养需求

1.营养需要特点

这类运动项目的运动持续时间比较短、肌肉的输出功率比较高,运动时所需要的能量主要来自于磷酸原供能系统和糖酵解系统。

2.相关膳食营养安排

在这类运动的膳食中,应该提供丰富的蛋白质,一般而言,首先应该补充 2g/kg 体重;其次,应该补充含有丰富磷酸肌酸的食物,必要时补充一些肌酸;此外,应该适当补充一些糖类物质。

(三)灵巧、技巧运动项目的营养需求

1.营养需要特点

这类运动项目对人的协调能力要求较高,同时也需要运动员有良好的力量、爆发力、速度等运动能力;此外,这类运动项目需要运动员高度集中注意力,因此,其营养需求具有自身的特点。

2.相关膳食营养安排

在此类项目的运动训练期间,应该摄入能量较低的食物,食物中脂肪供

应比例应该控制在 30％以下,蛋白质的摄入量应该控制在总能量摄入量的 12％～15％,以保障机体的免疫功能和健康水平。

此外,这类项目还应该补充适量的维生素 B_1 和维生素 C,每日的补充量应该为 4 毫克和 140 毫克。此外,由于乒乓球等项目需要运动员紧张的视觉活动,这类运动员还应注意适当补充维生素 A,补充量应该达到 1.8 毫克以上。

第四节　运动训练工程学基础

由于运动训练的目的是充分挖掘运动员的自身潜力,并不断创造优异运动成绩的过程,因此,运动训练可以算是一项系统工程。那么作为一项系统工程,自然具有工程结构、工程设计、工程实施、工程监控、工程质量、工程成本和工程管理的基本属性和内容。因此,根据工程学的相关知识,构建运动训练工程结构和运动竞赛工程结构,具有重要的理论意义和现实意义。

一、工程的定义

一般而言,工程的含义主要包含五层意思:一是工程竣工形态具有产品的形式。这种产品可以是物质产品或是精神产品,总之要有产品的表现形态。二是产品的形成具有逐渐升级的特点。换言之,具有初级产品、中级产品和最终产品的不同类型形式。三是工程建设过程具有分期特点。这种分期特点的体现具有阶段目标和阶段成果。四是工程建设具有多种技术参与特点。这些技术主要包括各种科学和艺术方面的技术。五是工程建设具有多类人员协同活动的特点。简而言之,任何工程过程都是不同人员协调配合、通力合作的过程。

二、运动训练的工程内涵

运动训练,是指运动员在教练员的科学指导下,积极努力,不断挖掘自身的运动潜力,并不断提高运动成绩的一种专门组织过程。

运动训练的过程实质上具有一切工程建设的属性和元素,运动训练过程同样具有训练产品形态、训练过程目标、训练过程技术、训练过程周期和多种人员协同参与的特点;同样具有训练人员、训练监控、训练质量、训练环境等要素。因此,运动训练具备工程的各种规律,这是运动训练的工程内涵。

三、运动训练系统工程

运动训练不仅是一项工程,而且是一项系统工程,因为运动训练的过程也实现运动成绩的最优化,并在整个过程中调整训练的手段和方法,以达到运动训练的目标。主要包括以下几个方面。

(一)运动训练工程设计

首先,我们来看看设计的定义,设计是指人类通过严密思考,采用视觉的表现形式把构想结果传达出来的活动过程。设计是人类通过劳动改造世界、创造人类文明的一种物质财富的中介产物或精神财富的思维产品。工程设计是指:历经相关项目的策划、项目构思、制定方案、初步设计、整体设计、实验设计、验收设计等几个重要环节。

从以上的定义来看,运动训练的设计亦有工程项目设计的特征。而且运动训练工程设计的难度远远高于一般工程的设计。这是因为运动训练的周期相对较长,训练的对象主要是人,运动训练的本质是争标夺冠。通常,运动训练的设计依据是训练任务、训练目标、训练结构和现实状态、竞争对手等要素。

运动训练的设计过程,涉及的专业更为细致,训练分工更为具体。当然,运动训练的计划类型更多。例如:按训练内容分类,可分体能、技能、心智等要素计划;按训练过程分类,可分多年、年度、周期、阶段、小周期和单元训练计划。因此,必须综合考虑各个要素才能科学设计。

(二)运动训练工程实施

对于运动训练的工程实施来说,其内容比较复杂,影响训练实施效果的主要因素是选手诊断结果、训练任务规定、训练内容进度、训练方法遴选、训练手段设计、训练负荷安排、训练环境营造等系列要素,这些要素都会或多或少地影响运动训练的效果。具有较高素养的教练员或运动队,为了更好地实施训练计划,都会制定相应的运动训练实施细则。这些实施细则,小到具体动作规范,大到训练负荷安排都有详细要求。教练员指导的训练实施细则,是训练计划内容细节的细化,是训练计划实施工艺的守则。因此,训练工程的实施细则具有规范性、辅助性和操作性等特点。其中,实施细则的规范性主要表现在对训练场地、器材、服装、时间、内容、方法、手段、负荷等训练要素做出严格的规定;实施细则的辅助性主要表现在对训练思想、训练目的、训练目标、训练过程和训练要求做出科学的细化;实施细则的操作性主要表现在对从属于竞技能力和训练内容的各个要素的训练和流程做出详细的说明。训练工程实施细则所体现的规范性内容、辅助性方案和操作性方法，使抽象的训练计划更为丰富，使具体的训练实施更为完善。显然，运动训练工程的实施，需要更为详细的训练实施细则作为实施依据。

运动训练的实施，需要多方面人员的协同参与。其中，主管教练、助理教练、领队、科医人员、后勤人员和运动员是主要人员。各方面人员应该尽力做好自己的本职工作，服务好运动训练的过程，教练员是实施过程中起主导作用的人，必须掌控好整个运动训练的目标、过程等，运动员应该努力克服困难，积极参加运动训练，尽最大可能完成相应的运动目标。总之，运动训练的工程实施需要多方面的协调配合。

（三）运动训练工程监控

对于一项工程来说，必须要有专门的机构来对其实施和设计的过程进行监控，才能保障工程的顺利进行。运动训练的过程也是如此，现在，大部分职业俱乐部和国家队都会对自己运动员的训练过程进行科学监控，运动训练的监控内容主要包括生理学、生物化学、教育学、心理学、训练学等指标。其中，生理学、生物化学的监控指标，主要用于监控体能训练效果；教育学和训练学监控指标，主要用于监控训练过程的进度。

运动训练工程监控，具体而言，主要包括以下内容。

1.对运动员体能的监控

体能是运动员的最基本竞技能力，主要包括力量、速度、耐力、柔韧性、平衡性、心血管耐力等，应该及时监控运动员的训练体能，不断提高运动员的体能水平。

2.对运动员技术水平的监控

运动训练的目的主要是为了提高运动员的技术水平，因此，应该采取一定的方法，科学监控运动员的技术水平，并及时指出其中的错误，不断提高运动员的技术水平。

3.对运动员战术水平的监控

在一些集体类运动项目中，如篮球、足球、排球等，战术是运动训练的主要内容，战术的掌握情况反映运动员的水平高低和运动队伍的整体水平，因此应该对其进行监控，提高运动训练的水平和质量。

4.对运动员心理水平的监控

运动员的心理素质在某种程度上决定着比赛的成败,在平时的训练中也要进行心理素质方面的训练,因此,对运动员的心理水平进行实时监控,在一定程度上可以反映出运动训练的水平,及时提醒运动员调整自己的训练心理状态,从而不断提高运动训练的质量。

5.对运动员过度训练的监控

在运动训练过程中,一定要注意把握运动训练的量,不能过度进行训练,这样会给运动员的身体造成一定的损害,还会挫伤运动员训练的积极性,将是一次失败的训练。

(四)运动训练工程管理

运动训练是一项系统工程,需要对其进行科学管理,不断实施调控。
运动训练工程的科学管理主要是由系统原理、人本和效益原理组成。

1.系统原理

运动训练工程管理的系统原理,是指为了实现运动训练的目标,运用系统理论,系统理论告诉我们首先要从整体性上去把握运动训练的过程,运动训练的各个阶段是相互联系的,各个运动训练的子系统之间具有一定的联系,并具有开放性,如果系统中的一个部分出了问题,则有可能会影响整个运动训练的过程。此外,也应该从整体上去考虑运动训练的过程,把控好运动训练中的各个问题。另外,系统原理也告诉我们要不断以动态的眼光观察运动训练的整个过程,运动训练的过程是不断发生变化的,要时刻注意调整。

2.人本原理

运动训练工程管理的人本原理是指,在运动训练过程中,要注意以人为本,通过满足教练员和运动员的需求来不断提高他们训练的积极性,从而提高运动训练的效果。人本原理是根据马斯洛的需求层次论提出的,生存、安全、归属、尊重和自我实现需求是需求的不同层次,我们必须注意教练员和运动员不同时期的需求,通过各种手段和方法不断提高运动训练的质量。

3.效益原理

运动训练工程管理的效益原理是指,运动训练工程管理过程中,能够以最小代价创造最大的社会、经济效益的基本理论。在运动训练过程中,要时刻注意运动训练所取得的效益,取得一定运动成绩所耗费的成本是多少,如其中包括的人力、物力、财力等。应该主动采取一定的管理措施,在提高运动训练效益的同时,保持以一定的低成本运行。

第三章　现代运动训练的发展审视

　　随着我国竞技体育及其他体育活动的不断发展,运动训练也受到了越来越高的重视。而且随着我国科学技术的高速发展,体育活动对运动员各方面的素质与能力也有了更高的要求,这就需要继续深入研究现代运动训练,推动运动训练的创新与发展,使现代运动训练满足当前运动员的训练需求。本章主要从运动训练学的发展概括、运动训练学的研究热点与展望、现代运动训练的创新与发展以及辩证唯物论角度下运动训练理论的发展审视等几方面来对现代运动训练的发展进行探讨与研究。

第一节　运动训练学的发展概况

一、运动训练学的发展简述

　　运动训练理论是在长期的运动训练实践中形成与完善起来的,竞技体育水平的提高推动了运动训练实践的进步与发展,因此也促进了运动训练理论的科学化发展,使得运动训练学呈现出系统化、集成化的发展特点。

　　运动训练学的发展大体经历了以下几个重要时期。

(一)起源及形成时期

　　在古代奥林匹克运动初步兴起时,运动训练是自发的,没有专门的组织,运动员只在参赛前才进行短暂训练,而平时没有系统训练,所以关于运动训练理论上的研究还没有出现。直至 19 世纪末,运动训练学理论研究才开始出现,当时,英、德、美等国家的教授以实践要求为根据,逐渐展开了对运动训练理论的探讨,并发表了一些比较零散的论文,而且大都是关于“运动员基本训练”“田径”方面的论文。这一时期,运动训练理论研究的基本特征是在专项领域的实践中逐渐运用一些田径领域的理论知识和经验。1916年,体育专家阿·科托夫发表《奥林匹克运动》一书,运动训练分期的思想在该书中首次被提出。其后,芬兰等国的体育专家纷纷开展了对运动训练分期、运动训练过程和运动训练计划等的研究。其中所取得的显著成就是,1930 年德国学者吕梅尔第一次在训练理论研究中融入了组织学、生理学、医学、体质学等理论知识,并在此基础上将《运动员手册》一书成功完成,这是专项训练学诞生的标志。

二战后,世界竞技体育结构发生了明显的变化,竞技体育的职业化、商业化特点逐渐鲜明起来。而且随着竞技体育比赛越来越激烈,人们逐渐认识到体育科学对于竞争的意义。世界运动训练经历自然发展时期、新技术和大运动量训练时期等几个阶段后,逐渐迈向了科学训练的新时期。在科学训练阶段,"运用科学理论、方法以及先进技术组织实施运动训练,并有效控制训练过程"是运动训练中表现出来的最突出的特点。随着运动训练的不断发展,运动训练理论、思想、观念、方法等都得到了不同程度的发展与创新,而且随着竞技体育的快速发展,对运动训练的理论、思想、观念和方法也提出了更高的要求,这就需要加强运动训练研究,使运动训练理论研究与运动训练实践需求相适应,在这一背景下,建立了训练学学科。当时,训练学理论包含在体育科学理论中,首先在苏联得到系统发展,随后,德国有关学者也开始对训练学进行了系统的研究。

1961年,《运动训练问题》一书由苏联教育学家卡列金和吉雅契柯夫共同完成;奥地利的学者也发表了运动训练理论的相关论文。1962年,世界上第一次大规模的运动训练学专题报告会——社会主义国家"运动训练问题国际科学方法讨论会"在莫斯科举行,会上作了76篇专题报告,其中就包括训练内容、训练计划、训练方法等方面的内容。1964年,《运动训练分期问题》(马特维耶夫)一经出版,就在全世界引起了热烈的反响。

运动训练学作为一门独立的学科而得到承认是在1969年,标志是《训练学》的出版。20世纪70年代中期至80年代初期,训练学进入体系构建的深化阶段。一大批专业的学者对运动训练的科学体系进行了完善,这对竞技体育的飞速发展和运动训练理论的广泛传播具有极大的推动性影响。

随着运动训练科学体系的不断完善,一些训练学专著也相继在德国、苏联等国家出版,如苏联在1971年发表的《运动训练原理》(马特维耶夫)和1972年发表的《运动过程的控制与最优化》(吉雅契柯夫);德国在1972年出版的《训练》(麦勒罗维兹、梅勒)和1975年发表的《训练科学》(巴尔艾希、库洛夫)等。

同期,我国体育工作者也开始突破专项局限,对训练中的某些共同规律进行探索,并取得了一些研究成果,如我国最早的训练学著作《优秀运动员多年训练规律的研究》(唐礼等)、《周期性运动项目训练负荷与运动成绩的关系》(步润生)等相继发表。在这一阶段的研究中,专项训练理论和方法是主要研究内容,而且我国学者也将苏联的训练理论和实践研究成果运用到了新的研究中。

（二）缓慢发展时期

"文化大革命"对中国社会、中国体育事业的发展都产生了巨大的影响，在这一时期，运动训练学研究基本上处于停滞不前的局面，仅取得了少量的运动训练学理论研究成果。1979年，北京体育学院学报上发表了《中长跑翼项系数理论及其应用》（田麦久），该论文以翼项系数为依据对运动员各种跑的能力的发展水平进行了分析，对各跑段所应达到的最高强度做了确定，同时还提出了评定竞技状态水平的方法。这一理论研究成果对中长跑项目训练具有重要的影响。

与我国运动训练理论研究的凄景相比，国外可谓是进入了火热的研究时期，德国（西德）是研究最为活跃的一个，而且德国的运动训练学理论研究在这一时期居世界先进水平，主要标志就是1977年德国学者马丁撰写《训练学基础》一文。此外，1979年，"一般训练学与体育教学法研究所"在德国科隆体育大学成立（1980年改为"一般训练学研究所"），《最优化训练》（威标克）的出版促进了运动训练理论的丰富。同期，苏联的《运动训练基础》（马特维耶夫）和《现代运动训练》（普拉托诺夫）相继出版，使得苏联在运动训练学研究上也处于世界先进水平。

随着党的十一届三中全会的召开，我们将各领域的优秀人才派遣到国外深造，体育领域我国选派的是田麦久，他是我国第一个运动训练理论研究人员，也是我国第一个体育学博士，学成归来后，田麦久积极投身运动训练学研究，并掀起了国内在这一领域的研究热潮。

（三）发展和完善时期

1. 书籍出版

我国第一本《运动训练学》于1983年出版，该书由中国体育科学学会运动训练学会组编写而成，该书的出版是我国运动训练学理论研究进入系统阶段的主要标志。1986年，《运动训练学》（过家兴）专业教材出版。1988年，《运动训练科学化探索》（田麦久、武福全）一书出版。

2. 研究热点

同期，我国有关学者对运动训练领域的诸多问题进行了专门的研究，具体表现在以下几方面。

第一，徐本力对运动训练的控制模型进行了研究。

第二，范玲嶙对竞技运动训练的科学化进行了研究。

第三，延锋立足空间视角对全年训练各阶段的任务和负荷进行了研究，并提出在不同训练阶段，运动负荷呈规律性变化。

第四，茅鹏研究小周期和体力波关系，并提出在训练安排中，小周期的作用已超过大周期，提倡在训练中按照体力波的波动规律对训练形式的小周期模式进行安排。

第五，田麦久对新中国成立后我国一批优秀运动员的训练过程进行了纵向研究，并从时间角度对优秀运动员多年训练的类型特点进行研究，对自然发展式的多年训练过程安排做了否定，同时将比较合理、科学的多年训练过程结构理论提了出来。

3. 研究创新

20 世纪 80 年代末到 90 年代初，田麦久等人将项群训练理论加入一般训练学和专项训练学之间，这是一个全新的理论层次，该理论的提出丰富了运动训练学的学科理论，是我国训练学研究进入新的发展阶段的主要标志，一大批知名学者在田麦久等人的带动下积极投身于运动训练学的研究中。北京体育学院于 1994 年获得运动训练学博士学位授予权，对大批优秀运动训练学人才进行了培养，从而直接将运动训练学的理论研究推向了一个更高的水平。

(四)蓬勃发展时期

1. 研究内容越来越丰富

20 世纪 90 年代，在运动训练学理论研究中，研究内容越来越丰富，涉及面越来越广，具有代表性的研究有以下几点。

(1)曹守和研究了新中国竞技体育训练理论的发展与创新。

(2)池建对比并研究了男子篮球赛前训练负荷强度和比赛负荷强度，提出在安排赛前训练时应采用短时间多次数的间歇形式，间歇总时间应减少。

(3)张路研究了训练大周期与小周期的对立统一等。

2. 周期训练研究热

这一时期，周期训练受到了越来越高的关注，专家对运动训练基本问题的研究中，这一方面的争论最激烈。在新的竞赛条件下，学者与专家对马氏周期理论开始重新审视。

（1）对传统周期训练理论的质疑

许琦、李庆、陈小平等人从不同角度质疑传统的马特维耶夫周期理论，认为传统周期理论过于死板地规定了准备期和竞赛期的负荷量和运动强度，这对于运动员更好且多次出现竞技状态高峰是不利的，而且准备期和竞赛期训练内容和方法的安排也有不当之处，对运动员成绩的提高造成了影响。

（2）传统周期训练理论的新发展

相反，更多学者对马特维耶夫周期理论是颇为肯定的，他们对马特维耶夫周期理论的原始文本重新进行解读后，认为马氏周期理论从哲学高度预见了很多体育项目都有不同的周期特征。例如，姚颂平仔细研究了马氏运动训练理论并指出，在年度周期或训练大周期安排方面，近些年有一些不同的意见出现。表面来看，似乎训练过程的分期和训练负荷的安排是分歧的主要集中点，但系统分析后发现，竞技状态理论才是主要的分歧，即对竞技状态概念如何理解、如何确定，产生了分歧。对竞技状态概念有不同的理解，自然就会产生不同的学术观点，就会引起争论。姚颂平认为，在当今体能类项目训练中，仍然适合采用传统的一年单周期和双周期的安排模式，因为某些项目运动员需要花费较长的时间才能提高竞技能力，即使现在商业性体育赛事非常多，运动员也应该有选择地参加重要比赛，控制比赛次数，这样才有利于取得好成绩。

（3）传统周期训练理论的局限

田麦久和郑晓鸿也系统分析了马氏周期理论，他们认为，在合乎规律的基础上，从理论上科学解释新的分期形式与年度训练安排，才能推动竞技运动的正常发展。也正因如此，学者才会质疑传统训练分期理论，而且传统理论也才能在不断的质疑中取得新发展。但遗憾的是，不管是研究传统周期理论，还是新周期理论，研究范围始终都是有局限性的，即主要围绕体能类项目进行研究。

在传统周期理论的研究中，举重、田径、游泳等体能类项目是主要的研究素材与资料来源，可见研究范围是很有局限性的，而且长时间都没有取得突破。关于这一点，马特维耶夫教授认为，自己虽然研究了运动训练分期方面的问题，但仍然无法对训练分期的所有问题进行解决，如自己并没有研究不同运动项目的训练分期特点。但马特维耶夫指出了应集中从以下几方面来研究不同运动项目训练分期特点的问题。

第一，不同运动项目训练分期特点应在一般与专项训练、身体与技术训练、技术与战术训练等方面的相互关系上具有不同特点。

第二，不同项目训练分期特点的不同应表现在竞赛期的结构特点上。

第三,不同项目训练分期的特点在训练分期以及整个训练周期持续时间长短上可能存在差异。

尽管马特维耶夫指明了进一步研究运动训练分期问题的方向,并提供了理论假设,但后代人对运动训练分期理论应用的重视程度远远超过了对进一步研究与完善该理论的重视,就连马特维耶夫本人也没有继续对运动训练分期的其他问题进行研究,有关不同项目运动训练分期特征问题的系统研究在其后期的著作中并未出现。这就导致传统运动训练分期理论和新周期理论在指导其他运动项目上,尤其是对抗性运动项目上难以发挥有效的作用。因此教练员在对抗性运动项目的训练分期安排中显得无所适从。

田麦久认为,运动员竞技状态的周期性变化能否适应特定日程重大比赛的参赛需要是判断训练大周期划分是否恰当的一个重要标准。[①] 不同项群运动员的竞技状态有不同的表现特征,所以对不同项群运动员的训练大周期进行划分时,也应体现出一定的差异性。而传统周期学说的建立主要是以体能主导类项目的训练实践为基础的,对于其他主导类项目运动员竞技状态的变化规律和表现特点,该理论几乎没有涉及。

3.项群理论不断发展

随着运动训练理论的不断丰富,项群理论得到了充分而广泛的运用,并有了新的发展,这就直接促进了运动训练学的发展。具体来说,项群理论主要运用于运动训练、体育战略研究中,项群理论对国家体育总局和地方体育局制定体育发展战略规划具有重要的指导意义。

二、运动训练学的发展趋势

运动训练学的未来发展趋势主要表现在以下几个方面。

(一)运动训练理论体系进一步发展

从 20 世纪 50 年代起,运动训练就在系统地、不间断地开展,运动训练理论也在一步步发展与完善,较为完整的运动训练理论体系也逐渐形成,并对运动训练实践具有重要的指导意义。从 70 年代末,竞技体育商业化、职业化发展趋势突出,传统的运动训练理论体系受到了冲击与挑战,引起了很多争论,经过几十年的质疑、辩论、探讨,但没有结束争论。而有关训练过程控制的理论原理问题是学者们争论的一大焦点。

---

① 肖涛,孔祥宁,王晨宇.运动训练学[M].重庆:重庆大学出版社,2016.

不可否认，传统的训练理论体系是建立在较低成绩水平上的，随着新赛制的改革和运动员比赛成绩的不断提高，原本训练理论体系中的问题就更加明显了，而且无法适应新时期运动训练的需要。但是，在质疑传统训练理论时，我们必须清楚，传统训练理论体系中无法适应当代运动训练需求的是核心原理，还是操作步骤，如果是核心原理的问题，就是传统理论自身的问题，如果是操作步骤问题，就有可能是操作者的问题。近20多年来，我国学者也多次并且深入讨论了传统训练理论体系，很多学者与教练员认为，传统训练理论体系的核心原理揭示了运动训练的客观规律。这一点在我国优势项目的训练实践中已经得到了证实，这就说明，随着赛制的改革与比赛次数的增多，传统训练理论体系的核心原理并没有发生改变，其仍然具有重要的运用价值。

但是，竞技体育的商业化、职业化发展确实影响了运动训练，随着运动成绩水平的不断提高，原本训练理论中的操作问题表现出了不适应性。在新的形势下，我们应调整传统理论中有关操作的内容。在这方面，马特维耶夫早已发现了问题，其针对运动成绩的变化和竞技体育的发展提出了新的操作方案，并出版了多部理论新著。在不久的将来，随着竞技体育商业化、职业化程度的不断提高，学术界必将有新观念、新研究成果出现，训练控制理论必将得到更新，从而使训练理论宝库更加充实与丰富。

（二）注重揭示各个运动专项的特点

训练负荷的量与强度处于极限水平是现代运动训练的一个主要特点。在运动量与运动强度无法继续增加的情况下，应该考虑如何有效安排训练负荷，避免盲目的、无效的训练，这体现了运动训练的科学化。全面、准确地理解"专项"，把握专项特点是提高训练针对性、合理性及有效性的关键。

在现代运动训练中，一般都错误地认为各个运动项目的特点就是"专项"特点，而没有认识到"专项"是一个相对概念，也没有意识到专项与运动员训练水平应该是相符的，这是现有训练理论最大的不足。"专项训练"是现代运动训练应坚持的一个重要原则，只有通过"专项训练"才能取得优异的运动成绩。正因为缺乏对运动项目专项特点的研究，没有科学揭示专项特点，才影响了训练的效果。

从目前运动训练理论研究的趋势来看，许多学者、教练员对上述问题都有了一定的意识，并在研究一些相应的对策，但这方面的工作并没有全面展开，成果也不明显。因此可以预见，随着实践需求的增加，这方面的理论研究将得到新的进展与成果。

（三）体能训练方法与手段将得到重新审视和发展

随着奥林匹克运动的不断发展，各项目的运动成绩都达到了一定的水平，而且仍在继续发展。各类体育运动项目中，除以动作技巧作为胜负判别标准的项目外，其他项目中有相当一部分的技术基本上达到了完善的程度，虽然还可能出现制胜的新异动作，但可能性非常小。近年来，运动员的运动成绩不仅受自身因素的影响，而且受高科技的影响，有些科技无限制地渗透在运动员的训练与比赛中，甚至出现了一些背离本项目宗旨的动作形式和做法，这已经引起了各单项联合会的重视，而且也在采取限制政策。例如，有关部门加大反兴奋剂力度后，外在因素对运动员运动成绩的影响就远远低于了运动员自身体能对自己创造优异成绩的影响。

历年来，在生物学科原理的支撑下，运动员体能与运动素质的训练方法与手段均得到了深刻的研究与实施，且在不断成熟。此时，需要深入研究相关学科，进一步取得这方面的突破。

随着竞技体育竞争性的不断增加，运动员需要将自己各方面的体能素质与运动素质更和谐地结合起来，从而取得高水平的专项运动成绩。而如果运动员只是独立发展某一方面的能力，就很难在比赛中取得突破与优异的成绩。在相对较长的时期内，如果生物学原理不会发生明显变化，就必须继续从新的角度着手研究它们相互间的影响与协同作用，探索新的规律，取得有价值的成果。结合这方面来研究未来的训练手段与方法，将促进运动训练方法体系的完善。

（四）充分应用现成的高级科技成果，提高研究工作实效

当前各个产业的发展都呈现出了信息化、系统化的特点，这也是明显的发展趋向。近30年来，一部分学者和科研人员为了推动运动训练的信息化、系统化发展，对高科技成果进行了充分运用，并利用高科技控制训练实践，虽然经过了长期艰苦的尝试，但目前为止，这方面的成果仍比较少，而且大都集中在统计与归纳个别或局部问题，或监测训练结果等方面，可见研究还不够深入，层次还不够高，要建立依托高科技，有效指挥训练运作的完整体系还远远不够，原因主要有以下几点。

第一，研究人员对"专项"特点的理解不准确，不够深入。

第二，生物学科研究滞后，基础学科还无法将训练中生物学变化的根本规律完全揭示出来。

第三，运动员的发展是一项长期的系统工程，既涉及生物学内容，也包括社会学内容；既有可控和可量化的因素，也有不可控和不可估测的因素。

而要计量非可控、无法量化的东西,需要花费很长的时间。

第四,没有形成群体合作研究。每个科研人员的自身学识都相对狭隘,不可能完全且透彻地认识到影响运动员训练水平的所有因素,因此必须进行合作研究。

第五,运动员创造运动成绩不是一种静态的表现,而是其训练水平诸因素动态的结合,优异成绩的产生不存在"客观模式"。组成训练水平的诸因素都是变量,而要对影响各个因素之间动态结合的"点"进行探寻是很难的。

综上可知,当前运用高科技成果来提高训练实效的工作开展得并不好,随着教练员与科研人员专业素质水平的提高,随着训练客观规律的深入揭示,运动训练理论研究将会在这方面得到发展,取得可观的成果。

第二节 运动训练学的研究热点与展望

一、运动训练学的研究热点

(一)优秀运动员的个体训练

运动训练学理论的产生与发展根植于实践,并服务于训练实践的需要,这是所有科学发展的共同规律。近年来,学者非常重视研究运动员个体特征,如邓运龙将"个案训练理论"提了出来,该理论主要包括个案训练的三个内容,分别是基本概念(个案、个性、个体、个别、个人)、形式(个性化训练、个体化训练、个别化训练、个人化训练)和意义。个案运动训练理论的提出不仅促进了运动训练学科基本体系(包括四个层次,即一般训练理论、专项训练理论、个案训练理论、项群训练理论)的丰富与完善,还强化了运动训练理论对训练实践的指导功能。

我国跨栏运动员刘翔获得男子第 28 届奥运会 110 米栏的金牌后,学者们纷纷展开了对以刘翔为代表的我国优秀运动员的训练个案的研究。希望通过个案研究,从中对制胜的普遍规律和成功经验进行总结与概括,从而更好地服务于教练员和运动员,促进我国运动员竞技能力的提高。具有代表性的研究有以下几点。

(1)张正红等用灰色关联分析得出,刘翔在第 6、5、7、8 栏的分栏时间与其专项成绩的提高有非常密切的关系。并提出,刘翔要取得突破,进一步发挥自己的潜力,就要提高并保持最高速度能力,在跨栏技术练习中达到最高速度和最大速度,并促进其第 1 栏的起跨质量的提高。

（2）张庆文研究发现刘翔的训练具有协同发展特征、整体性训练特征、矩形发展特征、阶梯性发展特征、精细化特征、专项化特征等多方面的个性特征。

（3）秦学林研究了陈艳青在备战期间的辅助练习和竞赛成绩之间的关系，并提出，专项辅助训练成绩与竞赛动作成绩有密切的关联，如抓举成绩受宽拉、后蹲动作成绩的影响，挺举成绩受借力推、高翻混挺、垫木窄硬拉等动作成绩的影响，秦学林还指出陈艳青在选择训练内容上有自己的特点。

此外，我国对运动员个体训练学特征的研究还有《对陈中、罗薇备战2004年奥运会训练过程控制的研究》（贺潞敏）；《杜伟技巧直体后空翻2周转体720度运动学分析》（林跃等）；《张湘祥赛前训练负荷特征研究》（张湘祥）等，这些研究促进了运动训练学理论的丰富与完善。

（二）运动训练控制

关于运动训练控制过程的研究，主要集中在以下几方面。

1.运动训练分工

现代训练是一项复杂工程，实施科学训练的关键在于将运动训练参与主体（教练员、科研人员、管理人员等）之间的关系理顺，将各部门的最大效益充分发挥出来。周爱国认为，运动训练分工是指在运动训练过程中，将不同训练任务交给专业的个人或部门实施的训练活动状态或趋势，其具有协同性、专业性、积淀性、有限性等特征，定量或定性描述这些特征，有助于对运动队的训练与管理提供科学的指导。[①]

2.整体与细节的关系

近年来，教练员年纪越大越重视在训练过程调控中抓细节，但对于训练过程的整体与细节问题，不同学者有不同的看法。刘大庆认为，整体观就是系统的观点，即从整体出发对问题进行分析与处理；细节观主要是指具体的执行力，就是要做好训练、比赛各个环节的工作。

3.以赛代练

对"比赛"与"训练"关系的正确处理不仅是竞技体育的科学理论问题，同时也是竞技体育技术实践与管理的指导性问题。随着体育赛制的不断改

---

① 刘大庆，张莉清，王三保，茅洁.运动训练学的研究热点与展望[J].北京体育大学学报，2013(03).

革,比赛次数大量增加已成事实,随着赛次的增加,某些项目的竞技水平及成绩得到了明显的提高,为此,教练员与运动员在平时训练中开始关注"以赛代练"。

陶于等认为,运动员具备高水平的竞技能力是实施以赛代练的基础,以赛代练的真谛在于将比赛的时机与频率把握好。陶于在分析刘翔与"女网"的以赛代练现象后指出,他们本身已经具备了足够的实力,且在每次比赛后都能够及时总结是其取得良好成绩的关键。

陈小平认为,尽管现在赛次有了增长,也影响了运动训练,但并非比赛数量增加就一定能够使训练质量提高,所以对比赛数量的安排不能盲目。比赛是训练的目标,是检验训练质量的标准,也是促进训练强度提高的有效途径。

4.运动负荷的安排

在运动训练调控的研究中,运动负荷一直是重点研究内容,范安辉研究表明,现行的运动负荷系统已经从目的论转化为手段论,运动负荷系统追求的一个主要目标就是获得放松、休息、恢复等效果,要依据生理负荷来安排基础练习、竞赛,促进恢复,加强内外部的统一,依靠内部变化安排运动训练;高水平运动员的训练负荷调控更复杂,且更应受到重视。

5.不同运动项目的训练控制

因为不同项目的特点、赛制安排都有差异,所以在运动训练控制的研究中,针对不同项目特点进行研究是有必要的,具有代表性的研究有《对 CBA 主客场赛季制竞赛期的训练安排》(张培峰);《射箭备战重大比赛大周期的训练安排》(刘爱杰)等。

(三)竞技参赛理论

我国学者非常关注运动员在大赛中可能遇到的问题,并进行了开创性的研究,取得了显著的成果。

1.从外部条件研究竞技参赛理论

殷小川对近几年我国足、篮、排球实行的主客场制比赛结果进行调查与研究后指出,比赛地点不同,运动员的心理状态会发生不同的变化。引起主场优势的因素主要有比赛动机、自我表现欲望、客观环境、观众、裁判、战术运用等。

石岩认为,干扰运动员在赛场上的发挥或导致运动员成绩降低的因素有很多,他指出,参赛选手的心理风险和比赛环境方面的裁判员风险是我国优势项目高水平运动员在比赛中面临的主要风险。

马红宇、田麦久对我国高水平运动员出国参赛的环境进行分析后认为,对运动员的发挥造成恶劣影响的因素主要有旅途、时差、饮食、赛期饮食、赛期语言等,易地参赛环境对不同运动员竞技状态的影响呈阶段性变化趋势,且运动员的项群、性别和比赛经验等直接关系着其受异地参赛环境影响的程度。

除以上研究外,还有大量从外部条件(主场优势理论、参赛风险、易地参赛、竞技信息识别等)来对运动员参赛结果进行解读的研究,如《本土参赛影响因素分析》(张莉清);《主办国参赛的利弊分析和注意的问题》(许小冬)等。

2.从内部条件研究竞技参赛理论

随着竞技参赛理论研究的不断深入,学者逐渐意识到应从内部条件对运动员的参赛结果进行审视,提出竞技参赛理论研究的主旨是竞技能力参赛变异。于是,近年来在研究运动员参赛表现时,很多都是以运动竞赛中经常发生的现象("克拉克""黑马""崩盘""翻盘"等)为对象。

在为大型赛事备战的过程中,科技工作非常重要,传统的科技工作主要是服务于运动队的,而现在的科技工作对训练工作起到了重要的先导作用。这一点从体操国家队的备战科技支持项目上可以明显地看出来。国家体操队在备战北京奥运会期间的科研立项包括以下几方面。

(1)运动员体重控制。

(2)难、新技术。

(3)增强运动员的心理稳定性。

(4)训练监控系统。

(5)规则变化及应对措施。

(6)运动员成套动作编排。

(7)备战期间信息的搜集等。

由上可知,备战大赛期间,科技工作的针对性、系统性直接推动大赛任务的完成。

二、运动训练学的研究新方向

(一)继续讨论运动训练周期理论

马特维耶夫教授最早提出"训练分期"理论,该理论提出后,受到了很多质疑和挑战,而且质疑声一直存在。对该理论的质疑主要表现在三个方面,第一,缺乏基础理论和实验支持;第二,重复一般训练不利于专项训练发展;第三,不适应赛制改革的需要。在这些相关的质疑与探讨中,出现了如下研究。

(1)吕季东指出,在现代训练中,传统分期理论仍具有重要作用。

(2)刘菁提出,在田径新赛制下,田径训练将更注重安排周训练,制定周训练计划。

(3)许琦等认为,训练的性质由竞技状态形成、保持和暂时消失的结果决定。

(4)王卫宁认为,竞技状态的发展变化是建立运动训练分期理论的基石。

(5)姚颂平大力维护并倡导马特维耶夫教授的学术思想。

(6)田麦久认为,为一次比赛而组织的训练中,周期性安排不会改变,但其研究将会有新的发展。

综上,学术界对运动训练分期理论的研究与讨论仍将继续,在质疑与抗辩中,该理论将不断完善。

(二)普遍重视体能训练研究

过去,人们在研究力量训练时,将思路局限在阻力训练上,近年来,人们打破了固有的思路,提出了许多新的训练方法,具有代表性的观点如下。

(1)陈小平提出,力量训练的核心是专项力量训练。

(2)彭春政等认为,交变负荷训练能促进肌肉力量训练效果的提高。

(3)胡杨提出,振动训练有增强运动员的肌肉力量和做功能力。

(4)任满迎等深入研究了振动训练肌肉力量和爆发力即时效应。

(5)李山从多角度阐释了力量训练过程控制。

表 3-1 简单罗列了近年来我国体能训练研究中的一些前沿理论成果。

表 3-1　近年来我国体能训练研究的前沿理论成果[①]

作者	成　果
黄宝宏	《竞技跆拳道项目的体能训练》
王卫星	《中国优秀女子跆拳道运动员的体能训练》
马瑞华	《我国女子长跑运动员的专项身体素质训练》
刘瑞峰	《优秀艺术体操运动员的体能训练》
李育林	《竞技健美操运动员的体能训练》

① 刘大庆,张莉清,王三保,茅洁.运动训练学的研究热点与展望[J].北京体育大学学报,2013(03).

（三）对训练过程中人文教育的关注

提高运动员身体能力，获取优异的运动成绩是运动训练的主要目的。运动训练是一个训养的过程，即既有训练，又有教养，具有双重性。传统的运动训练中，只重视训练，而忽视了教养，致使运动员人文素质低下，且缺乏社会适应性，这也是造成运动员个体投入与效率失衡的主要原因。当前，在运动训练过程中，人文教育的重要性逐渐得到了关注与重视，教练员在训练的同时实施素质教育，突出"人本位"在运动员全面发展中的核心地位。在此基础上，出现了表 3-2 中具有代表性的研究观点。

表 3-2　关于运动训练中人文教育的研究观点[①]

作　者	研究观点
王文成	运动员身体保护
赵激扬	运动训练方式由"粗放型"向"集约型"转变
宋继新	科学训练方式中"育人夺标"的竞技教育过程
熊文	伦理对竞技体育的规范和激励作用
吴贻刚	训练方法的"个体满意化"原则

运动训练是培养优秀运动人才的过程，培养工作应在遵循人的自然发展规律的基础上展开，以此来完善运动人才的人格，提高运动员的人际交往能力和社会适应能力，促进社会的和谐发展。因此，在运动训练的过程中，运动员人文素质培养和教育同样具有重要地位，应得到重视。

第三节　现代运动训练的创新与发展探索

一、现代运动训练创新与发展的动因

（一）竞技比赛发展的要求

随着世界各国对体育的不断重视，竞技体育比赛也逐渐向更高强度、更

---

① 刘大庆,张莉清,王三保,茅洁.运动训练学的研究热点与展望[J].北京体育大学学报,2013(03).

高难度和更激烈的方向发展,运动员面临的挑战将更多,更严格,这就对运动员提出了更高的要求。伴随着多年的发展,运动员的身体素质大致处于极限状态,要进一步突破会非常困难。在这种情态下,运动技战术就直接影响着竞技比赛胜负结果。传统的训练方式有效提高了运动员的身体素质,但在提高运动员技战术能力方面并没有取得很明显的效果。所以,传统的体育训练与不断发展的体育竞技是不适应的,必须加强运动训练创新,使其满足竞技比赛发展的需要,满足运动员更高的要求。在运动训练创新中,除了要继续强化身体素质训练外,更要注重技战术训练的创新,以此来提高运动员的竞技能力和参赛水平。

(二)科学技术的不断发展的结果

科技发展是运动训练创新的重要因素,现代科技的发展促进了运动训练理论研究水平的提高,促进了运动训练器材的进步与完善,因此促进了运动训练效率的提高,使得运动员各方面的运动素质都得到了一定的提高,而且使运动员的身体潜能得到了更加深入的开发。先进的运动训练设备和装备对训练方法提出了新的要求,因此要加强训练方法的创新,将科学技术发展成果广泛运用于运动训练中,充分发挥先进科技的作用,推动运动训练和体育事业的发展。

(三)运动训练自身的发展要求

事物是变化发展的,如果发展出现停滞,很有可能面临衰亡的境遇,运动训练同样如此。只有不断发展运动训练,促进运动训练的创新,才能使运动训练更好地存在,并走向繁荣,才能继续发挥运动训练的积极影响,为体育竞技的提高打好基础,为运动员成绩的提高提供有利的条件,创造弘扬竞技体育精神的浓郁氛围,使运动员的个人价值和运动训练的社会价值得到充分的实现。

(四)科学理论发展的推动作用

所有事物都不可能孤立存在,必然与其他事物存在某种联系,运动训练也不例外,其与其他事物时时刻刻都会发生联系,运动生理学、运动心理学、运动营养学、体育教育学、体育管理学等学科知识都与运动训练有着密切联系,这些学科的发展与完善为运动训练的创新提供了重要的导向和科学的指导。随着这些学科的不断发展,人们逐渐认识到在体育运动训练中,生理素质、心理素质和食品营养等对运动员具有非常重要的意义。在相关学科知识的引导下组织运动训练能够避免走弯路,促进训练效率的提高。

此外,在运动训练中应用新的科学理论本身就是促进运动训练创新的重要环节。可见,运动训练的创新确实受到了科学理论发展的影响。

(五)体育科学社会应用的发展需求

近年来,世界竞技体育发展速度非常快,并取得了惊人的成绩,人类对竞技体育的研究也今非昔比,单纯地依靠训练经验显然不能够使竞技体育发展需求得到满足,这就要求竞技体育科学尽快走向成熟,同时,竞技体育科学是科学的一个组成部分,应遵循科学规范的要求,即将其运用于社会应用领域,使其在社会应用中发展发挥自己的价值。

但当前,竞技体育科学并没有得到广泛应用。在体育科学领域,运动训练涉及多个领域,如训练学、生理学、心理学、社会学等,这些门类相互交叉与渗透促进了很多原本无人重视的区域的产生,这些未知领域对运动训练的发展与创新具有重要的促进作用。

(六)经验型向科学型训练方式转变的必然

运动训练方式总是与一定的训练活动相联系,随着运动训练活动中科学元素的广泛运用,科学逐渐成为影响运动训练的一个重要因素,传统上依靠经验进行训练的方式逐渐发生了变化。著名学者谢亚龙曾经深入研究了运动训练方式的变化,并指出,科学元素的介入使运动训练方式从"粗放型"转变为"集约型",由"经验型"转变为"科学型"。训练实践表明,科学型训练方式不仅充分认识到了训练中的规律性知识,同时也对可能出现的情况进行了预测,使得运动训练更有目的性。美国的迪尔曼曾说过:"综合性地运用各学科知识进行有目的地人体训练,能够有效地提高训练技术,去掉教练单纯依靠经验而拿不准的东西。"[①]总的来说,科学元素介入运动训练领域促进了科学型训练方式的产生,并对运动训练的创新与发展具有重要的指导意义。

二、现代运动训练创新与发展的内容

(一)运动训练理论创新

科学理论对运动训练的引导作用非常重要,在运动训练创新中,科学理论创新这个条件是必不可少的。理论根植于实践,并反作用于实践,传统训

---

① 黄恩洪.运动训练的创新发展研究[J].赤峰学院学报(科学教育版),2011(12).

练理论束缚了运动训练的发展，为了打破这种束缚，需要精选训练理论的精华内容，革除其中不科学、无意义的糟粕，并加入新的东西，以不断完善科学理论体系，使其更好地指导运动训练实践，因此运动科学理论的创新至关重要。这就要求我们不断总结训练实践，从中对更完善更科学的理论进行归纳与概括。

把新的科学理论和运动训练结合起来是一个难题，需要经过长时间、大范围的实践来证实新理论的科学性，还要有针对性地营造运动训练的良好环境和氛围，并及时进行理论调整。此外，根据运动员的个性特征及实际情况来调整与改革训练的方法和战术，才能促使运动训练更加合理化，从而取得最佳运动训练效果。

（二）运动训练方法创新

运动训练方法直接影响着运动训练结果，然而目前我国以传统训练方法为主，结果当然是不够理想，缺点与矛盾有很多，如训练时间结构不合理，训练强度不合理，训练内容单一，训练形式枯燥，运动员总是处于一种焦躁的心理状态。对运动训练方法进行创新，要坚持个性化原则，做到因人而异，因材施教，这就需要教练员对不同类型运动员的训练时间表进行合理安排，在保证训练强度合理的同时，采用游戏训练方式增加训练的趣味性，以此提高运动员训练的积极性与主动性，使运动员保持愉快的心情和充沛的精力，以饱满的状态投入训练与比赛中，从而获得事半功倍的训练效果。

（三）运动训练环境创新

对于运动员的训练而言，运动训练环境的影响不可忽视，在良好训练环境下进行运动训练，可以比较轻松地实现训练目标，完成训练任务，从而取得良好的训练效果，而在恶劣的训练环境下则会影响训练效率与效果。所以，要在良好的训练氛围和训练环境中组织运动训练，这就需要创造良好的环境和氛围，比如要完善运动场地器材设施，采用先进的配置装备，营造与竞赛相似的氛围，提高运动员的心理素质水平和随机应变能力，使运动员在良好的训练环境与氛围中增强自己的竞技能力，从而在比赛中充分发挥自己的水平，取得优异的比赛成绩。

三、现代运动训练创新与发展的影响因素

要想提高运动员的运动训练效果，使运动员在竞技比赛中充分发挥自己的实力，就必须加强运动训练的创新，科学发展运动训练，但运动训练的创新与发展受很多因素的制约与影响，要先了解这些制约因素，然后有针对

性地进行创新与发展。

(一)传统观念

深入人心的传统观念很难在短时间内改变,要想改变传统观念,需要使其经历一段时间的冲击。传统观念长期盘踞在人脑中,严重制约着运动训练的发展与创新。运动训练创新发展的必要性已经被越来越多的人意识到,关于传统观念的落后性,也有很多人有了一定的认识,但在运动训练实践中,受惯性思维的影响,人们依然会运用传统的训练思想来指导运动训练实践,从而影响了训练效果和训练发展。因此,改变创新观念对于促进运动训练创新发展具有重要的意义。

(二)个体能力

人是推动运动训练创新发展的主体,因此人的智力会影响运动训练的发展与创新。运动训练创新发展受人和人之间个体差异的制约。具体看来,心理因素、创造性思维和知识结构是制约运动训练创新发展的几个主要个体因素。

1.心理因素

好奇心、自信心、进取心和意志力等都是心理因素的主要内容,这些内容对运动训练创新发展的动力和决心有直接的影响。心理素质越高,创新意识和决心就越强,就越有可能将创新意识付诸行动。

2.个体知识结构

运动训练的创新发展受个体知识结构的影响,知识是创新的出发点,知识和经验越丰富的人越能在运动训练创新与发展中发挥自己的价值与作用。下面主要就教练员的知识结构进行分析。

教练员和运动员是体育运动训练的两个重要主体,在整个训练过程中,教练员处于主导地位,负责组织整个训练活动,指导训练方向。发挥着重要的作用,因此我们必须对教练员的素质能力给予重视。教练员的知识结构包括教育理念和知识水平两个部分。

首先,教练员的教育理念对训练方法、训练模式等的选择具有直接的影响。因为我国的运动训练起步晚,所以我国很多教练员普遍受西方运动训练理论的影响,一直学习西方,借鉴西方,模仿西方。但学习、借鉴、运用需要一个较长的过程。目前我国教练员的执教理念处于学习到自我形成的过渡阶段,还比较缺乏先进的执教理念。

其次,教练员的知识水平对运动训练的水平和效果也是非常重要的。随着竞技体育的快速发展,仅仅依靠改革单一训练方法,加强训练方法创新已经无法保证一定能够取得优异的比赛成绩了,除创新训练方法外,还要求综合各种前沿方法,全面创新,高度整合,整体提升运动员的竞技体育能力。高水平的专业教练员在我国较为缺乏,虽然个别项目的教练员达到了世界级水平,但这些教练员在训练创新方面还缺乏一定的能力,教练员只有不断丰富自己的知识,才能更好地组织训练,提高训练效率和成绩。

3.创造思维与能力

运动训练的创新与发展受创造性思维和创造能力的直接影响,只有创新主体具备灵活的创造思维和高超的创造能力,才能推动运动训练的创新与发展。

在我国运动训练的发展中,运动员的创新意识与能力是比较缺乏的。运动员创新能力的缺乏对我国体育运功训练的整体创新产生了制约性影响。运动员的创新能力主要体现两方面,即自我创新能力和接受创新能力。

运动员的自我创新能力较弱,作为运动训练的直接接受者,运动员经常接受各种训练,且多次反复接受相同的训练,如果运动员每天重复单一动作,其训练兴趣就会下降,也会缺乏训练的耐心。运动员如果可以提升自己的切身经验,用心思考,对训练方法进行改进,则会事半功倍,不至于因而枯燥重复的训练而影响心情,影响训练效果。

每个运动员都有自己的思维惯性,而且很难在短时间内改变。有些运动员缺乏接受创新理念和方法的能力。接受不仅是一个学习过程,还需要在学习与掌握的基础上不断吸收、内化,这是一个极其复杂的过程。只有使其成为适合自己的东西,吸收精华,才算是真正的接受,否则只能说是借鉴、模仿,这样就无法保留很长时间。在长期的训练过程中,运动员应积极检验新的东西,选择适合自己的,对不好的进行改造,从而提高自己接受创新的能力,并不断促进体育运动训练的整体创新与发展。

(三)现实条件

现实条件也是制约运动训练创新发展的重要因素之一。先进的科学技术以及设备是运动训练创新发展的基本保障,但受现实条件的制约与影响,虽然科技已十分发达,但其没有在运动训练领域得到广泛的应用。此外,虽然我国已经研制出了很多先进设备,但真正掌握这些设备使用方法的却很少,因此先进科技得不到充分有效的应用,对运动训练的创新发展造成了严重的制约。

四、现代运动训练创新与发展的原则

运动训练的创新发展需要遵循与坚持一定的原则,严格按照相关原则的要求进行创新,这样才能取得良好的创新与发展成果。

现代运动训练创新发展的原则主要有以下几点。

(一)以人为本原则

运动员是运动训练的对象,设计与组织运动训练需要首先考虑运动员的需求,这就要求在运动训练的创新与发展中坚持以人为本原则。运动员参与运动训练,是为了参加竞技比赛做准备,在运动训练中,运动员需要不断提高自己的体能与技能,使自己的竞技能力满足竞技比赛的需要。要想提高运动训练的效果,必须以运动员的需求和实际情况为依据来对运动训练进行设计和安排,从而使运动员的需求得到满足,使运动员的训练积极性和主动性得到提高,使运动员的运动潜能充分发挥出来。

如果在运动训练的创新与发展中不坚持以人为本的原则,对运动员的训练需求不予考虑,那么创新与发展的效果将会大打折扣,而且还会对运动员的训练造成不良的影响。

(二)继承性原则

运动训练的创新与发展不是凭空想象就能够实现的,也不是说要全盘否定传统训练理念与模式,传统运动训练理念与方法中也有值得继续发扬的部分,因此在运动训练的创新与发展中要坚持继承性原则,全面分析传统运动训练,精选其中的精华,充分发挥传统运动训练的积极作用。

(三)全面性和针对性原则

运动训练的创新与发展要坚持全面性和针对性的原则,这需要从以下两方面来努力。

第一,运动训练包含体能训练、技战术训练、心理训练、智能训练等内容,运动训练既有一般训练,也有专项训练。在训练实践中,一定要注重全面性,全方位培养运动员的体能素质、技战术能力、心智能力,促进运动员的全面发展。

第二,在坚持全面训练的基础上,要对每种训练的特点进行分析与总结,根据不同训练内容的特点对创新性的训练进行组织与安排,做到针对性,让运动员在全面发展的基础上巩固自己的特长,发挥自己的优势,提高制胜的效果。

（四）理论与实践相结合原则

在运动训练的创新与发展中，必须坚持理论联系实际的原则，这也是非常重要的马克思主义哲学观点。坚持理论联系实际的原则要求在运动训练实践中寻找灵感，加强创新与发展，并通过运动训练实践来检验创新发展的成果。只有在实践中不断突破与创新，并通过实践来检验创新成果，才能使运动训练符合运动员的实际需要，满足运动员的训练需求，也才能在运动训练的不断发展与创新中，更好地挖掘运动员的能力，发挥运动员的主观性，使其在竞技比赛中取得优异的成绩。

五、现代运动训练创新发展对策

（一）加强原始创新能力，促进训练理论向实践转化的体制与机制的健全与完善

对于体育科技的原始创新，世界各国都非常重视，体育事业的发展需要原始创新能力的引领。因此，在我国体育科技的创新中，应加大原始创新的力度，争取获得更多且更有价值的研究成果，以使我国体育科学事业的可持续发展得到充分保障。在原始创新过程中，要以我国体育科学研究的现状为依据，"有所为，有所不为"，以我国现有的研究基础和条件为依据，对重点研究方向进行总体规划和正确把握，将重点研究领域确定下来，然后在该领域集中人力、物力、财力进行深入研究，力争取得突破。

体育科研课题立项应从运动实践中寻找素材，科技成果应充分运用于体育实践，为体育实践的发展指明方向。体育科技与体育运动实践的紧密结合使得体育科技成果的应用周期缩短了，而且也明显提高了体育科技成果的应用效果。在推动体育科技成果向实践转化时，一方面，科研人员要及时转变观念，在运动队训练实践中进行课题立项，并将科研成果充分应用于训练实践中，在整个科技活动中贯穿体育科技成果转化的理念，保证体育科技成果能够在体育实践中真正得到有效的运用。另一方面，体育工作者要转变观念，对体育科技在体育事业发展中的推动作用有一个正确的认识，对体育科技成果应主动吸纳，创造良好的条件来推广与应用体育科技成果。

（二）提高教练员的素质水平

教练员是运动训练系统的重要组成部分，加强教练员管理，重视培养教练员的专业素养，可以促进运动训练的发展与创新，具体从以下几方面着手。

(1)积极引进世界优秀的教练员,使这些教练员充分发挥自己的执教能力,同时科研人员深入研究他们的执教理念、训练方法,总结规律和经验,以便其他教练员学习与借鉴。

(2)对教练员的选拔程序做严格的规定,对优秀的教练员进行选拔与培训,使其在运动训练中充分发挥自己的能力与优势。

(3)注重培养教练员的创新能力,使其发挥自身的作用,不断丰富与完善运动训练理论体系。

(三)提升运动员的创新意识与能力

运动员的竞技能力包括很多因素,并非拥有良好的体能、坚韧的毅力等就能够在比赛中高枕无忧了,现代竞技比赛的发展还要求运动员具备一定的创新能力。为此,在运动训练过程中,运动员必须专心致志,对训练方法进行新的探索,灵活运用不同的训练方法。此外,为了提高运动员的创新能力,还需要科学培养运动员的文化素质。

运动员的创新能力还体现在研究方面,虽然运动员是运动训练的对象,但也必须具备基本的研究能力,能够在训练实践中不断总结经验,研究训练规律与制胜因素,从而取得更大的突破与成就。

六、现代运动训练的科学化发展趋势

运动训练科学化指的是人们正确认识客观规律后产生的行为原则、决策理论及方法学原理等,并运用这些科学原理、方法及先进技术组织实施运动训练并对其进行有效控制,进而实现训练目标的动态进程。换言之,运动训练科学化就是教练员和运动员在科学理论与科学原理的指导下,在各方面的协作下,广泛运用现代科技成果,采用科学训练方法与手段对运动训练的全过程进行最佳化控制,以最小的付出取得最佳训练成效和创造理想运动成绩的过程。[①] 从这一概念来看,使运动训练过程与现代运动训练的客观规律相符是现代科学化训练的核心,因此在现代运动训练中,必须坚持科学理论与原理的指导,且所采用的原理与理论要能够将这些客观规律反映出来,并依据这些原理与训练理论确立训练原则,对训练全过程进行系统调控。

具体而言,现代运动训练的科学化发展趋势主要体现在以下几个方面。

---

① 郭可雷.现代运动训练发展趋势探究[J].山东体育学院学报,2011(06).

（一）心理训练的专项深化

现代竞技体育存在着日趋激烈的竞争，运动员之间的竞争已经不仅仅是体能、专项技能的竞争，还包括心理上的竞争，因此心理训练在运动训练系统中占据着重要的地位，发挥着关键的作用。尤其是在运动员为奥运会等大赛备战的过程中，更应该在运动训练中重视与强化心理训练。

对运动员进行心理训练，主要是为了促进运动员从事专项运动所必备的各种心理素质和个性心理品质的提高和完善，将运动员的各种心理障碍消除，使运动员对调节心理状态的技能和方法加以掌握，从而使运动员在比赛中将自己的潜能最大限度地发挥出来，创造优异的运动成绩和比赛成绩。不同运动项目对运动员的心理素质提出了不同的要求。像射击之类的技心能类项目对运动员心理能力的要求尤其高，运动员的心理素质直接影响到比赛结果。

以心理训练与专项的关系为依据，可将心理训练分为两种类型，一类是一般心理训练，另一类是专项心理训练，后者是心理训练过程中的重要环节，但前者也同样不可忽视。通过专项心理训练，可以促进运动员参赛专项心理能力的提高，从而为运动员取得优异的比赛成绩打下良好的心理基础。

（二）运动训练的科学监测

奥林匹克精神是更快、更高、更强。随着奥林匹克精神的不断弘扬与传播，竞技体育的发展水平得到了大幅提高，不断有优秀的运动员刷新世界纪录，运动员能够承受越来越大的训练强度和训练量，运动训练的发展与比赛竞争性的提高对体育科技提出了越来越高的要求。同时要求系统地、长期地对运动员的训练过程进行科学监测，以便对运动员的身体机能、心理状态、训练负荷、技术特点、运动成绩等状况进行科学诊断，并在比赛或训练后采用科学手段帮助运动员快速恢复身体机能，避免运动员过度疲劳，促进运动员竞技能力的显著提高。

当前，体育科学领域需要解决的一个重大问题就是在赛前与赛中对运动员的竞技状态进行科学调控，使运动员在比赛中取得优异的成绩。这就需要运用相关学科（运动生理学、运动生物力学、运动生物化学、运动心理学、运动营养学等）的基本理论与方法对运动员的竞技状态特点和规律进行科学研究，并科学监控运动员的运动训练过程，在监控过程中诊断与监测运动员的竞技能力、训练负荷及运动成绩。针对不同的诊断内容，采用不同的诊断方法。在诊断竞技能力的过程中，要以专项竞技能力结构特点为依据，对那些起决定性影响的主导因素进行重点诊断。

（三）控制适宜的参赛次数

竞技体育的职业化与商业化发展直接促进了比赛数量的增加。随着比赛的不断增加，对运动员提出了更高的要求，但运动员不可能参加所有比赛，更不可能在每次比赛中都发挥最佳水平，取得最好成绩。这就要求科学控制优秀运动员参加比赛的次数，过多参赛或过少参赛都会影响运动员的发展。如果运动员参赛过多，就无法在每场比赛中都保持最佳状态，发挥最佳能力，在重大比赛中出现失误的可能性会很大。而且过多参赛必然要对训练强度进行更多的安排，这样运动员容易出现运动伤病。而如果运动员参赛过少，则整个训练过程的强度就会降低，训练与比赛无法紧密结合，从而对运动员参赛动机、心理素质、竞技状态、比赛控制能力、比赛经验等造成不利的影响，进而影响运动员运动成绩的提高。只有参赛次数适宜，才能保证运动员在比赛中保持最佳竞技状态，从而取得优异的成绩。

不同项群运动员每年参加比赛的次数是不同的，参赛次数最多的是集体对抗性项群运动员，隔网对抗性项群运动员参赛次数排其次，参赛次数较少的是难美性、准确性及格斗性项群运动员。

因此，在制定年度训练计划的过程中，一定要从整体上考虑比赛安排，并根据重要程度及性质来对比赛进行划分，从而有针对性地制定训练计划。只有整体考虑比赛因素，才能合理进行计划分期，才能对运动员的竞技状态进行有效调整，使其最佳竞技状态得以保持。

（四）重视恢复

运动训练与恢复密切联系，现代竞技比赛中，比的不仅是运动员的竞技能力，而且也在比体力和体力的恢复能力，因此需要在日常训练中注重运动员体力的恢复，不能只考虑刺激而不关注恢复，这样会对高质量的训练成效产生影响。消除疲劳，及时恢复身体机能水平是高水平运动员预防运动伤病、保持良好竞技状态和提高运动成绩的主要途径。

促进运动员的合理恢复需要从多学科角度着手进行研究，对不同运动员在比赛、训练中消耗的能量及不同项群运动员的膳食特点进行合理把握，对运动员在比赛或训练中机体物质的消耗与营养素构成的关系进行分析，采取相应的心理、生物干预措施，从而实现快速、高效的恢复。要想缩小我国竞技体育与世界竞技体育的差距，就要科学研究运动员的恢复问题。

从体能主导类项目训练的发展趋向看，除了要进一步加强传统恢复手段和措施外，还要通过力量训练与有氧训练来提高运动员的恢复能力，用主动恢复代替被动恢复。全新的恢复理念要求运动员不仅要在训练或比赛后采取促进机体疲劳恢复的专门措施与手段,还要求教练员在训练过程中合理安排训练负荷,科学有效地培养运动员的恢复能力。

在运动恢复过程中,教练员和运动员都是非常重要的主体,教练员在对训练计划进行制定时就应充分考虑到恢复的问题,在运动员特别是高水平运动员的运动训练中,恢复已经成为一个不可获取的有机组成部分了,某种意义上而言,这也是运动员需要具备的一种基本能力,这种能力的获得同样离不开训练,离不开培养,离不开教练员与运动员的高度重视。运动员既要在教练员的指导下采取恢复措施与手段,又要与教练员共同对自己的恢复活动进行设计、组织和实施,并主动控制这一恢复过程。

恢复工作非常复杂,只靠教练员难以高效地完成,因此要充分发挥管理人员、科技人员、医务人员的作用,使各方面的专业人员共同协作,努力做好运动员的恢复工作。

第四节　以辩证唯物论角度审视运动训练理论

一、后奥运时期我国运动训练理论的发展与深化

(一)我国运动训练理论研究的成就

我国在北京奥运会中取得金牌榜第一的好成绩,这意味着《奥运争光计划纲要》的历史使命圆满完成,同时这也是我国运动训练理论发展进入整体质变的转折期的重要标志。总的来说,后奥运时期我国运动训练理论的发展取得了如下成就。

(1)训练观念得到构建,训练理论研究层层推进,运动训练理论出现了质变的发端。

(2)运动训练理论体系逐渐建立并不断健全,运动训练理论的质变过程也在一步步实现。

(3)独具中国特色的"三从一大"训练原则对运动训练发挥了重要的指导作用。

(4)从突出项目特征等方面切入,对运动训练与制胜规律进行了深入的研究。

(5)新时代为运动训练理论质变打下了坚实基础。以奥运战略为牵引,我国竞技体育取得了显著的成绩,总体实力得到了大幅提高。

(6)"我国优势项目常胜、冬季项目突破和一些潜优项目崛起"的战略一

步步实现,促进了我国竞技体育总体实力和竞技水平的提高。

(7)以北京奥运会为契机,我国的备战组织水平和运动训练水平都有了显著提高。

(8)以运动训练需求为导向的课题研究对运动训练科学化发展产生了重要的推动作用。

(9)有关运动训练的研究论文在数量上不断增加,质量上显著提高。

(二)后奥运时期我国运动训练理论有待深化的问题

1.运动训练学的内容现状及问题

当前运动训练学的主要内容见表 3-3。

表 3-3　当前运动训练学的主要内容

	竞技体育与运动训练
	运动成绩与竞技能力
	运动训练原则
	运动训练方法与手段
运动训练学	运动员体能训练
	运动员技术训练
	运动员战术训练
	运动员心理训练
	运动训练计划与组织
	运动队伍的管理等

以上内容基本上都是"运动训练指导"的范围,作为一个较为成熟完整的学科,运动训练学需要将本学科的基本问题与基本规律阐述清楚。但目前有关这些最基本的内容还较为缺乏,有些内容虽然有所提及,但都是简单的泛泛而谈,如提出了竞技体育的构成、竞技体育基本特点、现代运动训练的基本特点。但总体来说,这些内容并不能够使本学科研究的方法论与方法学体系明确下来,并得到规范,更重要的是,有关运动训练基本规律的内容比较缺乏。这说明运动训练学还处于初级发展阶段,对运动训练实践问题还驾驭不了。

2.我国运动训练理论有待深化

综上,在后奥运时期,以下一些基本问题是我国运动训练理论有待深化的问题。

(1)运动训练的基本规律及其活动规律。

(2)世界竞技体育的发展趋势。

(3)对不同运动项目本质特征的认识。

(4)竞技体育发展规律和不同运动项目制胜规律。

(5)运动员选材理论和成才模式。

(6)运动训练教学与训练体系。

(7)教练员培养之路与执训之道。

(8)运动队伍管理规律。

(9)体育竞技比赛与备战规律。

二、运动训练理论中的哲学思想

马克思主义哲学在运动训练中得到了广泛的运用,并在很多方面都体现了辩证唯物主义思想。

(一)哲学思想在运动训练中的运用

1.普遍联系

在运动训练过程中,普遍联系的思想普遍存在,最典型的就是其存在于赛前调整期,赛后休整期,且存在于动作技能转移中。具体来说,普遍联系的观点主要体现在运动训练的以下几方面。

体育运动中,每个动作都不是孤立存在的,不同动作之间相互联系、相互影响。运动员练习的动作中,结构性质越相似,掌握得越快,越容易,也越牢固,这是动作技能相互联系、相互转移的表现,这种转移是积极有利的。

运动素质发展中同样存在这种转移现象。例如,运动员腿部力量差,速度素质的提高也会受到影响,运动员速度素质差,力量尤其是爆发力就很难大幅提高。

一般素质的全面发展是运动员专项素质提高的基础,一般训练可以调节与促进专项训练的发展,这都是普遍联系哲学观点的体现。

2.矛盾规律

矛盾规律也可称作是对立统一规律,矛盾规律指出,自然界、人类社会和人类思维充满矛盾,事物内部的矛盾双方是既对立又统一的关系,正因如此,事物才能不断向前发展。

运动训练中处处存在着矛盾,如运动强度的强弱、运动量的大小、运动时间的长短、运动成绩的优劣,运动训练和文化教育的关系等。在运动训练实践中,矛盾规律也得到了普遍的运用。例如,长跑等项目中,陪练队员和重点队员既是对手,又是朋友,二者都是为了提高运动成绩,他们之间对立统一的关系非常鲜明。陪练队员水平的提高能够提高重点队员的水平,反过来也是如此。所以,在运动训练中,对重点队员、陪练队员进行厚此薄彼的训练是不科学的。

3.质量互变规律

在运动训练过程中,质量互变规律也很普遍,这一辩证思想渗透在普及与提高、一般和专项、运动量和运动强度等相互关系中,下面主要就负荷量和负荷强度的辩证关系进行分析。

量和强度是任何训练都离不开的重要因素。运动负荷包含负荷量和负荷强度两个密切相关且不可分割的要素,有负荷量,就有一定的负荷强度。反之也是如此。有机体能承受较大的强度,就能承受较小强度的较大的量,也能承受较小量的较大强度。增加负荷量是提高负荷强度的基础,提高负荷强度又为负荷量的增加创造了条件。二者相辅相成,互相促进,随着运动负荷的不断增加,运动成绩也得到了提高与优化。在对量和强度的关系进行妥善处理时,需要重视"恢复"。

4.共性与个性

共性与个性既有区别,又有联系,二者是辩证统一的关系。共性存在于个性之中,没有个性,共性也就不会存在。个性的存在也离不开共性,任何事物不管再怎么特殊,也一定具有与同类事物相同的属性和规律,在一定条件下,共性和个性可以相互转化。

运动训练中运用的辩证法还有很多,随着时代的进步和科学的发展,马克思主义哲学在体育中的渗透将更加全面且深入,从而更好地推动体育科学的发展。

(二)从哲学视角思考运动训练理论发展

1.树立正确意识与观念

意识对物质具有反作用,正确的意识可以促进事物的发展,错误的意识会阻碍事物发展。"以人为本"是基于正确意识的发展观,其将促进我国运动训练理论建设与发展。

2.与时俱进,坚持创新

事物是变化发展的,因此我们要坚持与时俱进,以发展的眼光看待问题。创新是提高运动训练水平的动力和源泉,所以我们应促进运动训练的全方位创新,提高运动训练实效。

3.尊重客观规律,发挥主动性

规律是客观存在的,我们既要尊重客观规律,又要将自身的主观能动性充分发挥出来。在运动训练理论研究中,我们要坚持可持续发展战略,采用贴近实战的训练方法与手段,淘汰与专项联系不紧密且对专项提高没有太大作用的方法。要对各个项目的特点进行深入研究,紧紧围绕专项与比赛进行训练。

第四章　现代运动训练手段与方法
体系审视及应用

在运动训练中,所采取的一切运动训练方法和手段是教练员进行教学的操作性工具。这些方法和手段是身体素质训练和技战术训练的高度概括,也是运动训练过程实施的具体办法。因此,教练员和运动员应该高度重视这些方法和手段的应用。本章就主要研究现代运动训练手段与方法体系审视及应用。

第一节　运动训练手段与方法概述

运动训练手段是具体的、有针对性的身体活动方式,是运动训练中所采取方法的具体体现。运动训练方法是教练员和运动员在配合互动中为了共同完成训练任务而采取的方法,是对训练过程中各种具体训练方式和办法的概括,是对具体训练方法的集中表述。

一、运动训练手段概述

运动训练手段是指在运动训练过程中,为了提高某项竞技运动能力、完成某个具体的训练任务所进行的身体练习。运动训练手段的一切活动都是有目的的,是训练方法的具体化的体现。在运动训练活动中,教练员、运动员都是通过具体的训练手段去完成训练任务,把某项能力水平发展到更高层次。

运动训练手段的构成要素主要是各个练习动作的各项环节。因此,采用各种练习手段的首要条件,就是首先要求技术动作一定要准确规范。运动训练手段不断地科学运用和随着时代的不断创新,对于提高运动员水平有着巨大作用,而且不同训练手段对提升运动员水平的效果也不尽相同。科学地认识和应用不同训练手段的功效和特点,有助于在整体上科学地把握训练计划和安排,有助于在不同时期制定好具体的训练任务,还有助于提高不同运动项目的相应竞技能力。

对于训练手段基本结构的剖析,可从身体练习的动力特征、动作构成和动作过程这三个层面入手。动力特征包括力的支点、力的大小和力的方向三要素;动作构成涵盖动作的姿势、线路、速度、速率、时间、力量及节奏七要素;动作过程包含动作开始、进行和结束三个阶段。由于动力要素、构成要素和过程要素的变化,就可以排列组合出众多的训练手段。根据训练手段应用的目的,训练手段能分为发展体能手段、改进技术训练手段、提高战术训练手段和改善心理状态训练手段;根据训练手段的专项效果,可把训练手段分为一般训练手段和专项训练手段;结合训练手段的应用价值,可把训练手段分为基本训练手段和辅助训练手段;考虑到训练手段的动作特点,可把训练手段分为周期性和混合性、固定性、变异性训练手段。具体的分类体系参见表 4-1。

表 4-1　训练手段的分类体系

一级	二级	具体手段范例
单一动作结构类	周期性	跑步、游泳等徒手、器械练习
	混合性	各种跑＋跳＋投＋滚＋翻＋旋＋转等徒手、器械练习
多元动作结构类	固定性	各种跑＋跳＋投＋滚＋翻＋旋＋转等动作的固定组合、套路练习
	变异性	各种跑＋跳＋投＋滚＋翻＋旋＋转等动作的变异组合、游戏练习

二、运动训练方法概述

运动训练方法是指在运动训练活动中,为了完成训练任务、提高运动水平所采取的途径和办法的总称。运动训练方法是教练员和运动员在双边活动中共同完成训练任务的方法,是运动训练过程中各种具体训练方式和办法的概括,是各种具体方式方法的集中表述。在运动训练过程中,运动训练方法是教练员进行训练工作、完成训练任务、提高运动员运动能力的应用工具。

现代体育竞技的发展表明,任何训练方法的出现和创新,既是训练原理的科学具体地体现,也是对于运动实践的高度总结。因此,正确地认识和掌握不同训练方法的功能和特点,有助于顺利完成各个训练过程,有助于达到不同时期的训练目标,有助于有效控制各种运动能力和身体素质的发展进程,有助于科学提高整体的运动竞技能力。

运动训练方法的主要构成因素是练习动作及其组合方式、运动负荷及其变化方式、过程安排及其变化方式、外部条件及其变化方式、信息媒体及其传递方式这五个基本要素。其中,练习动作及其组合方式,是指运动员为达到训练目标而进行的身体练习及其组合方式;运动负荷及其变化方式,是指通过各种身体练习对身体形成的刺激及其变化形式;过程安排及其变化方式,是指训练计划进程的安排及其变化形式;外部条件及其变化方式,主要是各种客观因素及其变化;信息媒体及其传递方式,主要是指教练员在指导过程中发出的信息以及传出方式。运动训练方法众多,但都离不开这五个因素,这些因素的不同组合及其变化,也能组合出多种运动训练方法,其核心要素是练习动作、运动负荷和过程安排。

运动训练方法数量众多,有些好的方法具有广泛的适用性和普及性。换句话讲,某些方法对发展各项体育运动项目的竞技能力具有同样的作用,如比赛训练法对于绝大部分项目都能发展竞技能力的心智要素,重复训练法都可以锻炼体能;有些训练方法的则比较专项化,对某一竞技能力的子因素具有特殊的促进作用,如等动力量训练方法;有些方法能够控制训练过程,即在运动训练的某一阶段对训练内容的掌握或运动水平的系统提高具有控制作用,如模式训练法、程序训练法等;有些方法属于需要规划操作的,一般专门安排相应的训练课,如间歇训练法、循环训练法等。因此,分门别类地对运动训练方法进行分类,建立科学的方法体系是必需和必要的。

任何事物的类别划分与体系建立均须依据分类标准,根据不同分类标准可建立具有不同功能作用的若干训练方法分类的体系。例如,依据提高运动能力的目的,可分为体能训练方法、技能训练方法和战术能力训练方法等;依据提高体能的目的,可分为力量训练方法、速度训练方法和耐力训练方法等;结合训练内容的特点,可分为分解训练方法、完整训练方法、变换训练方法和循环训练方法等;根据负荷与间歇的关系,可分为持续训练方法、重复训练方法和间歇训练方法等;结合运动负荷与机体代谢的特点,可分为无氧训练方法、有氧训练方法、无氧有氧混合训练方法等;根据外部客观条件,可分为语言训练方法、示范训练方法、助力训练方法和加大难度训练方法等。

根据众多的训练方法,还可以列出许多种不同的分类标准和方法体系。考虑到对理论的完整归纳和便于实际应用,依据不同训练方法的适用范围和基本特征,可以把运动训练方法分为训练基本方法和训练控制方法两大类。训练基本方法又称基本训练方法或基本操作方法,此类方法主要包括完整训练法、分解训练法、持续训练法、间歇训练法、重复训练法、变换训练法、循环训练法、比赛训练法以及高原训练法这九种最基本、最直接的训练方法;训练控制方法主要包括模式训练法、程序训练法和 CAD 训练法这三种具备控制特征的训练方法。其中,训练基本方法主要用于完成运动实践中的实际操作,它是甄选训练手段的依据,是运动训练理论认识作用于具体实践的途径。

第二节　运动训练手段体系及应用

一、周期性单一练习手段体系及应用

周期性单一练习手段是指周期性的、重复的、单一动作结构的身体练习。因为这类动作相对简单、环节相对较少,因此对于练习者来说相对容易,是一种掌握并强化主要环节的训练。由于此类练习的动作方式很容易设计,因此可以作为以体能训练为主的速度性、耐力性运动项群的主要训练手段和其他项群的基本练习手段。周期性单一练习手段根据身体部位可分为全身周期性练习和局部周期性练习:全身周期性练习是指身体的各个部位都进行具有周期性运动状态特点的练习;局部周期性练习是指身体的部分部位进行周期性运动状态特点的练习。

全身周期性练习中,各种各样的步法训练是各类运动项目的重点练习内容。对于球类运动员来说,全身周期性的各种步法是对动作衔接的练习,如果能与专项练习结合,就可以加快训练速度,达到事半功倍的效果。下面对全身周期性练习和局部周期性练习进行举例研究。

(一)全身周期性练习

1.各种快跑练习

不同距离或时间的快速跑。步法可为向前跑、交叉步跑、垫步跑、后蹬步跑及并步跑等。

要求:在保证动作正确的前提下,强调步法的规范性,提高速度素质和动作节奏。

2.跳推杠铃练习

立正,两脚自然开立与肩同宽,两手正握较轻的杠铃放置于胸前。全身用力时,两脚并步或交叉步跳起,两手同时把杠铃往上推,直到两臂伸直。持续进行若干次、若干组的练习。

要求:在保证动作正确的前提下,重点发展无氧供能条件下的力量耐力和协调性素质。

3.拉测功仪练习

坐在测功仪上,按照赛艇的动作姿势做全身性拉桨练习。练习时上肢和下肢充分协调、配合,全力做 6～10 分钟若干组。

要求:机体在无氧与有氧混合供能的条件下,积极发展速度和力量的耐力素质水平。

(二)局部周期性练习

1.快速挥臂练习

原地站立,在高于头部的上方悬吊重沙袋,进行排球的扣球动作,连续挥臂击打沙袋若干次,练习若干组。

要求:保证动作正确的前提下,用力挥臂,加快击打速度。

2.卧推杠铃练习

在卧推凳上保持仰卧姿势,两手与肩同宽握住杠铃,由胸前向上推举杠铃至两臂伸直。连续进行若干次、若干组的推举练习。

要求:保证动作正确的前提下,提高胸部、臂部肌肉群的极限力量与速度力量。

3.拉橡皮带练习

挺直站立,上体前俯或俯卧式,双手由前向后做体侧拉橡皮带练习,重复进行,做 3～10 分钟,进行若干组。

要求:保证动作正确的前提下,提高胸部和上肢的力量耐力。

局部周期性练习是很多项目的专项技术练习的组成部分,有的是技术动作关键环节的练习部分,因此,这方面的练习一定要追求动作的准确性。

二、混合性多元练习手段体系及应用

混合性多元练习手段是指将超过一种的单一结构的动作混编,进行相应的身体练习。该练习运用于动作相对复杂,动作环节相对较多的动作,因此有利于形成复杂动作的神经联系、提高技能的记忆储备,有利于对复杂的技术动作进行学习和掌握。由于此类练习动作是以非周期的方式表现于整个练习过程,因此有利于提高运动的时空感知能力和协调性素质,有利于运动员整个运动能力的提高。

由于此类练习技术动作的环节比较多,通常涉及两个或两个以上的关键动作环节,因此对整个动作过要高度重视;由于该手段练习的动作特点与体能主导类力量性、技能主导类对抗性动作的特点有相似之处,因此混合性多元练习可以作为这些动作的训练手段。混合性多元练习手段可分为全身混合性练习和局部混合性练习两种类型。下面对这两种类型的练习进行举例研究。

(一)全身混合性练习

关于全身混合性练习的设计,具体要求总结起来有三条,即整个身体练习属于全身性,动作过程属于非周期性以及动作过程需要重视衔接环节。

1.跑动跨跳练习

连续跑跳,跑 3 步跨步跳 1 次,连续坐 10 次,可以尝试计时,看看用时大小,越快越好。练习 3～5 个 10 次为一组,每次练习 2～3 组。

要求:摆动腿尽力向前摆出,速度保持稳定如一。双臂用力摆动,跨跳幅度要大,这样爆发力素质才会有提高。

2.助跑掷枪练习

根据掷标枪的动作要领,准确而完整地完成掷标枪动作练习。

要求:助跑要快速,步伐要清晰,制动有力,快速挥臂,出手坚决。

3.助跑扣球练习

根据排球扣球的动作要领,准确而完整地完成扣球练习。5～8 次为一组,练习 3～5 组。

要求:助跑节奏清晰,起跳迅猛有力,滞空时间越长越好,扣球动作迅速,落地缓冲轻松。

(二)局部混合性练习

对于局部混合性练习,设计的要求是完整的身体练习可能属于全身性的,也有可以是局部性的。练习的重点有三条,分别是注意局部动作的关键环节,动作过程属于非周期性、动作过程必须高度重视衔接环节。

1.助跑起跳练习

助跑 10 米的跳远练习、5、7、9 步助跑单或双脚起跳手摸高练习、持竿助跑 30 米接插穴起跳练习等。

要求:助跑与起跳的衔接要连贯,转换速度要快。

2.助跑掷球练习

手持轻实心球,加速跑 6～10 米后跑 3～5 步的侧交叉步,按掷标枪的动作要领将球掷出。

要求:助跑的线路和节奏要清晰,出手坚决果断,速度快。

3.摆腿收腹练习

助跑起跳后,双手握在吊绳上,身体悬空垂直,并随吊绳摆动之势屈腿或直腿收腹摆起。

要求:注意安全,摆腿收腹的动作要协调。

三、固定组合练习手段体系及应用

固定组合练习手段是将多种练习手段以固定形式组合起来的身体练习手段。这种手段多用于简单的固定组合的成套动作的学习、掌握和固定,使动作更加娴熟;更容易获得与技术动作相匹配的运动机能和运动节奏,进而提高运动能力;更容易形成复杂动作的暂时性神经联系,提高动作记忆的储备,更容易学习、掌握较为复杂的技术动作;更容易培养协调性素质和时空感知力。

由于此类练习动作特点与技能主导类表现性项群技术动作的特点类似,因此,固定组合练习手段是上述项群的主要练习手段。由于是固定组合的属性,因此可以作为变异组合技术的引导性练习手段,或者可以作为技能主导类对抗性项群的一种动作组合练习手段。固定组合练习种类多样,核心要素是各种练习组合的衔接过程。下面对固定组合练习手段进行举例研究。

(一)各种自选拳练习

根据武术运动的规则和技巧,将各种拳法、腿法及身法动作编排为成套的动作套路,进行多次练习。

要求:在保证动作正确的前提下,在规定时间内完成练习,并达到提高无氧代谢能力的目的。

(二)各种协调性练习

将各种脚步动作、跳跃动作和滚翻动作编排为连贯成套的组合动作,进行反复练习。

要求:保证动作正确的前提下,提高各个基本动作之间的衔接能力和动作的协调性。

(三)有氧健身操练习

按照健身操的相关动作进行编排,包括各种跳跃、滚翻及换步跑动动作在内的成套动作的组合动作进行练习。

要求:在保证动作正确的前提下,练习时间持续 10 分钟以上,并达到提高有氧代谢能力的目的。

四、变异组合练习手段体系及应用

变异组合练习手段是指在多元动作结构下,运用多种联系手段,以变异组合形式进行的身体练习。通过各种变异组合的练习,能够有效地提高运动员在训练和比赛过程中的应变能力;可以提高对复杂局面的审视和预判能力;可以提高战术的应用能力;可以提高用于完成技术战术动作的相关身体机能;可以提高机体对复杂的信号刺激的反应能力,进而学习和掌握较为复杂的技术动作提高灵敏素质和感知能力。变异组合联系手段的动作特点与技能主导类对抗性技术、战术动作的特点类似,因此,此类练习手段是上述动作的主要练习手段。

变异组合练习手段是战术练习的主要手段之一,也是战术训练中运用技术,把技术串联起来的练习手段。变异组合练习手段的核心要素是动作串联和复杂反应。下面对于变异组合练习手段进行举例研究。

(一)各种隔网性对抗练习

隔网的球类运动,一般如排球、网球、羽毛球等实战练习。

要求:基本功扎实,技术熟练,认真对待每一个来球,把它当成实战,不放松。

(二)各种格斗性对抗练习

摔跤、散打、拳击等格斗性项目的对抗性练习。

要求:攻防格斗动作快、脚步移动变换快,张弛有度,下手不要太重。

(三)进攻战术配合练习

足球、篮球等集体性对抗性球类项目,在设置防守对手的情况下,专门进行多人的进攻战术配合练习。

要求:演练多种进攻战术形式,并能合理地打出战术配合。

(四)防守战术配合练习

足球、篮球等集体性对抗性球类项目,在设置进攻对手的情况下,专门进行多人的防守战术的练习。

要求:在对手不断变化进攻战术的情况下,能及时选择适宜防守阵形并能成功地防下来,瓦解对方的进攻。

第三节 运动训练方法体系及应用

运动训练的基本方法实质上是运动训练实施中的操作性方法。这种方法的应用就好比技术工种的手工产品的制造,因此,教练员就代表了"工艺制造"水平,对于运动训练的结构、运动员的竞技能力要素和运动训练的效果有直接影响。为此,在本节将重点介绍一些基本的运动训练方法。通过对各种训练方法的含义、类型、特点、要求来研究运动训练方法体系及应用。

一、完整训练法体系及应用

完整训练法是指从技术动作或战术配合的开始到结束,不分部分和环节,一气呵成地对动作进行练习的训练方法。完整训练法方便运动员完整地掌握技术动作和战术配合,保持技术动作和战术配合的完整结构,保持局部与整体的衔接与联系。

完整训练法既可以用于单一动作的训练,也可以用于多元动作的训练;可用于个人成套动作的训练,还可以用于集体配合动作的训练。用于单一动作训练时,注意动作不同环节的联系,循序渐进地逐步提高负荷强度练习质量;用于多元动作训练时,正确做好单个动作后,要格外注意掌握多个动作之间的串联和衔接。用于个人成套动作训练时,重点强调整套动作的流畅性;用于集体配合战术的训练时,注意技术串联的密切配合,熟练应用衔接技术。

二、分解训练法体系及应用

(一)分解训练法的类型

分解训练法是指将一整套完整的技术动作或战术配合过程进行分解,掰开揉碎地分成若干个环节或部分,然后以环节或部分为单位,分别进行练习。分解训练法的运用能够让运动员心无旁骛地专心执行训练任务,加强技术动作和战术配合环节的训练,提高训练质量和训练效果。分解训练法的特色在于技术动作或战术过程较为复杂,且运用完整训练法又不易被运动员所掌握,或者技术动作、战术配合中的某些环节需要进行专门训练的训练内容十分有效。

分解训练法有四种基本类型,即单纯分解训练法、递进分解训练法、顺进分解训练法和逆进分解训练法。这四个基本类型对于不同运动技术特征的分解具有不同的功能,所以要依据动作的复杂程度,符合运动技术特点去选择和把握。

(二)分解训练法的应用

1.单纯分解训练法的应用

首先,把训练内容分成若干部分,分别对于各个部分或环节进行学习和掌握,所有部分或环节都掌握后,再综合把握整体动作。这种方法在各体育项目的技术和战术的学练中被广泛采用。

单纯分解训练法的特点是分解的技术动作和战术配合相对复杂,分解后的各个部分能够单独练习。对于部分或环节的先后顺序没有特殊要求,以便教练员合理安排和运动员自由掌握。例如,进行标枪技术的训练,可将整个标枪技术过程分解成以下三个部分,即持枪加速跑、最后交叉跑和挥臂投掷。训练可以按照以下流程来进行,可先训练"持枪加速跑",掌握后再训练"交叉跑"和"原地挥臂投掷";也可先练习"原地挥臂投掷",再练"持枪加速跑"和"交叉跑",把这三个环节整体衔接起来后,即可掌握掷标枪的动作。这就是单纯分解训练法的应用。

2.递进分解训练法的应用

把训练内容分成若干部分,先进行第一部分的训练;掌握后,再进行第二部分的训练;掌握后,将一、二两部分连在一起进行训练;掌握这两部分后,再进行第三部分的训练;掌握后,将第一部分、第二部分、第三部分连在一起后进行训练……如此递进式地训练,直到完整地掌握训练内容。

此方法虽然对练习内容各个环节的练习顺序没有刻意的要求,但对相邻环节的衔接部分确实有相应的要求。比如还是拿掷标枪的技术动作举例,训练的进程是,可先训练"持枪加速跑";掌握后再进行"交叉跑"的训练;而后,将"持枪加速跑"与"交叉跑"两环节进行合成训练;掌握后再训练"原地挥臂投掷";掌握后再把三个部分结合在一起进行完整训练。显然,递进分解训练法应用的目的是逐步以此合成技术动作或战术环节的过程。

3.顺进分解训练法的应用

把训练内容分成若干部分,进行第一部分的训练;掌握后,进行第一部分和第二部分的训练;掌握后,进行第一部分、第二部分、第三部分的训练,以这个步骤前进,直至完整地掌握整套训练内容。还是用掷标枪的技术动作进行举例,先训练"持枪加速跑";掌握后再训练"持枪加速跑"环节及"交叉跑"环节,使这些环节衔接成一体;掌握后再训练"持枪加速跑""交叉跑"和"挥臂投掷"动作,直至完整把握掷标枪的要领。

顺进分解训练法的应用有如下特点,首先是训练内容的进程与技术动作、战术配合过程的顺序基本是一致的,后面步骤的练习内容包括前一部分的内容。这种方法易于建立技术动作过程和战术配合过程的完整概念,较易形成良好动力定型和战术意识。

4.逆进分解训练方法的应用

该方法与顺进分解训练方法的顺序完全相反,应用时把训练内容分成若干部分,先对最后一部分进行练习,逐次增加训练内容,直到加上第一部分,完成完整的技术动作或战术方法。依旧以掷标枪的技术动作为例,采用此法进行标枪技术训练的训练进程是先训练"原地挥臂投掷";掌握后再结合"挥臂投掷"训练"交叉步";掌握后再将"挥臂投掷""交叉步"与"持枪加速跑"串成一体训练,直至掌握完整的标枪技术。

逆进分解训练法的应用特点是:训练内容的进程与技术动作、战术配合过程的顺序完全相反;多运用于最后一个环节为关键环节的技术和战术的训练,如投掷、扣杀、踢踹等动作。一般来说,采用逆进分解训练方法进行练习的动作或技术,往往这些身体动作或技术的最后环节都是动作技术的重点环节。

三、间歇训练法体系及应用

(一)间歇训练法的类型

间歇训练法是指对运动训练过程中的组间间歇时间做出严格规定,使机体保持不完全恢复状态反复练习的训练方法。通过实践证明,严格要求间歇训练过程,能够让运动员的心脏功能有明显的增强;通过运动负荷强度的调控,可使机体各机能产生与所练项目相匹配的适应性变化;通过各种间隔类型的间歇训练,可使机体内糖酵解代谢供能能力、磷酸盐与糖酵解混合代谢的供能能力、糖酵解与有氧代谢混合供能能力有效发展和提高;通过对间歇时间的严格把控,有利于运动员在复杂的比赛局面和激烈的身体对抗中保持技术动作的稳定;通过较高负荷心率的刺激,提高机体的抗乳酸能力,确保运动员在高强度的运动状态下具有持续稳定的运动能力。间歇训练法有三种基本类型,分别是高强性间歇训练法、强化性间歇训练法和发展性间歇训练法,具体特征参见表4-2。

表 4-2　间歇训练法基本类型及其特点

基本类别	高强性间歇训练	强化性间歇训练		发展性间歇训练
		A 型	B 型	
负荷强度	40 秒以内	40~90 秒	90~180 秒	5 分钟以上
负荷强度	大	大	大	小
心率指标	190 次	180 次	170 次	160 次左右
间歇时间	很不充分	不充分	不充分	不充分
间歇方式	走、轻跑	走、轻跑	走、轻跑	走、轻跑
每次心率	120 次	120 次	120 次	110 次
供能形式	糖酵解供能为主的混合代谢供能	糖酵解供能为主的混合代谢	糖酵解供能为主的混合代谢供能	有氧代谢为主的混合代谢供能

(二)间歇训练法的应用

1.高强性间歇训练法

高强性间歇训练方法是发展糖酵解供能系统供能能力、磷酸盐与糖酵解供能混合代谢系统供能能力的一种重要训练方法。此方法不仅适用于对体能要求高的速度耐力性或力量耐力性运动的技术训练,而且适用于技能类对抗性运动项目中的身体训练和攻防技战术训练,如球类项目的连续攻防技术、战术训练,格斗项目中的组合练习等。

高强性间歇训练方法的应用特点是:一次练习的负荷时间较短,通常在20~40 秒之内;负荷强度大,心率上升到 190 次/分钟左右;间歇时间极不充分,以心率降至 120 次/分钟就开始下一次练习;练习内容多为单个技术或组合技术。此法可有效提高此类系统供能条件下的速度耐力和力量耐力,糖酵解供能状态下技战术运用的稳定性和熟练性。

2.强化性间歇训练法

强化性间歇训练方法是发展糖酵解与有氧代谢系统混合供能能力以及心脏功能的一种重要训练方法。此方法适用于需要混合系统供能和良好心脏功能的运动项目的技战术及身体素质的训练。在技术串联练习或衔接技术的练习中常采用强化性间歇训练法,如排球扣球与传接球技术串联的练习;网球项目中网前、底线攻防战术的组合练习;篮球局部攻防配合的战术练习和拳击、散打等格斗项目的组合练习等。在考验体能的田径、游泳等项目中,短距离项目也广泛运用此法训练。

强化性间歇训练法的应用特点是:一次练习的负荷时间为 40~180 秒,负荷的强度通常心率控制在 180/分钟或 170 次/分钟即可,间歇时间同高强性间歇训练。其中,A 型方法有利于提高以糖酵解供能为主的力量耐力素质;B 型方法有利于提高无氧与有氧混合供能下的力量耐力素质。

3.发展性间歇训练法

发展性间歇训练方法是发展有氧代谢系统供能能力、有氧代谢下的运动强度以及心脏功能的一种重要训练方法,适用于较高耐力素质的训练内容或运动项目。技能主导类运动也适用于此训练方法,如篮球、足球的"三对三"攻防转换练习,格斗项目中的体能训练也可采取此方法。

发展性间歇训练法的应用特点是:每次练习的负荷时间较长,至少应在 5 分钟以上;平均负荷强度较低,在运动中以有氧代谢系统供能为主,负荷应把心率控制在 160 次/分钟左右;间歇时间以心率下降到 110 次/分钟左右为下组练习开始的依据。实践中,这三种间歇训练方法通常是三者结合应用。

四、持续训练法体系及应用

(一)持续训练法的类型

持续训练法是指负荷强度较低,持续时间较长、没有间歇时间的训练方法。整个过程中,平均心率应在每分钟 130~170 次/分钟。持续训练主要用于发展一般耐力素质,有助于完善负荷不强但要求比较细腻的技术动作,可使机体运动机能在较长时间的负荷刺激下形成稳定的适应,内脏器官随着变化而产生适应性;可提高有氧代谢系统供能能力以及该供能状态下有氧运动的强度;可为进一步发展无氧代谢能力,发展无氧工作强度打下坚实的基础。根据训练时间的长短,可将持续训练法分为三种基本类型,分别是短时间持续训练法、中时间持续训练法和长时间持续训练法。在实际训练中,球类项目的技术练习多采用持续训练法,具体方式是以多球方式体现,在下文研究的重复训练法和上述的间歇训练法中也有持续训练法的影子。持续训练法的基本类型及特点参见表4-3。

表 4-3　持续训练法基本类型及其特点

基本类型	短时间持续训练	中时间持续训练	长时间持续训练
负荷时间	5～10 分钟	10～30 分钟	30 分钟以上
心率强度	170 次左右	160 次左右	150 次左右
间歇时间	没有	没有	没有
动作结构	基本稳定	基本稳定	基本稳定
有氧强度	最大	次大	适中
供能形式	无氧、有氧代谢系统混合供能	无氧、有氧代谢系统混合供能	有氧代谢系统混合供能

(二)持续训练法的应用

1. 短时间持续训练法

该方法广泛应用于体能主导项目的运动素质练习,也适用于技能主导类运动项群中高强度的身体素质、技术和战术的训练。例如:排球中的传球、防守等组合技术的练习,篮球中的接球、运球、投篮,足球中的停球、带球、传球、射门等组合技术的攻防战术练习等。

短时间持续训练法的应用特点是:每次持续训练的负荷时间为 5～10 分钟;负荷强度相对较高,平均心率负荷控制在 170 次/分钟左右;组合动作的练习可以固定也可以变异;每次训练的过程不能中断。此方法可有效提高运动员以有氧代谢为主的供能能力和该供能状态下的速度耐力和力量耐力,可有效提高攻防技术的衔接性、攻防战术的转换性和强度变换的节奏性。与间歇训练方法结合,能够提高以有氧供能为主的运动强度。

2. 中时间持续训练法

该方法普遍适用于技能主导类运动项目中技术的串联、攻防技术的局部对抗、整体配合战术或成套动作的技术或战术训练,以及以体能为主导的耐力性运动项目训练。中时间持续训练方法有两种典型的训练方式,分别为匀速持续训练和变速持续训练。匀速持续训练是有以氧代谢供能为主要培养目标的方法,负荷强度平均心率控制在 160 次/分钟左右,负荷强度的变化相对较小,运动速度相对均匀,消耗的能量相对较少;变速持续训练是培养以混合供能能力为发展目的的方法,负荷强度一般保持在 150～180 次/分钟,负荷强度的变化较大,运动速度变化较多,消耗的能量也较大。

中时间持续训练法的应用特点是:一次练习持续负荷时间至少应为 10～30 分钟,持续过程要完整,不能中断。

3.长时间持续训练法

该方法对于体能主导发展耐力的运动项目具有直接训练的价值。实际训练中,长时间持续训练方法有三种训练方式,分别是匀速持续训练、变速持续训练和法特莱克训练。匀速持续训练、变速持续训练的形式与中时间持续训练方法的主要差异是负荷强度相对更低,负荷时间相对更长;法特莱克训练则相对特殊,它是一种在自然环境条件下利用不同地形,以发展有氧代谢系统为主、适当发展有氧与无氧代谢系统混合供能能力的耐力训练方法。

长时间持续训练法的应用特点是:运动的线路不固定(比如户外越野跑),负荷时间较长;运动速度的快慢变化没有明显的节奏,具有自由、随意的特性;运动过程较长而不中断,负荷强度呈现高低交错,心率指标为每分钟 130～160 次/分钟;心里感到相对轻松,负担小。

五、重复训练法体系及应用

(一)重复训练法的类型

重复训练法是指反复进行相同的练习,两次(组)练习之间进行充分休息的训练方法。通过相同的一个或一组动作的多次重复,形成不断强化的条件反射过程,对运动员掌握和巩固技术动作有很大帮助;通过相对稳定的负荷强度的反复刺激,可使机体在一定时间内产生较高的适应性机制,有利于发展和提高运动员的身体素质。

决定重复训练法训练效果的影响因素有单次(组)练习的负荷量、负荷强度及每两次(组)练习之间的休息时间,休息时通常采用按摩来放松肌肉。依单次练习时间的长短,重复训练法能够分为三种类型,分别为短时间重复训练法、中时间重复训练法和长时间重复训练法。重复训练法的三个子方法具有不同的功能,因此选择和采用重复训练方法时,要结合训练目标和任务来确定。重复训练法的基本类型及其特点参见表 4-4。

表 4-4　重复训练法基本类型及其特点

基本类型	短时间重复训练	中时间重复训练	长时间重复训练
负荷时间	6 秒以内	6～30 秒	30 秒～2 分钟
负荷强度	最大	次大	较大
间歇时间	相对充分	相对充分	相对充分
间歇方式	走步、按摩	抖动四肢、按摩、深呼吸	抖动四肢、按摩、深呼吸
供能形式	磷酸盐代谢系统为主供能	糖酵解为主的混合代谢供能	糖酵解为主的混合代谢供能

（二）重复训练法的应用

1.短时间重复训练法

该方法普遍适用于磷酸盐系统供能条件下的爆发力强、速度快的技术动作和身体素质的训练。如排球单个扣球技术动作练习,足球射门技术单个动作练习或球类运动接与传、接与投、掷球踢球技术动作的组合练习,格斗运动中各种拳法,如直拳、勾拳的练习或组合拳的练习等。

短时间重复训练法的应用特点是:每次练习的负荷时间短,约在 6 秒内,负荷强度最大,动作速度最快,间歇时间充分,每个单一动作或组合动作间各个环节前后稳定。间歇过程采用肌肉按摩放松方式,促使机体快速恢复机能,重复次数和组数相对较少。此法可有效提高负荷强度很高的单个技术在关键动作上的熟练性、规范性和技巧性;可有效提高运动员的磷酸盐系统的储能和供能能力;可有效提高运动员有关肌群的收缩速度和爆发力。

2.中时间重复训练法

该方法普遍适用于磷酸盐系统和快速糖酵解供能条件下的运动技术、战术和素质的训练。如多种技术和战术的串联练习,单个技术动作的变异组合练习,成套动作的固定组合练习和速度耐力、力量耐力等体能素质练习等。

中时间重复训练法的应用特点是:每次练习的负荷时间通常为 6～30 秒钟;负荷时间可稍微多于主项比赛时间,负荷距离可略长于主项比赛距离;负荷强度较大,心率应在 180 次/分钟以上,并与负荷时间呈负相关;间歇时间充分一些。间歇方式应采用慢跑深呼吸以及按摩放松方式进行,运动间歇时尽快清除体内乳酸。运用中时间重复训练法,可有效提高速度素质、速度耐力和力量耐力,提高对抗性运动中技术串联的持续性、稳定性,提升机体的抗乳酸能力。

3. 长时间重复训练法

该方法主要适用于磷酸盐系统和慢速糖酵解供能条件下的运动技术、战术、素质的训练,如技术主导项目的多种技战术的串联练习,单次负荷持续时间为 30 秒~2 分钟的各种身体素质练习等。

长时间重复训练法的应用特点是:单次练习的持续负荷时间通常在 30 秒~2 分钟之间;运用该方法的战术训练必须具有磷酸盐系统和慢速糖酵解混合供能的强度,因此训练内容必须设计得十分精细,练习一次后应当充分间歇。此法可有效提高运动员的磷酸盐系统和慢速糖酵解的混合代谢的能力,可有效提高磷酸盐系统和慢速糖酵解混合供能状态下的速度和力量耐力以及各种技术应用的熟练性和稳定性。在实际安排中,长时间重复训练法与间歇、持续和变换训练法的有机结合,可使训练效果更佳。

六、循环训练法体系及应用

(一)循环训练法的类型

循环训练法考虑到训练的具体任务,将若干练习手段设置为相应的若干个练习站(点),运动员按照规划好的顺序和路线,依次进行每站(点)的练习,完成相应的训练任务。运用循环训练法能够培养和激发运动员的训练情绪、累积负荷"痕迹"、交替刺激不同的器官和系统。

决定循环训练法训练效果的结构因素有每站练习内容、每站运动负荷、练习站安排顺序、练习站之间的间歇、每遍循环的间歇、练习的站数与循环练习的组数。在实际训练中,循环训练中的"站"即为练习点,如果一个循环内的站数中有若干个练习点是通过无间歇的方式进行衔接,那么这些练习点可称之为练习"段"。根据各组练习间歇和练习的负荷特征,可把循环训练法的基本类型主要分为三种,即循环重复训练法、循环间歇训练法和循环持续训练法,参见表 4-5。

表 4-5　循环训练法基本类型及其特点

基本类型	循环重复训练	循环间歇训练	循环持续训练
循环过程	间歇且充分	间歇不充分	基本无间歇
负荷强度	最大	次大	较小
负荷性质	速度、爆发力	速度耐力、力量耐力	耐力
供能形式	以磷酸原代谢系统供能为主	以糖酵解代谢系统供能为主	以有氧代谢系统供能为主

　　表 4-5 所示的三种循环训练法的组织形式共有三类，分别为流水式、轮换式和分配式。流水式循环训练的做法是建立若干练习站（点）后，运动员按一定的顺序，一站接一站地进行周而复始的循环练习。此种组织形式可以有效地全面发展多种运动能力，并可使全身的部位以及内脏器官都能得到锻炼。轮换式循环训练的做法是把运动员分成几个组，各组运动员在相同时间段内各自按计划的练习站进行练习，然后，按规定要求，依次轮换练习站。此种组织形式可以有效地集中发展某一运动机能和机体的某一部位，使身体的局部产生深刻反应。分配式循环训练的做法是设立较多的练习站，然后结合运动员的实际情况，指定每名运动员在特定的练习站内进行训练。可见，循环训练法关键在于安排好组织形式。

（二）循环训练法的应用

1. 循环重复训练法

　　结合重复训练法的要求，对各站之间和各组循环之间的间歇时间不做特殊的要求，让机体得到充分恢复，并全力进行每站或每组循环练习，这就是循环重复训练法。此法既可用于技术训练，也可用于素质训练。如篮球的移动训练中，可将曲线折跑、跑动接球、运球过杆、急停跳投、冲抢篮板球和补篮等作为练习站，进行重复而循环的练习，或者将各个练习站两两结合，成为不同的练习"段"，实施循环训练。

　　循环重复训练法的应用特点是：可以把内容多的训练设置为若干个练习站，练习动作熟练规范，练习顺序和比赛特点相符，间歇时间较为充分，两轮循环的间歇时间较长。该训练法的应用目的是提高在高强度压力下的技术规范性、熟练性和攻防过程中的对抗性；提高速度、爆发力及运动技术的有机结合能力。

2.循环间歇训练法

按照间歇训练法的要求,对各站和各组之间的间歇时间进行特殊规定,以使机体处于有一定负荷而不是完全恢复的状态下进行练习,这就是循环间歇训练法。这种方法经常用于发展体能,也用于协调发展技术、战术、素质和机能之间有机联系的训练。如可以将排球扣球、拦网及防守等设为练习站,实施循环重复训练;如将4号位强攻、3号位快攻、2号位背飞以及2号位拦网、3号位拦网、4号位拦网设定为六个练习站,采取循环间歇训练。

循环间歇训练法的应用特点是:各种练习设置为不同的练习站,各练习站的负荷时间至少20秒以上,站与站之间的间歇不是很充分。练习完一整组后的间歇可以充分,也可以不充分。该方法的应用目的是有效提高糖酵解系统的供能能力及这种供能状态下的速度耐力和力量耐力等的体能。

3.循环持续训练法

按照持续训练法的要求,各站和各组之间都不安排间歇,用较长时间进行连续练习,这就是循环持续训练法。例如,将隔网项目中的扣球、杀球、吊球、拦截、推挡等技术练习设置为练习站,并编排成技术串联;将有身体对抗项目的运球、传球、接球、投篮、射门或跑动、停球、配合、射门或掩护、策应、挡拆、传球、投篮等练习内容设定为练习站,编排成整套串联体系。

循环持续训练法的应用特点是各练习站相互联系,平均负荷强度相对较低,每一组和每一站中间没有中断,一整套循环的持续时间应在5分钟以上;负荷强度适度搭配,循环组数相对较多,组织方式可采用流水式或轮换式。通过此方法,可以提高运动员攻防对抗的转换能力、有氧代谢能力和抗疲劳的能力。

七、变换训练法体系及应用

(一)变换训练法的类型

变换训练法是在训练中对运动负荷、练习内容、练习形式及其条件等因素进行改变,以提高训练的趣味性,让运动员在相对枯燥的训练课中提高积极性、适应性及应变能力的训练方法。变换训练法是根据运动项目竞赛的复杂性、对抗程度的激烈性、动作技术的变异性、战术打法的变化性、能力要求的多样性、中枢神经系统的灵活性等特征提出的。采用变换训练法,可使机体产生与有关运动项目相匹配的适应性变化,让运动员的身体素质、动作技术、战术风格得到系统的训练和协调发展,从而有助于在实战中加强承受不同运动负荷的能力,提高战术应变能力、技术串联和衔接技术能力。根据变换内容,可将变换训练法分为三种,分别是负荷变换训练法、内容变换训练法和形式变换训练法,参见表4-6。

表4-6 变换训练法基本类型及其特点

基本类型	负荷变换训练	内容变换训练	形式变换训练
负荷强度	变化最大	可变或不变	可变可不变
动作结构	相对固定	变换	固定或变换
供能形式	可在多种代谢形式之间变换	以某种代谢形式供能为主	以某种代谢形式供能为主

(二)变换训练法的应用

1.负荷变换训练法

这是一种功能独特的重要训练方法,不仅适合身体素质练习,而且适用于技术和战术的练习。实际操作中,负荷的变换主要体现在负荷强度或负荷量的变换上。由于负荷强度与负荷量的变化有四种搭配形式,所以负荷变换的训练方式有很多种,需要结合实际训练情况进行选择。

负荷变换训练法的应用特点是:降低负荷强度,从而更容易地学习运动技术和战术;提高负荷强度和频率,可使机体更加适应比赛实战。负荷变换训练法可通过变换练习动作的负荷强度、训练次数、训练时间、练习质量、间歇时间、间歇方式和练习组数等变量,让机体的能量代谢和身体素质相应提高,以满足专项运动的需要;可有效地促进机体适应比赛强度的变化特点,让运动员产生与比赛相符的生理适应以及调整到与比赛相符的能力状态。

2.内容变换训练法

该方法是技能主导类运动项群中广泛应用的一种重要训练方法。内容变换训练方法主要适用于对抗性运动项目中的各种技术串联和衔接技术的练习。此方法也适用于健美操、艺术体操等技术动作的组合练习。

内容变换训练法的应用特点是:动作的内容和结构可为变异组合或固定组合,技术串联或衔接技术的运动负荷性质多以无氧代谢为主,练习内容的变换顺序与比赛实际相结合,练习动作的难度和强度符合专项要求。科学地采用内容变换训练方法,能够让运动训练的变换节奏适应专项运动技术和战术变化的基本规律;可使训练内容的变化种类适合技战术应用的具体要求;可使练习内容之间的变换符合竞赛变化的实际需求,进而提高运动员的应变能力。内容变换训练法适合于间歇训练结合,往往会取得更好的效果。

3.形式变换训练法

该方法的运用主要反映在场地、路径、落点和方位等条件或环境的变化。例如:排球、羽毛球等隔网运动的发球练习,在动作要领和运动负荷固定的情况下,可以发出各种直线、斜线、前点、后点的球;对抗性运动的侧身带球技术的运用,在交叉换位战术的同伴配合下,可以形成"掩护"或"反掩护"的不同战术形式。当然,经常更换训练场地往往可促使运动员对不同环境的比赛场地尽快产生适应,对提高运动员的环境适应能力也是有帮助的。

此法的应用特点是:通过训练气氛、训练路线、训练环境、训练时间和练习形式的改变进行训练。例如:改变训练形式,可使各种技术更好地串联和衔接起来;改变训练环境,可使运动员的机体产生新的刺激,激发起较高的训练情绪,可使运动员产生更强烈的表现欲望。

八、比赛训练法体系及应用

(一)比赛训练法的类型

比赛训练法是指在近似模拟或真实严格的比赛形式下,按照比赛的规则和方式进行实际比赛,达到提高训练质量的目的。比赛训练法是根据人类与生俱来的竞争和表现意识、形成竞技能力过程的基本规律和适应性原理、现代竞技运动的比赛规则等因素产生的一种训练方法。通过比赛训练法可以帮助运动员提高竞技能力和比赛适应能力,有助于达到适度的应激状态。比赛训练方法源自游戏训练方法,但是训练的要求要高于游戏。比赛训练方法构成要素的核心元素是比赛的氛围和使用的规则。运用比赛训练法的目的是激发运动员的心理动机,提高训练质量。根据比赛的性质不同,可将比赛训练法分为教学性比赛法、检查性比赛法、模拟性比赛方法和适应性比赛法这四种类型。比赛训练法的基本类型及特点参见表 4-7。

表 4-7　比赛训练法基本类型及其特点

基本类型	教学性比赛	检查性比赛	模拟性比赛	适应性比赛
比赛规则	正式规则或自定规则	正式规则或自定规则	正式规则	正式规则
比赛环境	相对封闭	封闭或开放	封闭或开放	开放

续表

基本类型	教学性比赛	检查性比赛	模拟性比赛	适应性比赛
比赛过程	可人为中断	不可中断	不可中断	不可中断
比赛对手	队友或对手	对手	队友或对手	对手
比赛裁判	临时指定	正式指定	临时或正式指定	正式指定

(二)比赛训练法的应用

1.教学性比赛法

在训练条件下,根据教学的规律或原理、专项比赛的基本规则或部分规则进行的专项比赛,这就是教学性比赛法。例如,运动队内部对抗的教学比赛,不同运动队之间的教学热身赛,不同训练程度运动员之间的让先性教学比赛,部分基本技术、战术的教学对抗赛等,都可视为教学性比赛训练方法的运用。

教学性比赛法的应用特点是:可采用部分比赛规则进行局部配合的训练;比赛环境相对封闭,便于运动员集中注意力;比赛过程可以中途打断,方便教练员指导;运动员心无旁骛,没有太大的压力,以便发挥技术水平;相对安静的环境可以让运动员释放激情,提高训练强度;此外,通过比赛,能够提高个人乃至全队的技术串联和衔接技术的熟练程度;强化局部或整体配合的默契程度;激励运动员的强烈竞争意识,从而更好地挖掘潜力。

2.检查性比赛法

此方法是在模拟或真实的比赛环境下,严格遵守比赛规则,以比赛形式对训练成果进行检验的训练方法。检查性比赛训练方法的适用范围很广,包括对全队或个人的专项运动成绩、运动负荷能力、运动技术质量及训练水平进行检验。由于检查性比赛是在近似于比赛或完全按照实际比赛的流程来进行,因此在备战重大赛事之前进行能够发现问题,进而解决问题。正因如此,这种训练法受到教练员的青睐。

检查性比赛方法的应用特点是:采用正式比赛规则的所有或部分规则;比赛环境可以封闭也可以开放;运动员的心理压力往往接近实战情况;可以专门通过检查设备进行赛况监控。检查性比赛方法主要应用于检验训练质量,找到存在的问题和不足,找到队伍或个人的弱点,提出改进要求,提供训练的反馈信息。

3.模拟性比赛法

在训练过程中,模拟真实比赛的环境和对手,严格遵守比赛规则进行训练,这就是模拟性比赛法。对实际比赛过程中的不良因素进行模拟,对于提高运动员的竞技能力是非常有必要的。比赛往往会遇到诸多不良因素,诸如赛场上的噪声、观众的聒噪、裁判执法不公、对手的挑衅、赛程变更、极端天气等等,都会影响运动水平的正常发挥。因此,有意识地在训练中模拟比赛,可以有效地提高运动员的抗干扰能力,从而有利于运动员养成淡定、平稳的良好心态,在重大比赛中正常发挥出技战术能力。

模拟性比赛的应用特点是:训练环境和比赛环境如出一辙,按照实际规则进行竞争,模拟类似比赛对手,实战性很强。另外,此法可以增强运动员的心理素质,可以检验训练是否朝着正确的轨道前行,可以加强训练的针对性和提高对实战比赛的预见性。

4.适应性比赛训练法

在真实比赛条件下,力求尽快适应重大比赛环境的训练方法。适应性比赛训练方法与模拟性比赛训练方法的不同在于:前者在正式比赛的环境下进行,后者则在人为模拟比赛环境下进行。适应性比赛训练方法的应用形式较多,如重大比赛前的系列邀请赛、访问赛、对抗赛以及表演赛等,都是适应性比赛训练方法的运用形式。一般地说,适应性比赛前应有一套完整的赛前准备、赛中实施及赛间调整的方案。

适应性比赛法的应用特点是:比赛环境完全真实,与实际比赛完全一样,能够及时发现关键问题,促使运动员的竞技状态有效提升,刺激运动员的竞争欲望,为实际比赛做好准备。

九、程序训练法体系及应用

程序训练法是一种依靠训练内容系统,按照固定而严格的逻辑顺序控制运动训练过程的控制性训练方法,亦即根据系统理论。运用逻辑方法,按照训练过程的时序性和训练内容的系统性特点,把多种训练内容有序地、有层次地,按照一定逻辑编制成训练程序,并制定评定标准,之后在实践中根据训练程序和评定标准对训练过程进行科学控制。

程序训练法的基本功能主要是便于教练员科学地确定每个阶段的训练内容,从而有利于让训练过程置于科学控制的状态之下;便于教练员系统认知不同训练内容间的内在关系,便于教练员合理判断运动员的训练状态和训练水平,从而有利于及时控制训练过程的反馈情况。

（一）程序训练法基本结构

程序训练法的基本结构分别是训练程序、检查手段、评定标准、训练手段。其中，每一构件又由不同因素组成。程序训练法则以训练程序为控制依据，训练程序由训练内容、时间序列和联系形式三要素组成。

训练内容通常是指机能训练、身体素质训练、动作技术训练、战术打法训练、心理训练和智力训练这六块内容。训练程序要求把庞大复杂的训练内容，按照系统分解成较小的子内容，也称单元，然后将其按照相关逻辑编制成训练内容体系。可见，构建训练内容体系对运动员的训练至关重要。

时间序列通常是指将训练过程与训练内容有机排序与衔接。训练程序要求必须将整个训练过程分解为相关的时间段落，以便将特定的最小训练内容单元放于特定的时空中，使不同的训练内容通过时间序列有机相连。显而易见，训练程序使得训练过程中任何的一个环节内，都有一项或几项不同的训练内容与之对应。

联系形式通常指在特定的时间范畴内各项训练内容衔接的方式，或者不同时间范畴内不同训练内容的衔接方式。一般来讲，训练内容的连接方式有"直线"和"网络"两类，由这两类联系方式分别编制的训练程序，分别称之为直线训练程序和网络训练程序。不管是什么样的训练程序，最终程序必须具有逻辑性、相关性、层次性，为整体服务。

实践中，最小训练内容单元是相对而言的。例如，田径运动中跳高项目的技术训练，是这个项目整体中的一项内容。从动作结构角度来看，跳高技术训练内容基本上可分为如下几个环节，即准备、助跑、踏地、起跳、腾空、过杆、落地的训练内容。其中任何基本环节的构成内容都可以看为最小训练内容单元。如果继续细分，基本环节和基本训练内容还可以再分解，例如助跑环节，可分解为助跑距离、助跑弧线、助跑节奏、助跑速度、助跑重心等子因素的训练。这些均可视为最小训练内容单元。如果再往下分，最小训练内容还可以继续分解下去。显然，所有运动项目的技术、战术、素质等竞技能力，都可以往下分解。竞技能力的细分是为了建立程序系统训练。

（二）程序训练基本特点

1. 系统化

程序训练法实施的整个过程，对整体训练内容体系为控制依据，以评定标准体系为监督和检查工具。过程的发展与变化都处于系统控制的状态下。程序训练法的系统化特点将运动训练过程控制得更加有效。

2.定性化

程序训练法所依据的训练程序具有鲜明的定性化特点,以便教练员能够抓住训练过程中的主要矛盾,对未来训练提出改进措施。

3.程序化

训练内容规划在程序的控制之中,因此,训练过程中内容的确定和改变,实质上是在严格检查、监督和评定之下,按照训练内容内在关系的本质联系,有计划、有目的地进行。显然,程序训练法的这种特点,能帮助教练员科学地控制运动训练的整个过程。

(三)程序训练法的应用

程序训练法的应用过程实际上是一种闭环式的控制过程。程序训练法的应用过程如图 4-1 所示。程序训练法在应用上的精髓在于教练员通过正向控制通道,通过建立起来的训练程序和所确立的训练方法,对运动员竞技能力的发展方向进行把控;通过反馈控制通道,运用所建立的评定标准和所确立的检测手段了解运动员的实际状态,以便修正教练员的指导方案或根据训练程序指出的内容继续实施程序训练。经过如此多次闭环式的控制过程,使运动员的训练结果通过科学的程序控制逼近训练程序指示的预定目标。

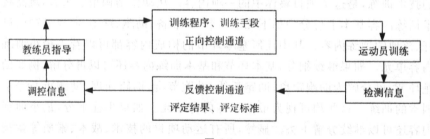

图 4-1

十、模式训练法体系及应用

模式训练法是一种在宏观上依靠训练信息指标控制运动训练过程的方法,亦即根据信息理论。这种方法理论运用数学工具,把各种影响专项运动成绩的主因素指标参数与不同运动成绩之间构成具有定量关系的训练模式和评定标准,以此来控制训练过程。

模式训练法的基本功能主要是:便于教练员合理选取各个训练阶段具

体发展的训练目标,便于教练员全面认识某一运动训练过程中各项训练内容具体发展的内在关系,便于教练员合理审视运动员的训练状况,合理修正训练目标和任务。

(一)模式训练基本结构

模式训练法由训练模式、检查手段、评定标准和训练手段这四个结构组成。训练模式是训练中目标发展的指标体系;检查手段是采集运动员训练状态的信息工具;评定标准是让运动员区分实际状态与训练模式间的差异性质;训练手段是根据训练模式采取的身体练习。

训练模式的基本构件是由榜样对象、相关因素和数学模型三要素组成,榜样对象是由最优秀的运动员组成,对其他运动员有鼓舞和标杆作用;相关因素是指影响运动能力和成绩提高的影响因素,找到这些因素的内在关系便于今后的训练;数学模型是表述影响因素与运动成绩间定量关系的一种方式,揭示二者之间关系。

检查手段的基本构件是由检查项目、检查工具和检查方式三要素组成。其中,检查项目根据运动员的竞技能力来划分;检查工具按照物理性质,可分为电测、机测、光测、磁测、化测等工具;检查方式有群体、个体、环境等诸多因素。三者的高度结合形成了多种检查手段的信息采集工具。

评定标准的基本构件是由对照标准、评定方法两个要素组成。对照标准是采用数理统计方法将训练模式标准化,以便根据训练模式评价运动员的状态和训练效果;评定方法是通过数学方法帮助运动员找到自身状态与训练模式间的差异程度。两者结合形成了评定标准的鉴标体系,主要功能是为训练的主观效果和客观评判提供重要依据。

(二)模式训练基本特点

1.信息化

模式训练法的实施过程是以训练模式作为控制依据,以评定标准作为监督、检查指标,使训练的整个发展过程都处于信息控制状态之下,通过信息纠正运动训练过程的偏态。

2.定量化

模式训练法采取的训练模式与评定标准都有定量的要求,整个训练过程的发展与变化均处于数字的控制之下,帮助运动员更好地控制训练过程。

3.循环性

模式训练法实际上是把训练过程作为应用对象。所有项目的训练基本由设计、实施和监控三个过程组成,同时训练过程也是循环的,不是进行一次后就结束。

(三)模式训练法的应用

模式训练法的应用过程实际上是一种闭环式的过程。如图 4-2 所示,在现代运动训练过程中,模式训练法应用的好处在于教练员通过正向控制通道,运用训练模式、训练手段控制运动员竞技能力的发展方向;通过反馈调控通道,运用评定标准、评定结果,确定运动员的实际情况,以便帮助教练员修改指导方案或根据训练模式目标设计下一步的训练计划。经过如此多次闭环式的控制过程,使运动员的训练结果科学地、逐渐地逼近训练模式中提出的发展目标。

图 4-2

模式训练法的应用,至少经历三个步骤。

第一步,按照检测项目的要求测验,并对照评分标准找出与检测成绩对应的标准分数,遵循"综合性、均衡性、适应性"的计算方法评出等级,得出运动员的基本现实情况。

第二步,根据训练模式,给运动员定出下一阶段的发展目标和任务,并根据差距,确定训练重点,选择训练手段,进行严格的模式训练。

第三步,在预定的时间按照检测项目的要求检验,以检查模式训练的结果,并对照评分标准,找出问题与不足,也就是重复第一步。

至此,可以看出模式训练法的应用过程实际上是一种周而复始、循序渐进的过程,模式训练法的应用关键是建立训练模式。

十一、CAD 训练法体系及应用

CAD 训练法是依靠计算机技术的训练方法。CAD(Computer Assistant Direction)的意思是计算机辅助指导。CAD 训练法是现代运动训练控制原理与现代科学技术高度结合后创造出来的高科技训练方法。

CAD 训练法的基本功能主要是:将错综复杂的训练目标转化为人体目标体系,使训练目标的确定、训练过程的监督、训练结果的评判在定量分析、自动分析的基础上;把多种训练内容转成系统化的内容体系,使训练内容结构、训练手段选择、训练进程安排放在逻辑分析、自动分析的基础上;模拟过程状态、预测训练结果、收集反馈信息,使运动训练更加有效。

(一)CAD 训练法基本结构

CAD 训练法的基本结构是由信息传感装置、中央处理装置、信息显示装置、信息存储装置以及 CAD 训练软件组成。

信息传感装置是计算机接收信息的装置,犹如人体头部的五官,其作用是采集、接受信息,把它们传入中央处理装置,使训练中的各类信息经传感装置转化为可以处理、分析的信息。

中央处理装置是计算机分析信息的装置,相当于人的大脑,其作用是根据 CAD 训练软件传过来的信息进行处理、分析、加工,并将结果传入信息显示装置。

信息显示装置是用来输出计算结果,并使计算结果或分析结论具有可读性的物理装置。

信息存储装置是一种可将各类原始信息、指标进行储存,并使储存的信息在计算机中央处理装置的处理下,可以反复再次处理、加工和使用的装置。

CAD 训练软件是一种利用计算机技术分析、处理训练信息的计算机程序。信息传感装置、中央处理装置、信息显示装置、信息存储装置都是硬件设施,CAD 的训练分析程序是软件设施。

(二)CAD 训练法基本特点

1. 自动化

CAD 训练法实施的整个过程是以 CAD 训练软件为控制依据。由于训练目标确定、过程监督、结果评定、信息反馈、方案修正等过程环节可以借助计算机自动处理,因此,加快了科学设计、控制训练过程的步骤。

2.菜单化

CAD训练法所依据的CAD训练软件,是由多种子程序系统组成。其中,各子程序既可独立操作使用,又可共享信息资源,这就极大地提高了控制训练内容发展进程的灵活性和科学变更训练过程的效率。

3.一体化

CAD训练法所依据的软件与硬件,是为了科学控制训练而设计出来的,实质上是将高科技技术的原理与运动训练相结合,增加了训练的科学性,加强了控制训练各个环节的力度。

(三)CAD训练法的应用

在实际训练过程中,CAD训练法有着广泛而具体的应用。CAD训练方法的应用领域有辅助规划训练过程、辅助诊断训练结症、辅助仿真模拟动作、辅助安排运动负荷、辅助临场统计分析、辅助设计运动战术、辅助制定训练方案等。这些方法经过近年来科技发展得到很多的应用,特别是遥感技术、信息技术等技术的引入,CAD训练法已经取得很好的效果。

辅助规划训练过程方法是指通过计算机辅助设计软件,根据运动训练工程结构及其要素,科学合理地制定不同时期训练任务、内容、指标、方案的方法。其作用是帮助教练员科学设计训练计划、编写训练方案、调整训练进度、提出改进措施。

辅助仿真模拟动作方法是指利用力学方法以及动画分析软件,动态模拟人体技术动作,指出关键环节及其影响要素,帮助运动员进行模拟训练。其作用是:协助教练员解决训练中的难点、模拟技术过程、预测技术效果、调整技术动作。

辅助诊断训练结症方法是指采用检测手段、数学模型、相应分析程序和标准指标,对影响训练效果的"病症"提供科学诊断结论,从而改进训练方案。作用是协助教练员监督训练过程、评定训练结果、诊断训练缺点、提出改进方案。

辅助设计运动战术方法是指采用三维动画技术,把各种训练动作绘制成各种立体动态模型的方法。其作用是帮助教练员确定战术思想、确定比赛方案、制定比赛对策、讲解比赛结构、强化战术意识。

辅助安排运动负荷方法是指运用相关测试手段、数学模型以及分析程序,提出机体承受负荷刺激参数的方法。其作用是:帮助教练员分析运动员的现实状况、评定身体机能、安排运动负荷、检查训练手段的效果、确定负荷性质。

　　辅助临场统计分析方法是指利用光学摄像手段和相应的分析软件,进行临场技战术统计分析的方法。其作用是:协助教练员捕捉运动员临场的极端状态、重点记录场上发挥、发现竞争对手的弱点、调整训练和改进比赛的主要策略。

　　总之,CAD训练法运用了计算机技术、遥感技术、传感技术、电子技术和机械技术等软硬件,结合生物学、物理学、训练学、数学等原理与方法,所创造出来的用于控制运动训练过程的高科技训练方法。实践证明,CAD训练法是符合时代发展的新一代训练控制方法,正逐渐被各国优秀运动员所接纳。

第五章　现代运动训练的科学管理研究与审视

体育管理是管理的重要组成部分,并且体育运动事业的发展离不开体育管理的规范和引导,这对于现代运动训练来说同样如此。通过进行相应的管理,可以使运动训练变得更加科学、高效,保证运动训练得以顺利开展,并获得理想的运动训练效果。本章就现代运动训练的科学管理进行研究与审视,内容包括运动训练管理体系概述、高水平运动队的训练管理、高校及职业俱乐部运动员的训练管理以及竞技体育后备人才的训练管理。

第一节　运动训练管理体系概述

一、运动训练管理的概念

就目前来看,对于运动训练管理的概念,学术界并没有形成一个统一的认识,国内和国外的很多学者都进行了这一方面的研究,也形成了很多观点和表述,下面就其中具有代表性的观点进行阐述。

(1)运动训练目标是运动训练得以开展的根本出发点和最终归宿,以最终促使竞技体育目标得以顺利实现。

(2)运动训练管理是一项综合性的活动过程,它是指教练员等管理者通过采用科学管理方法、手段,对训练过程进行计划、组织、控制和监督等。

(3)对于运动训练管理来说,它虽然不是对运动训练规律进行研究,但在管理的过程中也要遵循这些规律。

(4)运动训练是针对运动员进行系统改造的一项活动过程。在这一系统改造活动的各个方面都会涉及运动训练管理的相关内容,这既很好地丰富了运动训练管理的内容,同时其任务也变得更加艰巨、复杂。

由此可见,运动训练管理就是指在对运动训练客观规律进行遵循的基础上,运动训练的管理者和管理机构为了促使运动训练系统目标得以顺利实现,通过采用有效的方法和手段,所进行的计划、组织、领导、控制等一系列的综合性活动过程。

二、运动训练管理的特点

(一)全面性

随着时代与科学技术的迅速发展,现代竞技体育中,运动员的竞技能力的构成因素越来越复杂,运动员的竞技能力的高低已不再是仅由单一或几个因素的优劣来决定,而是众多因素的相互作用。因此,为了提高运动员的竞技能力,就必须拓宽运动训练的范围,就有必要对运动训练整个系统进行科学化与全面的管理,把握运动训练体系的总体特征,兼顾局部利益,避免在竞技体育比赛中出现重局部利益轻全局利益情况的出现,避免以小失大。

(二)系统性

运动训练管理是一个完整的系统,它包含了很多方面的因素。这使其具备了系统性特征。在现代竞技体育运动中,对全年程序化的系统训练加以推行是现代运动训练最为显著的特点,它是一种对运动员从开始接受基础训练,直至达到个人运动竞技水平的高峰,到停止参加竞技训练活动的整个训练过程。只有使运动训练的系统性得到有效保证,才能更好地保证运动员的竞技水平,不管是进行微观层面的训练过程还是宏观层面的训练过程,都要将其系统性的特征予以体现出来。

(三)动态调整性

要实现现代运动训练目标,除了受其自身因素影响外,还会受到强烈的外部因素的影响。常见的运动训练外部因素主要包括以下几个方面。

(1)竞争对手的情况。

(2)比赛规则的改变。

(3)比赛场地和比赛器材的特点。

(4)比赛具体的分组情况,等等。

运动训练的内部因素主要包括运动员的身体机能、性别、年龄、心理水平、运动水平等方面。

在运动训练整个系统中,其内部和外部因素的改变都会对运动训练目标产生相应的影响。这就要求运动训练管理要对运动训练的内部和外部各相关因素的变化进行准确、及时的把握,同时根据内外部环境的改变来动态地调整整个运动训练系统的计划和组织,从而为运动员科学、有序地参与运动训练以及实现运动训练目标提供重要保证。

三、运动训练管理的层次结构

运动训练的宏观管理即指从国家层面对于整个国家运动训练活动进行的管理。包括国家对运动训练的管理体制和管理机制，以及政策、法规的制定和大赛的系统设计等。

运动训练的中观管理即指在宏观管理层组织指导下，对一个或一组竞技运动项目的管理。当前，我国采取组建运动项目管理中心的组织形式，对所属项目（一个或一组）的训练过程、竞赛组织和国际参赛项目的发展进行专项化的管理。

运动训练的微观管理是指针对训练活动中各项具体工作所实施的管理。包括计划制定、训练实践、科学评定、效果反馈、适时调整等一系列工作。

伴随着现代竞技体育职业化、市场化、产业化、社会化的发展，我国运动训练管理的结构和体系（图 5-1）也产生了非常大的改变。在政府管理体系继续发挥主导作用的同时，协会、团队和企业在竞技体育、运动训练的管理中，日益起着重要的作用；微观管理方式由过去简单的人、财、物管理，逐渐演变为功能管理、过程管理、目标管理、质量管理、信息化管理等。

（一）运动训练的宏观管理

作为我国运动训练主要的管理部门，国家体育总局代表政府行使相应的管理权力，并对全国各个省区市的运动训练实施业务管理，并对我国体育的训练方向和发展战略进行指导，代表国家组织中国体育代表团参加奥运会、国际比赛等。在内部，对各个项目管理中心进行专业化管理和行政化管理，对各个项目管理中心的训练设计、竞赛组织和市场开发等给予原则上的指导，不断提高我国竞技项目发展水平，以达到为国争光和促进发展的目的。

（二）运动训练的中观管理

各个运动项目管理中心的主要工作就是对我国各个竞技体育运动项目的训练组织、竞赛管理、市场开发等。管理一组项目的中心又针对不同项目设立项目部，具体落实该项目的"奥运争光计划"，设计年度赛事系统并进行全运会参赛组织工作，对国家队进行组建和管理，联系国际单项联合会，组织教练员和优秀运动员参加相应的国际比赛；并协助国家级单项比赛的组织以及提供技术服务等工作。

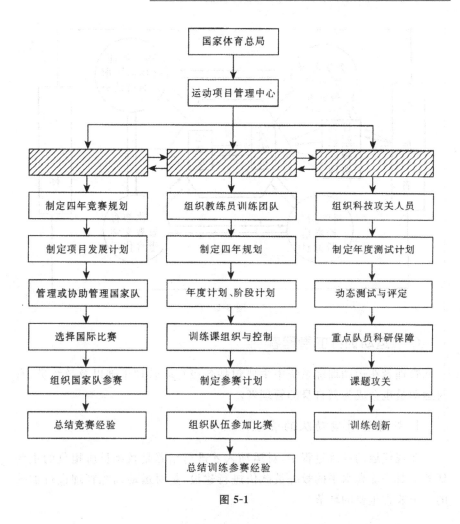

图 5-1

(三)国家队运动训练的微观管理

微观管理主要是针对每一个体育项目的国家队进行组织实施。国家队负责选聘教练员,组织管理、教育运动员,组织科研人员、制定训练规划和各类与训练相关的文件,参加比赛的组织准备工作,落实项目管理中心的训练指导思想。

四、运动训练管理系统构成

从运行训练管理的概念可知,运动训练管理系统主要有管理者和被管理者所组成,并且是以教练员和运动员的训练关系作为核心的系统(图5-2)。在这一系统中,最为基本的要素有三个,分别是管理者、管理对象和信息。

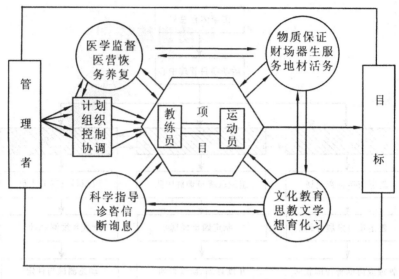

图 5-2

（一）运动训练的管理者

管理者在运动训练系统中主要包括各级行政管理干部以及教练员,有时运动员也会成为其自身的管理者。

1.教练员对运动队的管理

在现代运动训练过程中,对运动人才进行培养是教练员所担负的主要任务。对一支高水平的教练员队伍进行建设,是对运动训练管理进行加强的一个非常重要的环节。

2.运动员的自我管理

运动员对自身的管理是现代运动训练中的关键因素,有助于现代运动训练的管理队伍的形成。

3.其他管理人员

随着现代运动训练逐渐向科学化发展的加深、加强,在运动员的医务监督、科学指导和文化教育以及物质技术保证等方面的要求也是越来越高,这在客观上就促使运动训练的内容向深度和广度进行扩展,这就也需要领队、医师、文化教育人员和相关科研人员以及其他人员的相互密切配合。

总之,不论是居于何种层级的运动训练管理系统中的管理者(尤其是一个系统中最高职位的管理者),从本质上看,在运动训练管理系统中,他们都是主观能力的代表者和体现者,同时也是运动训练管理系统整体行为的主导者、指挥者。

由此不难看出,决策是管理者的核心职能,这主要是因为通常所说的管理者的具体职能活动,无论是监督、控制,还是计划、组织等这些都要通过决策来实现。这就要求每一名管理者都必须要具有较强的决策能力。如果只是将运动训练管理者的专业局限在运动训练,那么这种认识是非常偏颇的。实质上,只要是管理者,其专业都应该是管理专业。当然不能否认运动训练管理者必须了解和掌握有关运动训练的规律,但这是第二位的。

(二)运动训练的管理对象

从广义的角度来讲,运动训练的管理对象主要包括运动训练管理系统中所包含的人员、经费、场地、设施、仪器器材以及训练体制、机制等,对于运动项目的管理来说,决策是其中的一个非常重要的,不容忽视的内容。

从运动训练管理最直接、最基本的作用目标来看,运动训练管理系统是运动员(队)或由教练员与运动员组成的运动训练系统,运动训练及其管理的一切效果最终要通过运动员(队)或由教练员与运动员反映出来,因此运动员(队)或由教练员与运动员是运动训练管理最主要的管理对象。

从运动训练管理系统来看,运动训练管理是以人的管理为重点的。从本质上说,运动训练过程也是一个对人的身心直接实施深刻改造的过程。所以,运动训练管理更应当对人的研究予以重视,要真正地将运动员作为"人"来进行研究。从辩证唯物主义角度看,人是其意识和肉体构成的矛盾对立统一体,人的本质是他的意识、思想或智慧,人的一切社会实践行为是在其意识支配下活动的。因此,在运动训练管理中,要对教练员和运动员等人的思想(行为的内因)管理予以高度的重视,这也是对人力资源进行开发的关键所在。就这一层面的意义来说,对运动员的思想与环境相互作用的规律进行研究,从而实现对运动员作为管理对象的行为进行有效管理是运动训练管理的本质核心。

随着运动训练管理系统层次的逐级上升,低层次的运动训练管理系统的管理者就成为高层次运动训练管理系统的管理对象。可以说,所有居于最高管理层次以下的子系统都是其上一层次系统的管理对象。虽然从不同层次可以有不同的管理对象,但必须对管理的基本对象有最深刻的认识。

(三)信息

从哲学角度看,信息就是指事物(系统)之间的所有联系或相互作用。由此可见,运动训练管理系统内外的各种相互联系或作用,都可以称为"信息"。信息包括内信息和外信息。

1.内信息

运动训练管理系统的内信息是指管理者教练员与管理对象运动员之间的相互作用和联系,它包括作用信息和反馈信息。

(1)作用信息

作用信息是运动训练管理者根据运动训练管理目标对运动训练管理对象施加的各种物质性和精神性作用,引起管理对象的运动,进而使运动训练管理系统从初始状态向目标状态转移。

(2)反馈信息

在运动训练管理中,管理对象对作用信息的反馈,即为反馈信息,它是对运动训练管理效果的反映。通过这种反馈信息,运动训练管理者能够从中发现运动训练管理系统的实际状态,以及同计划目标的偏差,从而达到消除偏差,实现目标的目的。这种作用信息与反馈信息的相互作用和往复循环构成了运动训练管理系统的管理实践活动。

2.外信息

所谓运动训练管理系统的外信息是指,运动训练管理系统与环境的相互作用和联系。外信息是该系统运动、变化的外因条件和它对环境作用的功能效果,它可以分为对系统的输入和输出两种信息。

(1)输入信息

所谓输入信息是指环境对运动训练管理系统所产生的作用。它主要包括国内和国外的情报或高一层次运动训练管理者的指令,有时就是上级所下达的运动训练管理的目标。在运动训练管理系统中,输入信息能够对整个管理活动产生非常重要的影响,特别是上级所下达的运动训练管理目标,它是运动训练管理者行使管理职能的重要依据,如运动训练计划的制定。因此,它就成为衡量全部管理质量与效果的标准。输入信息十分复杂,还包括社会生活各个方面对管理系统的作用,其中包括大量扰动信息及不利因素的作用。

(2)输出信息

所谓输出信息是指运动训练管理系统对环境所产生的作用。它能够对整个运动训练管理的实际状况进行反映。如完成管理目标或计划目标的情况、取得的社会效益、经济效益和存在的问题等。

总的来说，输出信息能够将整个系统的价值和社会生活中的实际功能作用予以体现出来，同时也是对上级指令进行反馈，所以说它也是高层次运动训练管理系统中的重要组成部分，是上级有效管理运动训练管理系统的一个非常重要的依据。

第二节 高水平运动队的训练管理

一、高水平运动队训练管理的工作体系

在运动训练活动中，运动队是其基本组织单位。对运动队训练进行管理，其工作体系主要包括训练决策、训练实施、科学支持、医学保障以及生活和物质保障这五个子系统。

其中，在整个工作体系中，训练决策系统是其中的核心之所在，而整个工作体系的重心是训练实施系统，它是由教练员和运动员所构成的。而科学支持系统、医学保障系统以及生活与物质保障系统都是在训练决策系统的统一指挥下，以训练实施作为中心来完成训练和比赛目标的需要，从而为教练员和运动员的比赛和训练活动提供全方位的服务和保障。

(一)训练决策系统

对于整个运动队的训练工作，训练决策系统从中起着领导作用。在我国高水平的运动队中，存在着很多不同的管理模式。就目前来说，被广泛采用的管理模式主要是领导下的领队、总教练进行分工负责制。

1. 领队的角色和功能

在我国运动队中，领队是比较常设的角色，在不同的时代，领队所扮演的角色和功能也会发生变化。

在领队负责制的队伍里，领队主要是对队伍的年度计划和长远规划的制定进行负责，并负责运动队的思想政治工作，对教练员、运动员进行管理以及科研组织协调工作。

在总教练、主教练负责制的队伍里，领队协助总教练做好队伍的管理工作和后勤保障工作。

在领导下的领队，主要负责行政领导、队伍保障以及对外联络、参赛组织等。

2.领队是运动队一线的协调员和指挥员

现代竞技水平的快速提高,领队的自身素质也要得到相应的强化,如果单纯依靠服务型和行政型的角色是很难满足时代需要的,领队需要对专业化的理论知识进行学习和掌握,并掌握现代管理的理论知识。随着竞技体育社会功能的日益强化,运动队的思想状况不断地发生变化,管理的模式也必须做相应的调整,多元管理和科学管理应予大力倡导。

3.领队在进行管理的同时也要对运动队的文化素养加强建设

没有良好文化素养的队伍,就难以营造出积极向上、和谐持久的训练氛围。现代竞技体育是充满活力和拼搏的行业,具有丰富的时代精神元素,提炼竞技文化和团队文化的合理内核将会促进教练员和运动员训练主动性和能动性的提高。

(二)训练实施系统

提高运动员的竞技能力和创造新的更高水平的运动成绩,永远是运动训练工作的主题。由教练员和运动员组成的运动训练实施系统直接承担着提高运动员的竞技能力和创造新的更高水平的运动成绩的任务,教练员和运动员是运动训练工作第一线的将士。

1.教练员

在训练实施过程中,教练员起着主导作用,一名优秀的教练员可以塑造出一支优秀的运动队。在我国出现了许多著名的教练员,他们的智慧和经验是我国竞技运动水平提高的宝贵财富。伴随着现代运动训练水平的快速发展,这也对教练员提出了更高的要求,也越来越需要具有多学科知识结构的教练员的协作。所以,在我国国家队建设中也明确提出了构建复合型的训练团队。

(1)教练员分类

训练科学化水平的不断提高,教练员的功能也变得更加丰富起来,从单一的教练负责制发展成为现在的总教练、主教练、主带教练、教练和助理教练以及科研教练等多类教练共存的局面。教练员扮演的角色不同,其所应当承担的职责也是不同的。

总教练对训练肩负全责,在具体工作中需要对单项教练的意见进行广泛听取,集中全队的智慧甚至是全国教练员的经验教训来对自己的工作规划进行完成。尤其是在对各个项目长期发展计划进行制定方面。如四年一届的《奥运争光计划》以及年度计划框架,确定主要的参赛场次等。

主教练和主带教练主要是对一支队伍或若干运动员的训练进行负责,并向总教练负责。其主要任务就是对总教练制定的计划内容进行落实,并对运动员进行具体管理,指导运动员参与各类比赛,以更好地创造出优异成绩。

教练员和助理教练的职责是对主教练或主带教练落实训练计划提供协助,指挥比赛和对运动员的生活、心理和思想等多个方面进行深入细致的工作,使训练效益得到细化和优化。

科研教练协助专项教练推进训练工作的科学化水平,是提高专项训练过程科技含量的主要成员,常规工作主要包括测试、分析、评价、反馈以及提出改进训练工作的建议。

(2)在运动训练管理中教练员的角色定位

①总教练是训练管理工作的决策者和引导者。促使运动员的训练水平得以全面提高是运动训练的核心工作和主要任务。总教练所扮演的角色主要有以下两个。

A.对于训练过程来说,总教练是主要设计者。

B.对于训练活动来说,总教练是引导者,处在龙头地位。

可以说对于项目运动来说,总教练的水平会对该项目运动水平产生重要影响。

②教练员是运动队管理链中的信息沟通者。运动队中,教练员对训练工作最有发言权,所以对于本项目运动训练发展的最新动态和与本运动队有关的其他运动队的信息,教练员要进行及时、全面掌握,并向领队和其他管理人员及时通报信息。教练员平时与运动员接触时间最长,最了解运动员的身体、生活和思想情况,所以教练员应将运动员的情况及时、全面地向领队等管理人员提供,以便于他们对全队的管理工作进行更好的组织。

③教练员是运动队人际关系的协调者。从管理角度讲,对运动员的积极性进行调动是运动队顺利完成各个训练任务,获得优异运动成绩的关键。但由于受到各种因素的影响,运动员相互之间有时会产生一些矛盾。在对运动队相关的规章制度进行制定的过程中,队内各种成员相互之间很可能会产生一些摩擦和矛盾。教练员应该从维护正常训练工作秩序出发,协助领队做好其他人员,特别是运动员的工作,化解矛盾,协调关系。

在运动队中,教练员与运动员之间产生矛盾也是一个比较常见的现象。当这一情况出现时,教练员要对双方的关系进行积极调整,对自己进行客观对待,对运动员的个性予以尊重,服从真理,不能将个人的面子和"威信"放在不适当的位置来处理同运动员之间的矛盾和分歧。特别是对训练工作中的不同看法,教练员更不宜固执己见,应该多听取运动员的不同意见或设想,因为,运动员对训练的感觉往往更直接、更深刻,体会更深。

(3)教练员的基本素质

作为一名教练员,其应具有以下几个方面的基本素质。

①具有高度负责的事业心、强烈的奉献精神以及高尚的道德情操。

②具有广博的基础理论知识和扎实的专业知识。

③具有创新能力以及专项训练操作能力。

④适应运动队生活环境的能力。

2.运动员

运动训练的开展,其目的就是促使运动员的竞技水平得到全面提高,所以运动员是运动训练管理的对象,同时也是运动训练管理的主体之一。

现代高水平运动员的角色功能已经发生了非常巨大的变化,不再是以往传统意义上的被动式训练的运动员。

(1)运动员在运动训练管理中的角色定位

①运动员是运动队管理工作的主要对象。

②运动员是运动队管理工作的积极参与者。

(2)运动员的基本素质

①具有强烈的进取精神和高度负责的事业心。

②坚忍不拔、顽强拼搏的意志品质。

③强烈的学习追求与准确的独立分析、判断和理解能力。

④高度的自控能力和抵御不良思想及落后意识的能力。

(三)科技服务系统

在运动训练过程中,"科学技术是第一生产力"得到越来越多的体现。20世纪80年代,提出了构建"科技先导性运动队"。在我国参加的六届夏季奥运会的备战中,科研意识越来越浓,训练的科技含量越来越大,科研人员地位越来越高,"科—医—训"一体化的趋势正在形成。科研人员已经成为现代训练的主要参与者,成为训练活动不可缺少的构成要素。

1.科研人员在运动训练管理中的角度定位

(1)科研人员是运动训练管理的协助者

协助教练员促使训练质量得以提高,并提供科学的数据对教练员的计划的科学性进行检验,是科研人员的主要任务,但其自身不具备管理职能。促使训练效益得以提高是运动训练管理的核心,科研人员通过进行生理、心理、生化、技术等方面的相关数据分析,能够为领队和教练员提供更为充分的依据,来更好地帮助他们对运动队进行良好的管理。因此,他们又是运动队里颇受欢迎的角色,与运动员、教练员是合作伙伴,并构成目标一致、利益共享的复合体。近年来,科研人员大量参与某些项目国家队的训练指导,逐渐变成"科研教练"。这是科研人员参与训练管理的结果,也是丰富科学训练内涵的措施。

(2)科研人员是科学训练氛围的营造者

虽然说我国运动队的基本素质得到了很大的提高,教练员、运动员的学历水平也得到了提升,并开设了很多教育培训课程,但科学训练的知识仍然需要进行不断地充实和丰富,并且要进一步加强科研意识。科研人员在队里不仅可以提供具体的服务项目,而且通过科学知识的普及能够营造一个良好的科学训练氛围,加大教练员和运动员对科学训练的认同,加快科学训练知识的学习提高。

2.科研人员的基本素质

(1)培养系统思维能力,全面解读专项训练全过程

对于科研人员来说,在专项训练方面,他们往往比较缺乏相应的经验,但比较熟悉科学检测手段,特别是现代医学技术的发展,对于指标的检测也越来越简便快捷。许多科研人员形成生物学模式化思维,不能对训练过程进行全面解读,导致对指标分析出现与实际状况偏差的现象。这种现象启示参与训练攻关的科研人员,需要掌握更多的训练学、管理学和人文科学知识,从多个角度理解训练的科学内涵和系统结构,将自己的攻关行为纳入准确的训练坐标中,才能形成复合型训练攻关团队。

(2)树立服务意识,全面提高科技攻关和科技服务质量

无论是科技服务还是科技攻关,科研人员所发挥的作用都需要通过训练水平的提高和运动成绩的进步得以最大限度地表现出来。这就要求在训练过程中,科研人员要树立起服务意识,既要提供具体的技术支持,同时还要提供理念方面的服务。

(3)自觉追求自身价值实现,力争成为"一专多能"型人才

现代高水平的运动成绩是高科技、高技术、多学科知识的结晶与综合,每一次训练方法、手段的创新,器材的改革和观念的转变都会带来运动成绩的进步。

最为重要的是,在训练中科研人员能够找出教练员尚未发现的问题并提出相应的解决方案,从而成为训练进步的真正动力。科研人员只有对一个项目进行长期关注和研究,才能逐渐领悟这一项目的本质,才能培养出敏

锐的触觉,一步一步得到教练员的认可和比赛的检验。就目前的训练状况来看,运动队最需要的就是"一专多能"型人才的介入,这一趋向提示科研人员不仅要研究本学科的理论与实践的结合问题,还需要扩大视野,汲取更多的知识来丰富专项思维储备,为训练创新奠定基础。

(四)医学保障系统

作为一个比较复杂的系统,训练需要很多人员的共同参与和支持,除了科研人员之外,队医也是运动队中非常重要且不可缺少的角色。队医的主要任务就是对伤病进行防治,缓解运动员在运动训练之后肌肉酸痛,将疲劳尽快消除掉。队医的工作性质带有瞬时性、跟踪性、超前性等特征,队医要牢固树立"不治已病治未病""有病先治,无病先防",尽量杜绝伤病出现。此外,队医还要对伤病防治的相关知识和自我恢复的手段进行普及,促使运动员提高自身的防范意识。

(五)生活与物质保障系统

后勤工作人员应保障教练员、运动员以及各类工作人员的衣食住行,以满足训练和比赛的需要。

二、思想教育

运动队思想、作风教育是一项长期的、持之以恒的工作。

代表国家、省区市参加重大的比赛是高水平运动队的主要任务。这就要求高水平运动队,除了要技术过硬之外,还要具有顽强的作风和过硬的思想道德素质教育。

根据运动队的特点,思想、作风教育包括以下基本内容。

(1)热爱祖国、热爱人民的教育。

(2)组织纪律的培养。

(3)集体主义、团队精神的渗透。

(4)坚韧不拔、顽强拼搏精神的强化。

(5)互相尊重、助人为乐精神的教育。

要对"祖国培养意识"进行强化,并要始终铭记,成为一名优秀的运动员,国家在培养方面付出了非常大的代价,人们也付出了辛勤的劳动,特别是在获得成绩的时候,祖国培养意识对于运动员的自我评价及价值观的形成将产生重要影响。

运动训练竞赛中,教练员和运动员长时间的接触、交往,训练场比赛场是思想、作风教育的重要阵地。要对这块阵地加以充分利用,要将思想教育和作风教育融入训练比赛之中。此外,在日常生活中也要注重思想、作风教育,创造思想、作风教育的最佳意境,找好切入点,在不同时期侧重不同的教育内容,并时常组织必要的理论学习,不断提高运动员的理论水平和思想境界。

在由计划经济向市场经济过渡的社会大环境中,训练必须面对各种传统的落后意识和社会不良倾向、行为对队伍所造成的影响和冲击,必须抵制形形色色腐朽、没落思想文化的侵蚀。因此,运动队管理必须建立和完善与改革开放相适应的教育管理制度。

三、训练竞赛管理

(一)训练计划管理

训练计划是训练实施的基本文件,是对未来训练活动的理论设计,所以它是教练员和运动员完成训练任务的依据,对训练计划进行科学制定和实施是运动训练获得成功的重要保证。根据训练计划时间的长短,可以将训练计划划分为多年训练计划、年度训练计划、阶段训练计划、月训练计划、周训练计划、日训练计划、课训练计划,或大、中、小周期训练计划等。训练计划的内容主要包括对现状的分析、目标体系、训练指导思想、训练阶段划分、负荷安排等具体措施。

对于训练计划的制定、评议、检查、修订、总结等方面的规章制度应进行建立和健全,教练员和运动员在制定训练计划时,其基本要求是规范、系统、负荷训练原则、具有较强的可操作性。

(二)参赛管理

高水平运动队参加的运动竞赛规模大,数量多,水平高,重视竞赛效益。

面对重大的赛事,对于参赛运动员的选拔主要采用公开竞争或者由教练组指定的方式进行。

所谓公开竞争是指通过队伍内部的比赛或参加一些专门的比赛,并根据比赛成绩来对最终参赛人选进行确定。例如,中国乒乓球队通过队内大循环赛选拔参加世乒赛的参赛选手。

教练组指定的方式是指教练组在特定情况下根据比赛的具体任务以及培养队员的需要,通过研究来对参赛人选进行确定。

这两种选拔方式,各有其利弊。公开选拔缺乏对整个队伍发展的全局观,而教练组指定在某种程度上缺乏说服力和客观性,因此有时采用两种方式结合的方法进行选拔。

在比赛中,对于教练员的技战术安排和要求,运动员要坚决服从,对团队精神进行充分发挥,相互帮助、相互鼓励。要对裁判、对手和观众给予充分的尊重。在比赛前,对比赛用品进行认真准备,在比赛结束后要对个人和集体的装备进行清点,以避免出现遗漏。我国优秀选手在参加悉尼、雅典奥运会的过程中,总结出系统化、整体性强的参赛准备方法——程序化参赛,这是参赛科学管理的探索与结晶。

在系统理论中,程序化是其中的一个非常重要的研究内容,只有程序化,才能实现节省化。程序化参赛主要是利用时间、空间、生理、心理等多种因素的有序安排和实施,为运动员提供脉络清晰的操作路径,为运动员尽可能表现出自己应有的竞技能力提供客观保证。

在对程序化参赛方案进行制定时,要注意以下几点。

(1)制定的参赛方案,其时间要贯穿一个赛季,每一个小的比赛和实战模拟都要制定相应的方案,以期为逐渐到来的大赛做好准备。

(2)参赛方案系统性。每一个层面的参赛人员都要制定参赛方案,以营造优势比赛心理和比赛环境。

(3)参赛方案中很重要的就是准备活动的细化、层次化、系统化,通过采用不同的负荷强度和手段来对不同的生理系统进行激活,以使运动员的生理性达到最为适宜的比赛状态。可以采取两次、三次甚至是多次动员的方法进行,特别重要的是使心肺功能、肌肉系统和中枢系统充分动员和协调起来,对能量代谢系统进行充分激活。

(4)战术方案。根据角色不同需要具有丰富的程序性训练储备,来适应复杂和艰苦的比赛。

四、组织人事管理

高水平训练管理本质上是对运动队人力资源的整合和管理,国家体育总局提出要建立国家队复合型训练团队,本质上就是启动国家队人力资源的重新整合。

(一)对系统选拔制度和管理体系进行构建

对于运动训练的人力资源,建立系统的选拔制度是非常必要的,教练员可以通过多种途径参与选拔,如自我推荐与单位推荐、公开演讲、专家评议、成绩评估、试用观察、阶段考核、系统培养等,以促使教练员的选拔管理体系得以不断提高,并促使整体项目教育水平得以提高。

对于运动员,要建立本项目优秀运动员参加奥运会的科学的选拔体系,有效地促进更多的优秀运动员脱颖而出。

选拔体系需要对以下几个准则进行遵循。

（1）从时间序列上提前确定选拔日程。

（2）选定国际比赛、国内赛事和国家队组织的比赛多种赛事相结合的办法，切忌"单打一"，导致出现不均等竞争的情况。

（3）可以采取积分制的比赛选拔办法，量化运动员的选拔得分。

（4）选定其他非专项测试选拔指标时，要提供充分理由。

（二）建立科学的培养方法，提高人力资源的综合素质

每一个层次的人力资源都需要进行培养，以促使他们能够紧跟信息时代的步伐，具体如下。

（1）管理人员要对管理科学的知识进行丰富。

（2）教练员要对国际动态变化的趋势进行了解，对训练理念进行更新，促使创新能力的提高。

（3）科研人员要对项目的本质规律不断深入探索，对训练过程变化的特点以及项目制胜的博弈规律进行充分掌握，使自身的专业优势得以充分发挥，提高自身的问题发现和分析的能力，并提高自身的辩证思维能力。

（4）运动员要促使自身综合素质得以提高，并提高自身的专项智能，提高参与运动训练的能动性和积极性。

为了更好地对教练员和运动员加强培养，我国国家队常采取以下几方面措施。

（1）进行建立定期培训制度。

（2）理论研究的硬性指标，要求每年撰写 5 000～10 000 字的专项理论文章。

（3）开展对运动员状态诊断重点研究的制度，对教练团队动态分析问题的能力进行着力培养。

（4）对科学培养教练员素养的方案加以制定，注重科研工作的使用，提高指标分析水平，对教练员科学训练的主体地位进行加大建设。

（5）对教练员的外语能力进行加强培养，加快国内教练员国际化的进程，以便于对专项训练信息的国际动态进行动态捕捉，扩大国际交流，增强国际交流的力度。

五、科技服务管理

科技服务管理就是针对训练过程中的科研活动所进行的相关管理工作。对于科研管理来说，科研人员和科技攻关过程是其中的重点。对于现代运动训练来说，科技攻关和科研服务是其中成功备战的经验，随着逐渐增

强的科学训练意识,科研人员的数量也在不断增多,科技攻关的项目得以不断丰富,科研管理的形式和内容等也在发生着深刻的变化。

面对现代高水平训练,需要建立一支多维化的科技攻关团队,重点围绕项目本质特征、训练体系构建、奥运攻关难点、训练各个环节创新等进行攻关。在科技攻关组织上,以体育内部科研资源为依托,注意吸纳具有条件的国内外科学研究机构和体育院校的人才资源充实到队伍中。

(一)重视科技服务的工作流程

每一支运动队都要对自己专项所常用的指标进行选定,并在各负荷前提下对指标评价系统进行制定,并将有效、实用、操作性强作为标准;对科研人员进行标准化的测试培训,促使其对问题的综合分析能力得以提高,对指标价值的动态性和综合性进行熟悉,并对多项指标的主要价值加以了解,同时具有前瞻性,科学地预测运动员的状态,从而为更好地提高训练质量提供导向性支撑;运动队科研层次可以分为五个层次即测试服务型、科研分析型、课题攻关型、训练创新型和科技先导型。

(二)建立数据库,提高科学训练的定量化水平

在进行测试和分析时,科研人员要建立一定的数据分析程序以及分析步骤,以便对各个指标之间的价值和意义进行准确的界定。要注意对训练过程中的科研数据进行积累,扩大信息化平台的建设,以信息化来更好地带动科学化。

(三)建立制度化的运动训练科研管理制度

在我国训练科研管理发展方面,制度管理是其中的必然趋势,就目前科研管理来看,其主要包括科研计划实施的管理、科研立项的管理、科研成果的管理、科研信息的管理、科研人员的管理、科研经费的管理、科研合作的管理以及科研奖励的管理,等等。

六、运动员业务和文化学习管理

对于运动员的竞技能力来说,运动智能是其重要的构成要素之一,在运动员的发展提高方面,文化教育、业务教育已成为其中的非常重要的因素。但在我国,大多数运动员都是从小进行专业化的训练,能够进行系统学习的少之又少,没有能够很好地解决学训矛盾。另外,部分运动队的教练和管理人员的文化知识储备不足,对运动员文化教育缺乏足够的重视,没有建立适合运动员训练和学习同时提高的机制,最终造成了运动员文化素质不高的

现实,需要我们认真地予以解决。

高水平运动队的财务后勤管理要有专人负责,严格遵守财务制度和各项规章制度,保证运动员完成训练和比赛任务的需要。

第三节　高校及职业俱乐部运动员的训练管理

一、高校优秀运动员队伍的训练管理

(一)高校优秀运动员队伍的来源

对于高校优秀运动员队伍来说,其主要来源包括两个途径,具体如下。

第一,对于专业队高水平退役队员实行免试录取。

第二,针对体育特长生组织特招考试进行录取。体育特长生,一部分来自于中学体育代表队,另一部分来自于地方体育运动学校。

(二)高校优秀运动员队伍的管理和教育

高校优秀运动员队伍中,有很多运动员的文化基础比较薄弱,文化水平低,在进入学校之后忙于训练和比赛,学习方面缺乏系统性,学业缺乏正规性,甚至一些运动员常年在外,这就需要高校要进一步加强优秀运动员的思想管理教育工作,这也是当前时期的一项非常重要的任务。

高校优秀运动员不同于国家队,他们既要完成繁重的文化专业学习任务,又要担负大运动量训练和激烈比赛的重任。对运动员的管理,应着重从以下几个方面进行。

1.对规章制度进行合理制定

在实效有效管理方面,对规章制度进行合理制定能够为其提供重要的保障。高校优秀运动队伍的管理,需要从以下几个制度着手建立。

(1)考勤制度

这一制度的制定能够详细地评定运动员的迟到、早退、旷课等情况,同时也可以将此作为支付相应报酬的重要依据。

(2)保证金制度

为了避免体育生在进入学校之后在训练方面出现不参与训练或训练不积极的情况,更好地引导他们积极参与体育训练工作,制定并实施保证金制度是非常有必要的。

（3）补助制度

运动训练是一项身心耗费非常高的体育运动，建立合理的补助办法和标准也是对工作的承认和肯定，是维持和调动运动员积极性的一种基本手段和措施。

（4）奖励制度

很多高校高水平运动队在奖励方面制定了非常详细的实施办法，根据相关规定，对在比赛中获得优异成绩或表现突出的运动员给予充分的肯定和相应的物质奖励。这对于运动员来说，也能够起到榜样效应。

2.高水平运动员学籍管理

在高水平运动员的学籍管理过程中，高校也针对高水平运动员学籍管理办法或规定进行了制定，主要包括运动员的学分管理、专业选择、大学预科班的设置以及继续教育等方面的内容。

3.党团组织建设

应在上级党团组织领导下，建立党团支部，通过党团支部的活动对运动员进行教育，这有利于加强全队运动员的思想建设和组织建设。同时，也要把组织发展工作列入正常议事日程上，通过发展新的党团员，在运动队中形成积极向上的团队风气。

4.专业文化课学习管理

高校运动员具有边学习、边训练、边完成比赛任务的特点。他们不可能将训练、比赛一直作为终身职业，最后仍然需要面对社会的选择。前奥委会主席雅克罗格在《奥林匹克评论》中发表了卷首语，写到"我们要为运动员们结束运动生涯时顺利走向社会创造条件"。这就需要建立一套与运动员的特点相适应的学习制度，这是非常重要的。通过这一制度来对运动员进行约束，并养成良好的学习习惯。

另外，还要为运动员配备具有丰富教学经验的文化学习教师，对训练和学习的计划加以合理制定；采用更为科学的训练方式和方法来将训练时间减少也是当前教学和训练矛盾得以有效解决的有效手段。对文化基础较差的运动员，应专门采取相应的措施，提高其文化水平，为其顺利地走向社会创造条件。

5.运动训练管理

从时间的安排来看，运动员的学习和训练存在矛盾，因此对训练和比赛进行合理安排是非常重要的。高校每周的总学时一般安排为 24～27 节,而运动员班每天则以 3～4 节为宜,选择上午为上课时间,下午安排 2～3 小时的训练,晚上为运动员自修复习或比赛时间。这就要求教练员要对训练计划和课时训练进行科学的制定和安排。根据相关调查,美国高校学生运动员一年训练时数与我国相差不大。例如,有重大比赛任务,可采用集中训练的方式,赛后补课。

6.生活、营养与医务监督管理

作为一个战斗集体,运动队有着非常规律的生活制度和严明的纪律,这也为搞好运动员的学习和训练提供了重要保证。在校的运动队应集中住宿,尽量避免与他人互相干扰,在膳食上有条件的尽量单独办运动队食堂;在医务保健方面应由专门医生负责,建立运动员保健卡,定期检查身体,参考队员的健康状况制定训练计划。

(三)高校优秀运动员队伍的运动训练经费和训练条件

高校高水平运动队训练比赛经费主要通过以下四条途径解决。

(1)与企业、行业体协、体育局合作得到经费。

(2)学校拨款。

(3)学校外行政拨款。

(4)自筹资金。

通过总结多年办队经验,得出了通过系统外合作来筹集经费的方法,这是同体育社会化和社会主义市场经济特点相符合的;在当前训练经费方面,争取学校拨款是其主要的来源;学校外行政拨款不符合社会的发展,必定被其他形式所取代;自筹资金通常来自于本部门创收和赞助,但赞助方面很难同赞助者建立互惠互利的关系,难以形成稳定的资金来源,本单位创收数额较少,不能从根本上解决问题。

训练条件是运动队运动训练和比赛所具备的基本物质基础。不同院校、不同运动队之间,在训练条件方面都存在比较明显的差距。在训练条件和训练经费方面,通常一些院校的重点项目和传统项目要比非重点项目和非传统项目更加具有优势。高等学校,特别是重点高等学校完全具备培养高水平运动员的基本条件。据国家教委体育与艺术教育司的评估表明,48所试点院校中,共有体育馆 64 座,400 米标准田径场 56 个,游泳池 34 个,游泳馆 4 座,能够保证或者基本能够保证运动队日常的训练。但对于一些经济状况比较差的地区的高校来说,它们在场地器材方面很难满足训练的需要。

（四）高校优秀运动员的运动竞赛

在校期间,高校优秀运动员有机会参加一定的运动比赛。比如四年一届的全国大学生运动大会、世界大学生运动会,一些成绩较为突出的运动员还能够代表本省参加全运会、省运会和城运会等比赛,甚至代表国家参加比赛。但由于目前高校同国外一些高校之间的比赛联系还不够广泛,这使得运动员出国进行锻炼的机会要比国家队少。

二、职业俱乐部优秀运动员队伍的管理

在我国,职业俱乐部是对优秀运动员进行培养的重要基地。建设俱乐部的基本思路就是要将运动项目推向市场,并在社会经济发展和竞技体育发展的竞争中得以自立自强,为项目运动技术水平的提高以及我国项目运动的改革与发展做出重要贡献。职业俱乐部一般由省、市体育局和省、市单项协会对其实行行业管理和领导,俱乐部执行中国单项协会,省、市体育局业务主管部门和省、市单项协会颁布的有关规定。这一改革适应了中国竞技体育改革发展的需要,有利于职业俱乐部进一步向职业化、社会化、实体化发展。

职业俱乐部是具有独立法人资格的经济实体,它是经过中国单项运动协会和省、市单项运动协会注册的。俱乐部一般实行董事会领导下的总经理负责制,有独立的人事管理权,设有综合部、财务部和竞赛训练部开展有关业务。其组织管理机构模式如图5-3所示。

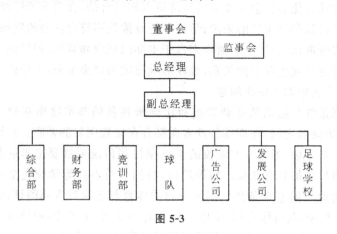

图 5-3

（一）职业俱乐部优秀运动员的来源

以球类职业俱乐部为例，职业俱乐部优秀运动员主要来源于以下几个途径。

1.二线、三线队伍的输送

为了获得更为长远的发展，俱乐部会成立自己的二线、三线队伍，比如一些足球俱乐部建立自己的足球运动学校，为球队自身的输送或补给提供可能。

2.球员转会

球员通过转会能够更好地推动职业联赛的技术交流和人才流动。将来，中国俱乐部球员的转会活动也必会变得越来越多。在法律意义上，球员转会，通常是指一名球员由其目前所在的俱乐部（挂牌俱乐部或者转出方），转入另外一家俱乐部（摘牌俱乐部或者转入方）的运动员交流行为。通过转会，能够更好地实现人才流动和技术交流，可以说，没有交流就很难获得发展。只有促使这些运动人才进行合理的流动才能更好地激发运动员从事专项运动事业的主动性和积极性，从而更好地促进俱乐部建设，以最终达到促使我国专项竞技水平得以提高的目的。因此，转会成为俱乐部运动队建设和发展的重要途径。

3.引进外籍球员

伴随着我国竞技体育国际化的发展，有很多国际球员开始加入我国俱乐部发展的进程中。国际球员的加盟，也促使我国单项运动竞技水平在一定程度上获得提高；另外促进了俱乐部的健康发展。因此，引进国际球员成为俱乐部优秀运动队发展的途径之一。

（二）职业俱乐部优秀运动员的管理

俱乐部优秀运动员以专项运动为职业，在管理制度上，同样强调运动员守则、运动员训练制度、运动员生活管理制度、运动员作息制度、运动员竞赛及奖励等制度建设。

另外，结合俱乐部运动队自身的特点，在管理过程中，除了提供良好的训练和比赛环境外，必须加强运动员的职业道德素质的培养。

（三）职业俱乐部优秀运动员队伍的运动训练经费和训练条件

对于足球俱乐部来说，其投资者主要分为两类。

一类是对足球队进行相应的赞助或做广告，通过足球赛事所产生的影响力，来扩大自己企业和产品的知名度，提高产品的销售量，从而实现更多的利润。

另一类是对足球俱乐部采用各种方式进行直接投资，或者进行合作，或者进行股份制改造，或者对俱乐部进行整体收购，直接参与和负责足球俱乐部的经营管理。俱乐部自身经营和企业赞助是其经费的主要来源。

俱乐部为优秀运动员提供了良好的运动训练条件，这些训练条件通常包括健身房、训练场地、食堂、桑拿室、多功能厅、医疗按摩室、训练服务楼、图书阅览室、荣誉展示等设施。为球队提供生活保障、伤病恢复及娱乐条件。由于俱乐部经营及自身经济基础的不同，训练条件也存在着差别。

（四）职业俱乐部优秀运动员队伍的运动竞赛

国际俱乐部比赛和国内俱乐部联赛是职业俱乐部优秀运动员主要参加的比赛。另外，俱乐部队员还可以代表国家和省、区、市参加系列国内和国际的大型比赛任务。作为双轨制下的市场化行为，在保证不对"奥运争光"计划造成影响的前提下，职业俱乐部还可担负全方位培养优秀运动员的使命。在俱乐部联赛中，运动员参赛所代表的不一定是原单位，还可能是以租借的方式，转入其他俱乐部队伍并参加比赛。

第四节　竞技体育后备人才的训练管理

竞技体育后备人才的训练管理其实就是对青少年训练的管理。在我国举国体制这一竞技体育突出特征下，逐渐构建起了国家队、省市队和后备人才队伍训练的不同层次的训练组织形态。竞技体育后备人才的训练管理主要包括人才的管理、训练管理、竞赛管理等多个方面。

一、竞技体育后备人才的遴选

一般来说，优秀运动员成长起来需要 6～10 年的时间，竞技体育没有"速成班"。在竞技运动飞速发展的今天，计算机和网络等高新技术的介入，使得运动"极限"被不断地突破，且决定运动成绩的技术、战术、训练条件、方法和手段等差距越来越不明显。运动员个人间的竞争不仅正在转变为科学技术的竞争,而且只有那些具有"天赋"的运动员,才能最终攀登上世界体坛的高峰。正如人们常说的那样,"选材的成功意味着训练成功的一半"。

随着时代的不同,对竞技体育后备人才遴选的形式也是不同的,主要可以分为四种类型,即自然选择型、成绩选择型、经验选择型和科学选择型。

古希腊在公元前 5 世纪便出现了"职业"竞技者和"教师",古罗马建立了"角斗士"学校,波斯人创立了作为训练用的"教馆",针对 7～16 岁的孩子进行骑马、跑步、摔跤训练。唐代武则天施行"武举制",将射箭、骑马、击技、举重和负重行走作为选拔人才的关键。这便是"选材"的启蒙。

从 1895 年现代奥林匹克运动产生至 20 世纪 20 年代,"争胜"一直是人们对竞技的认识,所以"自我淘汰"成为职业竞技者走向冠军的唯一途径,也就是说,运动成绩成为对运动员进行选拔的唯一标准。

20 世纪 30 年代至 50 年代,在对竞技体育后备人才管理方面,各个国家都给予了高度重视,并且在训练理论方面也得到了相应的完善,在长期的训练实践中,广大教练员们从成功的个案中积累经验,逐步总结出一些行之有效的手段和方法,尝试选拔特殊人才进行定向培养,大胆地开展运动员的选拔工作。

20 世纪 70 年代中期开始,我国体育科研工作者就着手该领域的研究。最有代表性的研究是 80 年代中期,由原国家体委组织了"优秀青少年运动员科学选材"和"儿童少年运动员选材标准"的研究,从此奠定了我国后备人才遴选的体系,建立了人才选择的中枢机制。至 1992 年,我国已经建立了田径、游泳、体操、举重、篮球、排球、足球、乒乓球和羽毛球等十余个项目的儿童少年运动员综合遴选的标准,为青少年训练科学化和组建后备人才梯队建设做出了贡献。

二、竞技体育后备人才训练的年龄特征

通过参与训练成为优秀运动员是后备人才训练的主体目标。根据相关研究表明,处在不同项群的运动员之前存在很大的差别,如表 5-1 所示,我国竞技体育后备人才开始参与训练的平均年龄,男子为 8.7 岁到 15.9 岁,女子为 7.9 岁到 15.1 岁。第一次成为奥运会冠军的年龄,男子为 21.3 岁,女子为 18.1 岁。

表 5-1　中国各项群奥运会选手成才期

项群		开始参加训练的年龄（岁）		第一次成为奥运会选手的年龄（岁）		奥运会选手的成才时间（年）	
		男	女	男	女	男	女
体能主导类	速度性	11.5	11.3	21.7	20.9	10.2	9.6
	快速力量性	14.1	13.0	23.9	24.1	9.8	11.1
	耐力	15.9	14.1	24.1	21.7	8.2	7.6
技能主导类	表现准确性	15.7	15.1	24.3	23.1	8.6	8.0
	表现难美性	8.7	7.9	21.5	18.1	12.8	10.2
	隔网对抗性	12.2	11.9	23.5	23.1	11.3	11.2
	同场对抗性	13.1	12.8	25.3	22.9	12.2	10.1
	格斗对抗性	15.4	14.4	23.32	3.3	7.9	9.2

三、竞技体育后备人才的训练管理

多级训练网培养体制在我国实施了多年，已成功造就出一大批优秀的体育运动竞技人才。如图 5-4 运动员人才梯队训练与管理的金字塔模型图所示，基础训练阶段是从幼儿园、小学开始的，通过各类比赛，成绩优异者便会进入县级、市级青少年体育运动学校和体育重点中学，在这里开始从事准专业化训练，陆续参加区域性和全国性的各类比赛，这是人才发现和培养的重要阶段，是走向备战国内和国际大赛的基础，很多运动员由此走上职业的体育生涯。

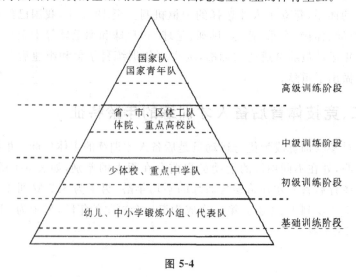

图 5-4

通过初级阶段的训练,部分运动员进入到省、区、市、体工队或体院、重点高等学校代表队训练。随着我国体育与教育体制的接轨,教育部为优秀运动员制定了免试入学和入学加分等政策,这调动了运动员训练的积极性和能动性。这些是我国训练的主体部分,也是我国竞技体育后备人才队伍储备库,成绩优秀者将会进入我国运动员人才梯队高级训练阶段——国家队训练阶段。

(一)初级训练形式管理

中小学运动队和体育传统校是初级训练形式的主要代表,由于很多具有一定训练水平和一定影响力的中小学运动队都属于体育传统校的运动队,并且普通中小学运动队的管理形式和体育传统校的管理存在很大共性,所以以体育传统校作为代表来阐述初级训练形式的管理。

体育传统校是指是在对课余体育训练活动开展的过程中,体育项目形成传统、具有广泛群众基础、运动技术水平相对较高、不断培养出体育后备人才且经过教育部门和体育部门共同批准并命名的中小学校(含中等专科学校)。

自 1983 年创办以来,我国体育传统校在推动青少年体育活动、培养竞技体育后备人才、开展课余体育训练方面做出了突出贡献。随着我国体育事业的不断改革以及素质教育的全面推进,我国体育传统校也探索出了一条具有中国特色的青少年体育发展新道路。

1.体育传统校的现状

体育传统校分为国家、省(区、市)、普通三级,实行审定命名制度。其中,国家体育、教育行政部门对全国传统校进行管理,县级以上(含县级)地方各级人民政府体育、教育行政部门负责对本行政区域内体育传统校进行管理。体育行政部门负责体育业务指导工作,教育行政部门负责日常管理工作。根据相关资料表明,我国体育传统校已经达到 11 477 所,其中国家级的学校有 200 所,占到总数的 1.71%;省(自治区、直辖市)级 4 133 所,占到总数的 36.01%;地(市)级 7 144 所,占到总数的 62.25%。

国家体育总局在 2003 年下发了《国家级体育传统项目学校评定办法、标准及评分》规定,每 4 年对国家级体育传统校进行一次命名表彰,对已命名为"国家级体育传统项目学校"要进行定期复查,经过复查不再符合标准的取消其称号,对于被评为国家级的体育传统校给予表彰奖励。各省(市)也根据此办法制定了一些相应的政策,从而形成了有升有降,优胜劣汰的动态监督管理机制和激励机制,塑造了体育传统校相互竞争,相互交流、相互学习的良好氛围,保证了体育传统校向着健康有序的方向发展。

2.体育传统校的主要运行模式

20 世纪 90 年代,根据社会发展和学校体育工作的实际,部分体育传统校开始探索体育和教育的结合,即"体教结合"的形式,受到国家体育局和教育部的高度重视。经过不断发展和探索,逐渐形成了我国新的独具特色的体育传统校发展机制,打破了原来体育传统校的单一模式,呈现出多样化的运行模式。

我国目前体育传统校主要采用以下六种模式运行,具体如下。

(1)体育传统校独立运行模式

体育传统校独立运行模式主要是学校自己负责传统项目的普及和训练,教练一般都是自己学校的教师,体育经费来源主要是学校自筹,各级政府和体育、教育部门的专项拨款只占经费的一小部分。

(2)与体育俱乐部联办模式

与体育俱乐部联办模式主要是社会俱乐部选择对口的体育传统校。社会俱乐部的运动员进入学校学习和训练,学校负责日常的生活和学习,俱乐部派专人负责运动员的日常训练。

(3)与青少年体育俱乐部联办模式

与青少年体育俱乐部联办模式就是青少年体育俱乐部依托于国家级体育传统校,既增强体育传统校自身的"造血"功能(青少年体育俱乐部可以收取一定的会员费),又有利于以学校的现有资源为基础,通过国家和地方体育部门给青少年体育俱乐部的资金支持,促进学校体育工作和社会体育向前发展。

(4)与高水平运动队联办模式

与高水平运动队联办模式是将高水平运动队的运动员分层次分别放在不同级别的体育传统校中,如分别把一线、二线、三线运动员放在国家级、省级、市级体育传统校中,教练员进校指导,教练员的工资由体育部门负责,学校负责运动员的日常生活,形成梯队式的培养模式。对于学生来说,激发了学生从事体育运动的积极性,进而从整体上使学生的健康水平得到提高。对于运动员来说,通过系统的文化课学习,使他们的知识水平得以提高,为运动员的全面发展提供了有利条件。

(5)与体育专业运动队联办模式

与体育专业运动队联办模式是指体育专业运动队的运动员进入学校进行学习,从而促进运动员文化水平的提高。有运动潜力的运动员可以继续向上一级的运动队输送,运动成绩一般的运动员可以继续文化课学习,考取高等院校。通过这种分流的方式,能合理解决运动员今后的发展问题,避免了人才的浪费。

(6)与全国培养体育后备人才试点学校联办模式

与全国培养体育后备人才试点学校相结合(一所学校既是体育传统校又是全国培养体育后备人才试点学校),可以把资助体育后备人才试点学校的经费和国家级体育传统校的资助经费进行整合,为体育传统项目的开展提供大量的资金支持。

体育传统校的多种运行模式是指与上面的两个或两个以上的模式进行结合,形成体育传统校发展的多种思路,充分利用学校优质的教学资源、丰富的体育场地设施,通过各种渠道,有利于改善体育传统校资金不足且来源单一的状况,有利于促进体育传统校传统项目的开展和普及,是"体教结合"模式在实践中的具体运用。

3.体育传统校的科学化管理

(1)构建体育、教育大观念,走"体教结合"之路

国家体育总局、教育部于 2000 年 7 月 28 日共同颁发了《体育传统项目学校管理办法》(以下简称《办法》),倡导我国各级体育和教育部门联合起来,共同对体育传统校进行管理,为体育传统校走"体教结合"的道路作了法律上的规定,打破了体育部门"独家办体育"的模式。促使体育部门和教育部门携手共同提高学生的健康水平,并为培养体育后备人才方面找到了有利的"突破口"。对于《办法》的相关规定,体育和教育部门要严格执行,共同"加强体育传统校的建设和管理,更好地为国家培养德、智、体、美全面发展的高素质人才和体育后备人才",走"体教结合"之路,全面落实"素质教育"和"学校体育工作条例"。

(2)对体育传统校的竞赛机制加以建立

"以赛带练"是我国目前主要的训练机制,但在竞赛机制方面,我国传统校仍然不够完善,体育传统校的比赛和交流对象仅限于本省和本地区,参加一些大型跨省赛事交流活动相对比较少,不利于体育传统校运动员竞技水平的提高。今后,体育和教育行政部门应建立体育传统校的竞赛机制,学校要为运动队的比赛提供资金等多方面的支持,在竞技比赛中,提高体育传统校运动队的竞技水平。

(3)对体育后备人才输送渠道进行拓宽

在创办体育传统校之初,各级业余体校、体育运动学校和体育院校等是体育后备人才主要的输送渠道,就输送渠道来看比较单一。进入 21 世纪之后,在保持原有输送渠道畅通的情况下,体育传统校开辟了新的后备人才输

送渠道。体育传统校应建立和完善大、中、小学一条龙的培训机制,加强中学和小学的联系,并与大学建立良好的合作关系,形成运动员输送网络,为国家培养和输送更多的体育后备人才。

(4)加强体育传统校场地、器材设施及体育师资建设

《体育传统项目学校管理办法》由体育总局、教育部共同下发,其中规定:学校体育场地、器材设施及体育师资必须达到国家规定的配备标准,并具备开展特色项目课余训练的场地、器材及师资。体育传统校应根据自己学校的实际情况和在校学生数量,配备体育场地、器材设施及体育师资,建立体育场地、器材设施管理办法,保障体育资源最大化利用。对优秀的体育教师进行积极引进,并鼓励体育教师参与各种相关的培训,从而为体育教师建立起良好的交流平台。

(二)中级训练形式的管理

中级训练是业余训练的高级形式,在训练体系中起着承上启下的作用,其主要形式包括业余体校、体育院校附属竞技体校和体育运动学校等。

1.业余体校和体育运动学校管理

(1)业余体校和体育运动学校的主要任务

①业余体校的主要任务:业余体校的主要任务是为国家培养德、智、体全面发展的具有良好身体素质和一定运动技术水平的优秀运动后备人才。

②体育运动学校的主要任务:体育运动学校是根据国家的需要以及青少年身心发展基本规律建立起来的特殊学校。我国体育运动学校的教学特点是由我国的国情决定的,不像优秀运动队那样以训练为中心,也不像普通学校那样以文化学习为主,而必须二者兼顾,以便能够顺利完成技术训练和文化学习两个任务。因此,体育运动学校的任务也必须仅紧围绕文化学习和技术训练两个方面来加以合理安排。

具体来说,我国体育学校的主要任务如下。

A.为国家培养和输送德、智、体全面发展的具有良好身体素质和一定运动技术水平的体育运动后备人才。

B.培养开展群众体育活动技术骨干。

C.辅导体育学校学生的训练,加强文化基础课的学习。

从体育学校的任务来看,实际上是培养德、智、体全面发展的学习与训练氛围,在贯彻党的教育方针的同时,培养具有一定运动技术水平的体育后备人才。

（2）业余体校和体育运动学校的特点

①体育行政部门是对业余体校和体育运动学校进行管理的主要部门，学校配有专职管理人员和教练员，有自己的场地、设备和器材，有自己相对稳定的管理规章制度。

②一般来说，业余体校主要是以业余训练为主，体育运动学校虽提倡读训并重，但在具体操作时往往对竞技训练过分强调，这就造成了很多学生在文化课成绩方面并不理想。

③生源严重不足，这也成为造成业余体校和体育运动学校发展的最大障碍，导致这种现象的主要原因有以下几个方面。

A. 应试教育所产生的影响，很多家长认为孩子参与训练就会影响学业，而不愿意将自己的孩子送到体育运动学校和业余体校中进行训练。

B. 由于对竞技训练过分地强调，这就使得学生的文化课成绩要比普通学校的学生低很多，能够真正进入省级、国家级的优秀运动队的学生非常少，造成很多业余体校和体育运动学校的毕业生成为就业的弱势群体。

C. 现在适龄的学生基本上都是独生子女，学生家长并不愿意让自己的孩子受苦。

（3）业余体校和体育运动学校的发展思路

①加大政府部门的支持力度。2004年，国家体育总局开展了"国家高水平体育后备人才基地"的认定工作，各级体育部门应积极响应，对一批重点体校进行有计划的扶持和培养，业余体校也应积极把握各种机遇，来获得政府和社会的支持。在县级机构改革中，很多原有体育部门实行了文体合并、教体合并或者与旅游部门合并，导致基层的业余体校和体育运动学校的发展严重受挫，各级政府应该理清对业余体校和体育运动学校的管理关系，加大对业余体校和体育运动学校的支持力度。

②对体教结合之路进行大力推进。2000年，国家体育总局颁布的《2001—2010年体育改革与发展纲要》指出："业余训练是我国竞技体育发展的基础，必须高度重视业余训练工作，改善业余训练条件，坚持走体教结合的道路"，即青少年业余训练要回归教育，将体育运动学校与各地高等院校结合，努力提高办学规格，增加办学效益。各地体育部门和教育部门应该联合起来，充分利用学校优质的教学资源和业余体校和体育运动学校体育资源，走体教结合之路。

③加强智力和物力投资，提高教学训练效能。从体育运动技术水平的飞速发展和我国业余体校、体育运动学校的实际工作、经验看，应着重抓好以下几个环节。

A. 对教练员充给予充分的信任和依靠，积极创造条件，促使教练员的积极性得到充分的调动,发挥其业务技术专长。

B.要适时调整教练队伍内部结构,建立梯队,优化排列组合。起用学术水平高、经验丰富、有较强教学能力和科研能力的教练员,反对论资排辈。要敢于破格重用业务突出、事业心强、有责任心的年轻教练员。

C.开展学术研究活动,研究、交流训练中的疑难问题,建立资料、信息、情报网络,努力创造条件为教练员提供必要的信息。

D.努力解决好经费、设备、场地、器材等问题,为教学训练创造条件。多年来业余体校和体育运动学校资金来源甚少。解决业余体校和体育运动学校融资问题的渠道主要有:一方面要通过各种途径来获得相关部门必要的支持和帮助;另一方面对业余体校和体育运动学校如何从社会中获得经济效益进行研究,自立更好,使部分经费来源得到合理解决。

④严格控制科学选材。在业余体校和体育传统校管理方面,科学选材是其重要内容,其管理过程是由若干环节构成,主要是:确定具体目标—制定规划—人员配置—检查调整—总结评价。在训练方面,对优秀苗子应加强观察,重点培养,保证运动员能够根据自身的特点选择适合自己的项目。

⑤对学生文化课学习给予充分重视。由于文化素质偏低,竞技体育的淘汰率又非常高,导致业余体校和体育运动学校的学生毕业后无学可上,走向社会后很难适应社会。所以,业余体校和体育运动学校要对学生的文化课学习给予足够的重视,把业余体校和体育运动学校作为过程教育,尽可能地促使学生的升学率得以提高,同时使学生的就业渠道得以拓宽。

⑥对交流研究平台进行搭建。全国体育运动学校联合会于2006年正式成立,这为进行全方位的交流和合作搭建了一个良好的平台。对于一些具体事务性工作,体育部门应交给学校联合会进行处理,使体育运动学校联合会的作用得到充分发挥,并实行管办分离,以更好地促使联合会的实体化进程得到推进,从而更好地发挥联合会桥梁纽带的作用、指导作用以及参谋助手作用。体育运动学校应该疏通纵向连接渠道,拓宽横向联合范围,不断加强相互间的沟通和交流,开展区域间、学校间的合作。

2.体育院校附属竞技体校管理

体育院校附属竞技体校是近年来在我国体育体制改革中建立起来的一种教学与训练相结合的新型体制,是隶属于体育学院的一个单位。它既是中专性质的学校,也是我国业余训练的重要组成部分,其办学方针是亦读亦训,培养目标是为国家培养有文化的优秀运动员。

(1)体育院校附属竞技体校的优势

①科学管理的优势。由于竞技体校附属于体育学院,具备较强的领导

层,人才密集,学科门类齐全,为科学的项目管理提供了人力资源和智力上的保障,能够对学校的项目发展、决策进行科学的规划与管理。

②文化教学的优势:学训矛盾是长期困扰我国体育队伍的问题,在很大程度上影响了竞技水平的提高。竞技体校的建立,把体育和教育有机地结合起来,为运动员竞技训练与文化学习的协调发展提供了新的思路,使优秀竞技人才的智力开发与训练水平同步增加,促进了运动员的全面发展。

与其他形式的运动学校相比,竞技体校具有明显的教学优势,主要表现在以下几个方面。

A.基本上形成了一整套教学、教育、管理体系,文化教育也更加与现代教育规律相符合。

B.具备良好的师资和教学环境。学校教师大都是从体育院校毕业,能够结合竞技体校的特点来开展相关的教学工作。体育学院所具有的良好的学习氛围,能够更好地促进竞技体校学生进行文化课的学习。

C.文化学习的内容同学生的具体实际相符合,从而更好地保证了学生参与文化学习的效果。

D.具备文化学习的多种硬件设施,为学生增长知识创造了较好的条件。

③科学训练的优势。

现代体育的发展越来越依赖于科学技术,由于竞技体校附属于体育学院,学院内一般设有专门的科研机构,学科门类齐全,具备一支稳定的科研队伍,设有一定规模的科研条件与设施,有利于对训练进行科学的研究。

就运动训练过程而言,关键在于起指导作用的教练员。竞技体校具有合理的教练员结构,教练员的文化层次较高,知识结构比较合理,能够把科学训练的理论应用到实践中。

(2)体育院校附属竞技体校的科学化管理

①对体育学院的优势加以充分利用。体育学院有着良好的科研条件和教学师资,竞技体校要对体育学院所具有的优势进行充分挖掘,促使教练员的素质不断提高,将科研与训练很好地结合起来,从而形成通过科研带动训练、以训练来促进科研的良好的格局。

②对亦读亦训的办学方针进行坚持。开办竞技体校的宗旨就是对我国运动员普遍文化成绩低的现象进行扭转,通过借助体育学院良好的训练设施和师资条件,采用科学的训练和教学方法,对具有良好文化素质和较高竞技水平的全面发展的运动员进行培养。

③加强学生管理,严格教育。很多竞技体校的教练和学生都偏重于竞技训练,忽视文化课学习,甚至有的学生产生厌学的情绪。教练员要严格学

生管理,从思想上引导,坚持训练成绩和文化素质的共同提高。

(三)高级训练形式管理

高级训练形式主要是指省、区、市优秀代表队和国家集训队,它们担负着提高我国地方和全国竞技运动水平,培养运动员攀登竞技体育高峰,为地方和国家争光的重任。因此,对它们的管理更是应该重视的问题。

1.省、区、市优秀运动队管理

(1)省、区、市优秀运动队管理体制

一般来说,当地的体育局对省、区、市优秀运动队及二线的青年队进行管理。对于那些有着良好群众基础的项目来说,如篮球、足球项目,通常会采用社会化运作方式,也就是说,会按照市场经济规律运行的以俱乐部形式为主的体育产业化管理模式,它拥有多渠道的资金来源(包括各种赞助),形成了一定规模的人才交流市场,促进了体育产品的商业化。

那些在普及度方面不是很高的运动项目通常会采用政府主导型的运作方式,由政府提供场地、经费、科研设施和器材等,配备各类管理干部和服务人员,设有各级文化教育机构,运动员在这种体制下既能进行高水平的运动训练,又能学习文化知识,获得相应的学历文凭,较好地解决了运动员的后顾之忧,有利于运动员技术水平和综合素养的提高。

(2)优秀运动队的管理理念

一般在队伍中,领队和教练充当管理者的角色,主要负责对运动员进行管理。运动队中的运动员,有很多都是从小就离开父母参与专业训练,他们的经历大都是在训练场和比赛场上,同普通人相比较,他们更加渴望得到关爱。领队和教练员要扮演家长的角色,不但关心运动员的训练水平,还要时时关注运动员的生活状况,确立以关爱为先导的管理理念,为运动员营造良好的训练和生活氛围。

(3)优秀运动队的管理模式

①正面教育为主。在优秀运动队中,运动员的年龄相对来说比较偏大,他们的世界观和价值判断标准也相对成熟,并且在判断事物方面具有一定的判断能力。所以,在遇到一些问题时,要以进行正面教育为主,晓之以情,动之以理,培养运动员的敬业精神和集体主义精神。

②严格按规章制度办事:"没有规矩,不成方圆。"运动队中运动员的数量比较多,为了便于管理,就必须制定相应的规章制度,并且按照规章制度严格办事。对于运动队中的主力队员和替补队员来说,教练员要一视同仁地对待,不能出现偏袒主力运动员的现象,用制度"说话",保证运动员之间

的公平性。

只有构建以正面教育为主,严格按规章制度办事的管理模式,充分发挥管理的效用,才能营造良好的队伍文化,促进运动队的和谐健康发展。

2.国家集训队管理

(1)国家集训队管理体制

国家集训队之所以能够得以组建,运动项目是其纽带,而代表国家参加国际比赛并获得优异成绩是其主要的目的。通常情况下,采用政府管理型管理体制,也就是由政府进行财政拨款来维持相应经费的开支,对教练员和管理干部,政府和体育行政部门进行统一安排,在训练和科研的基础上,获得优异的运动成绩。这种管理体制能够保障运动员的训练时间,能够促使运动员成绩的迅速提高,但运动员的文化学习时间和业余时间太少,不利于运动员的全面发展。

(2)国家集训队管理模式

对于国家集训队来说,采用什么样的管理模式,同国家队的管理绩效有着直接关系。在管理模式方面,我国国家队曾先后实行过三种制度。下面以时间为依据进行介绍。

1985年之前实行领队负责制,对领队所具有的政治作用进行强调。

1985年以后,大都开始实行主(总)教练负责制,在业务方面,主(总)教练拥有全面指挥权。

2001年开始,排球等一些项目开始实行队委会领导下的分工负责制,对集体作用的发挥予以重视,并对各方面的积极性加以调动,以使全队资源得到最大限度的整合。随着我国竞技体育事业的蓬勃发展,已经在国家队内部初步形成了各具特色的管理模式。

(3)国家集训队管理模式的选择

不存在一套管理模式对所有组织机构都适用的情况,但每一个机构都具有一套与自身实际相符合的管理模式。一般来说,国家队会根据不同的运动项目,管理者的自身素质,竞技水平的高低等方面的差异,采用不同的管理模式,同时根据各种条件的变化,对运动队的管理模式进行适当地调整,从而实现低成本运作、高效率运转的基本要求。

第六章　运动员体能训练理论与方法研究

体能训练是运动训练的重要组成部分,良好的体能不仅有助于运动员高效掌握各项运动技能,也有助于运动员快速提升自身的运动成绩和身心素质,所以研究运动员体能训练理论与方法具有很大的必要性。为此,本章分别对运动员体能训练概述、运动员运动素质的多维转移、运动员基础体能训练、运动员实用体能训练设计展开全面阐析,旨在进一步夯实体能训练理论基础,为运动员和教练员选用科学的体能训练方法提供指导。

第一节　运动员体能训练概述

一、体能训练概念

体能是以人体三大供能系统为能量代谢活动的基础,通过骨骼肌的做功所表现出来的运动能力。体能是运动员的基本运动能力,是运动员竞技能力的重要构成因素。

对于体能训练而言,直接性任务就是密切联系对应项目竞赛的实际需求,促使运动员的运动素质得到大幅度提升,从根本上优化运动员的机能情况,进而让运动员的身体形态和对应项目的要求相吻合,保证运动员的实际体能和比赛过程中的战术活动以及发挥技术水准相适应,保证运动员在训练过程中可以熟练掌握各项技战术,此外在运动竞赛中充分发挥自身具备的素质。

运动员体能素质发展情况会受到很多种因素的制约。先天体能通过遗传获得,后天体能则需要切实有效的体能训练来获得,良好的地理环境与社会环境都有助于运动员体能素质的发展。

运动员的实际体能水平,往往反映在速度素质、力量素质、耐力素质、协调素质、灵敏素质、柔韧素质等方面。当人体处于运动状态时,实现能量供应的目标需要三大能量代谢系统的供能系统、神经系统、骨骼系统、肌肉系统进行密切配合。训练、比赛所需要的速度、力量、耐力、协调、灵敏和柔韧等素质,是需要通过改善运动员的能量代谢、神经、肌肉、骨骼等系统的功能,并使之符合项目的需求来实现的。任何一个运动项目对能量代谢、神经、肌肉、骨骼等系统的功能都有着特殊的要求,而且人体作为一个复杂的系统,在能量代谢方面任何一个运动项目均不可能单纯依靠某个能量代谢系统的工作来完成能量的供应,而是三大能量代谢系统相互协同完成能量的供应。因此,体能训练首先要了解运动员在比赛中的活动方式,并据此设计如何提高运动员项目需要的能量代谢能力、改善运动员的神经、骨骼、肌肉等系统功能。

二、体能训练的重要性

对于运动训练来说,体能训练是关键构成部分之一。不管是哪类运动项目的运动员,训练过程中都在尽可能运用切实可行的训练手段,努力完善自身的身体形态,有效提升自身的机能水平,竭尽全力发展自身的运动素质,最终使自身的运动成绩得到质的飞跃。体能训练不仅和技术训练、战术训练存在紧密练习,也和心理训练、智能训练存在密切关系。

如果运动员具备良好体能,不仅能为其提升技战术水平和运动成绩打下坚实基础,也是运动员承受大负荷训练与高强度比赛的基础条件,还是为运动员在训练与比赛中保持积极向上的心理状态提供身体方面的保障,此外对运动员保持健康、预防疾病、延年益寿有物质保障的作用。

通常来说,体能训练由一般体能训练与专项体能训练组成,一般体能训练是专项体能训练的重要基础。

三、体能训练的基本要求

(1)对一般体能训练与专项体能训练进行科学安排。合理安排一般体能训练有助于运动员的一般运动素质得到全面发展,从而让运动员不同器官系统的机能得到大幅度提升,使运动员不同身体部位都获得全面发展,为其高效完成专项运动打下良好的身体基础。安排专项体能训练必须保证与专项对身体提出的特殊要求相吻合,训练方法应当尽可能和专项技术动作以及生物力学特点存在相似之处。

(2)体能训练应与技术、战术、心理和智能训练有机结合,需根据项目、训练阶段、训练任务的不同妥善安排体能训练在整个训练中所占的比重。一般体能训练和专项体能训练的比例,要因时、因项、因人而异。

(3)运动素质的训练是体能训练的核心内容,任何一种运动素质均存在快速增长期,但可塑性往往存在很大差异。在训练过程中,运动员应当把各项运动素质的敏感期考虑在内,牢牢抓住有利时机,促使自身的各项素质在恰当时间段内得到有效发展。

(4)在体能训练中运动员常常会感到非常疲劳,有些体能训练的手段又比较单调枯燥。因此,在训练中应加强对运动员的教育,提高他们对身体训练重要意义的认识,培养他们的意志品质。教师应采用有效的训练手段和方法,培养运动员的训练兴趣,减少运动员对训练的枯燥感和无味感。

第二节 运动员运动素质的多维转移

运动素质多维转移是运动训练过程中客观存在的现象,这是因为运动素质中的各种基本素质如力量、耐力、速度、柔韧素质等并不是孤立存在和独立发展的。它们之间具有不同程度的联系,并相互影响,相互促进或制约。由此可知,在发展特定运动素质时,难免会对其他运动素质的发展产生一定的影响。例如,当运动员科学参与速度训练时,能够使自身的糖原储备水平与无氧代谢水平得到大幅度提升,最终还会对运动员速度素质、速度力量素质、速度耐力素质、灵敏素质的提升发挥很大的积极作用。

一、多维转移的概念

某项素质及其因子的发展会对另一项素质及其因子的发展产生影响,即运动素质的多维转移。它们在时空方面体现出的运动机能,从本质上说都来源于肌肉收缩活动。然而,肌肉活动需要充分发挥中枢神经系统的控制作用,把各种运动器官当成物质条件,借助不同系统的协调作用与体内出现的生理变化与生化变化来实现。运动素质多维转移是一项尤为关键的理论问题,在运动实践活动中时常遇到。多维转移的实际效果对重要运动素质的促进和制约有决定性作用。影响多维转移效果的主要因素是:第一,各种运动素质间本质联系的相关程度;第二,处理运动素质相互关系的辩证水平。换句话说,运动素质多维转移需要有特定的条件,同时存在内在规律。如果运动员可以正确理解并灵活运用运动素质多维转移的内在规律,则能够获得事半功倍的效果。

二、运动素质之间的关系转移

力量素质与速度素质具有高度的正相关性。长期系统的速度素质训练,不仅可以提高速度素质,而且可以提高力量素质;长期系统的力量素质训练,同样可使肌肉中高能物质的储备量显著增加,白肌纤维发生肥大化,收缩蛋白质增加,从而有利于速度素质的提高。但是,力量素质与耐力素质之间的关系却既具有互为促进又具有互为约束性关系。力量素质的最大肌力、爆发力、力量耐力的发展,在一定程度上有助于提高短时耐力素质,但并不利于长时耐力的发展。长时耐力的训练,并不能促进力量素质,尤其是最大力量素质的提高,甚至在一定程度上会约束力量素质的发展,尤其是对发展爆发力极为不利。力量素质与耐力素质两者相关程度会随着耐力负荷时间的递增逐渐呈现负相关性。

速度素质和耐力素质之间有千丝万缕的联系。一般来说,速度素质和短时耐力的正相关性比较高,和中时耐力的关系一般,和长时耐力呈负相关的关系。由此可知,速度素质的发展对短时耐力的发展情况有积极作用,但长时耐力的过度发展往往对运动员提升速度素质有负面作用。

力量素质和柔韧素质的关系不密切。在恰当的范围内,软组织伸展性的发展情况往往不会对运动员提升肌肉收缩性发挥作用。但需要说明的是,力量素质与柔韧素质中任何一项素质的过度发展都很容易对另外一项素质的提升产生限制作用。对于这一点,柔韧素质过度发展对运动员提高力量素质产生的约束性更加显著,原因在于过度发展柔韧性往往会让运动员的肌肉丧失弹性,由此使运动员的肌肉收缩性大打折扣,最终对运动员提升力量素质产生制约作用。总而言之,复合运动素质的发展情况取决于基本运动素质的提升程度与发展情况。

中时耐力与长时耐力之间具有紧密关系。中时耐力的时间跨度为 $1\sim$ 8 分,长时耐力分为三个级别,即持续负荷时间 $8\sim15$ 分钟为长时 I 级耐力;持续负荷时间为 $15\sim30$ 分钟为长时 II 级耐力;$30\sim90$ 分钟以上为长时 III 级耐力。中时和长时耐力都需要稳定的神经过程、较高的糖原储量、较强的氧利用率、较多的红肌纤维、较强的负氧债能力等生物基础。因此,中时、长时耐力的合理搭配训练,对于 $1\sim8$ 分钟和 $8\sim15$ 分钟的项目具有高度的影响性。中时耐力的力量训练有助于提高中时耐力项目所需的力量和速度素质。长时耐力的有氧训练有助于提高中时耐力项目所需的有氧代谢水平。这就是为什么从事 $8\sim15$ 分钟中长距项目的某些运动员,能在 $1\sim2$ 分钟的中短距项目表现突出的原因。

分析以上几项基本运动素质之间的关系可知,运动实践中各项素质的多维转移主要由良性转移与不良转移组成。具体来说,良性转移就是某项运动素质的发展对另一项运动素质的发展有促进作用,如短跑运动员训练时往往会运用发展快速力量的方法,目的是在提升运动员动力性力量的基础上推动其速度素质的发展;不良转移就是某项运动素质的发展对另外一项素质的发展有消极作用,如当发展柔韧素质采取不妥当的方法时,最终会对运动员提升力量素质产生负面影响,耐力素质过度训练会对运动员提升短距速度和爆发力发展产生负面影响。由此可见,对各项运动素质的发展基础形成深刻认识,是理解与预防不良转移现象出现的关键性理论依据。

第三节　运动员基础体能训练

一、力量素质训练

(一)力量素质的概念

力量素质是指人体肌肉工作时克服阻力的能力。人体运动时,会受到身体重力、空气或水的阻力、重物负荷、竞技对手的对抗等各种外力,以及肌肉的黏滞性、对抗肌的牵引等内力的阻碍,这就要求人体通过肌肉收缩产生力量,从而有效战胜各方面的阻力,最终顺利完成事先设计好的体育活动。

力量是运动的源头。对于人体的运动来说,不管是向任何一个方向运动,不管是做直线运动或者做曲线运动,都一定要借助力量的作用方可完成。竞技选手力量素质水平的实际情况,不只是对其速度素质水平有决定性作用,还对其耐力素质水平有决定性作用,此外对其他素质水平也有不同程度的影响。

力量素质还是运动员高效学习与熟练掌握不同运动项目的运动技术的必要条件。不管是包括举重在内的主导类性力量性项目,还是包括拳击在内的对抗性项目,运动员的力量素质水平均对其整体竞技水平有直接的作用。

以完成各种体育活动所需力量的具体特征为依据,一般会将力量素质分成最大力量、快速力量、力量耐力。然而,不管是哪种类型的力量素质,肌肉收缩的物质基础、肌肉收缩时的工作条件与特征都对力量素质的实际水平有决定性作用。因为各类力量素质在这两方面的要求存在差异,所以使得训练手段也有很多不同之处。

在运动训练实践和理论研究过程中,人们研究、发展了多种多样的力量练习方法。这些练习方法可依其产生力量过程中肌肉收缩的主要形式,区分为动力性练习与静力性练习两大类,进而依肌肉收缩的方向、速度进一步给予区分(图 6-1)。运动员在完成各种练习时,可承受不同形式的负荷,包括自身重力、同伴的阻力、各种重物或电刺激负荷等。在发展不同力量素质时,则应依需要选用相应的练习手段和确定相应的负荷量度。

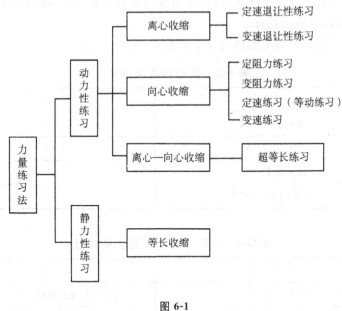

图 6-1

(二)肌肉力量训练的内容负荷特征

1.肌纤维横截面积的训练

(1)慢速度的大负荷训练主要导致慢速纤维的肥大。

(2)最大速度的抗阻训练主要导致快速纤维的肥大。

(3)不同训练对象的负荷特征见表 6-1。

表 6-1　不同对象的训练负荷特征

负荷内容	初学者	运动员
负荷强度(%)	40～50	60～85
练习次数(次)	8～12	5～10
练习组数(组)	4～6	6～10
间歇时间(分钟)	3～5	2～4

2.肌纤维协调能力的训练

(1)负重练习的实际强度不可以比运动员最高强度的 85% 低,建议刚刚参与肌纤维协调能力训练的运动员不要采取负重练习手段。

（2）不管是连续跳跃低障碍，还是参与连续击打练习，都有助于运动员肌纤维协调水平的提升。

（3）不同训练对象的负荷特征见表 6-2 和表 6-3。

表 6-2　负重训练负荷特征

负荷内容	运动员
负荷强度（％）	80～95
练习次数（次）	1～6
练习组数（组）	6～10
间歇时间（分钟）	3～5

表 6-3　跳跃或击打训练负荷特征

负荷内容	练习者
负荷强度（％）	尽可能快的速度（100％）
练习次数（次）	6～10
练习组数（组）	4～8
间歇时间（分钟）	2～3
主要方式	各种低跳、足踢、打击

3.爆发力的训练

（1）发展最大力量。

（2）以较小的负荷（负重、轻器械）或自身的体重进行练习。

（3）爆发力练习的动作形式和发力形式应当尽量和运动技术的具体要求保持统一。

（4）爆发力训练的负荷特征见表 6-4。

表 6-4　爆发力训练要求

负荷内容	要求
动作速度	爆发式
练习次数（次）	6～10
练习组数（组）	6～10
间歇时间（分钟）	2～4

4.力量耐力的训练

(1)对需要训练的力量耐力类型进行严格划分。一般来说,可以把力量耐力划分成短时间力量耐力、中时间力量耐力以及长时间力量耐力。具体来说,短时间力量耐力又被称为最大力量;中时间力量耐力又被称为有氧—无氧混合供能;长时间力量耐力又被称为有氧供能。

(2)训练内容应当和运动项目要求的力量耐力保持统一。

(3)各种力量耐力的负荷要求见表 6-5。

表 6-5　不同力量耐力的训练负荷特征

负荷内容	短时间	中时间	长时间
负荷强度(%)	参阅最大力量的训练要求	20~50	参阅中时间力量耐力的训练要求
练习次数(次)		10~100	
练习组数(组)		4~10	
间歇时间(分钟)		1	

(三)力量训练方法

1.最大力量训练方法

人体肌肉在随意收缩过程中反映出的最大用力的能力,即最大力量。要想精确测量最大力量,要求其力值在抵抗超过肌肉最大能力的阻力过程中。

(1)决定肌肉最大力量的影响因素

肌肉系统的形态学特点和生理生化特点是保障肌肉收缩的物质基础。而肌肉收缩时,中枢神经系统发放的冲动,肌肉系统内部诸子系统参与程度以及肌肉工作的动力等是肌肉收缩工作的条件。除此之外,运动技术的合理性同样是一项作用于肌肉最大力量的因素(图 6-2)。针对儿童少年运动员来说,力量训练应当把侧重点放在肌肉收缩的工作条件上,所以教练员必须保证选用训练方法的合理性和实效性。

(2)发展最大力量的主要途径

分析决定肌肉最大力量的影响要素可知,发展最大力量的常见途径如下。第一,增加肌肉横断面;第二,增多肌肉中储备磷酸肌酸的数量,有效提升 ATP 的合成速度;第三,促使肌肉间的协调性与肌纤维的协调性都大大改善;第四,促使运动员更加熟练、更加灵活地运用各项运动技巧。

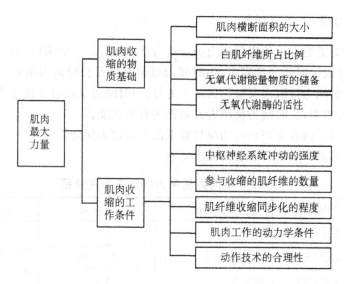

图 6-2

（3）发展最大力量的常用方法

①重复练习法。负荷强度为 75%～90%，每次训练保证完成 6～8 组练习，每组重复 3～6 次，组间间歇 3 分钟。

②静力练习法。借助大强度的静力性练习来有效提升运动员的最大力量。具体来说，负荷强度为 90% 以上，每次持续时间为 3～6 秒钟，练习 4 次，每次间歇时间为 3～4 分钟。

③发展不同肌肉最大力量的收缩方式与负荷特征见表 6-6。

表 6-6　不同肌肉发展最大力量的收缩方式与负荷特征

收缩方式	负荷强度	练习次数	练习组数	负荷持续时间	间歇时间
次极限收缩	90%～100%	1～3	1～5		3～5
最大等张收缩	100%	1	5		3～5
最大等长收缩	100%	2	5	5～6 秒	3
最大离心收缩	100%～150%	5	3		3
离心—向心最大收缩	79%～90%	6～8	3～5		5

2.快速力量训练方法

肌肉在最短时间内发挥最大力量的能力就是快速力量。快速力量是运动速度与力量的整体表现形式(图 6-3)。倘若外部负荷比较大,必须要有很大力量才能克服,则运动速度必然不会快;倘若外部负荷超过运动员具备的绝对力量,则运动速度为零。反之同理,倘若外部负荷相对有限,则运动员顺利克服只需较小的力量,这种情况下运动速度会相对较快;倘若外部负荷是零,则运动员就可以用最快速度完成运动。通常情况下,会结合 F—t 曲线测力分析,按 Fmax/tmax 公式,计算出所发挥的最大力量(牛顿)与发挥到最大力量所用时间(毫秒)的比值,当成快速力量的测定指标。

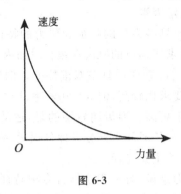

图 6-3

(1)决定快速力量的因素

快速力量侧重于用最短时间完成动作,表现出最大力量。由此可见,完成动作的速度同样是决定快速力量的一项关键性因素。除此之外,因为快速力量存在转向化特征,所以要高度重视完成动作时有无和正确技术的要求相吻合。

(2)发展快速力量的主要途径

①提高最大力量。

②缩短表现出最大力量所需的时间。

(3)发展快速力量的常用方法

①减负荷练习。是指减轻外界阻力(负重重量)或给予助力进行的练习。例如,投掷运动员常采用的投掷轻器械练习。

②先加后减负荷练习。第一步是增加负荷重量,促使负荷重量大于比赛过程中必须战胜的阻力,当运动员的机体大体适应后,再循序渐进地减少负荷,直到负荷转变成正常水平,如此可以大幅度提升运动员在标准阻力下完成动作的速度。

需要说明的是,快速力量训练成效往往会受中枢神经系统兴奋度的很大影响,所以运动员在训练过程中应当尽可能预防身心疲劳,把重复次数控制在合理范围,组间休息应当保证运动员机体获得有效恢复。

3.力量耐力的训练方法

力量耐力是指运动员在静力性工作中长时间保持相应强度的肌紧张，或在动力性工作中多次完成相应强度的肌收缩能力。前者称为静力性力量耐力，后者称为动力性力量耐力。动力性力量耐力又包括最大力量耐力（重复表现最大力量的能力）、快速力量耐力（重复快速表现大力量的能力）及长时间力量耐力（多次重复表现一定力量的能力）。

（1）力量耐力的决定因素

由于力量耐力同时具备力量的特征和耐力的特征，不只是要求运动员的肌肉力量较大，也要求运动员的肌肉在很长时间内都坚持工作，由此可知决定运动员力量耐力的因素同样具备双重特征。例如，200米跑、400米跑对运动员力量大小的要求比较高，但5 000米跑、10 000米跑对运动员长时间发挥力量的水平要求更高。但毋庸置疑的是，运动员也需要具备很高的有氧代谢水平，同时要在长时间内充分发挥各项运动技术的作用。

（2）发展力量耐力的主要途径

对于发展力量耐力来说，第一步是结合专项特征全面分析所需的力量耐力，从而选取切实有效的训练手段，进一步明确训练负荷的具体要求。

（3）发展力量耐力的常用方法

①持续训练法。

②间歇训练法。

③循环训练法。

④重复训练法。

二、速度素质训练

（一）速度素质的概念

速度素质就是人体快速运动的能力，具体就是人体或人体某部分快速移动、快速完成动作、快速做出运动反应的能力，对人体来说是一项尤为关键的运动素质，对运动员有效提升总体竞技水平有不容忽视的作用。对于整个运动过程而言，速度素质的详细反映是人体快速完成动作的能力、对外界信号快速反应的能力和快速位移的能力。

（二）速度素质的类型

以运动员在运动过程中速度素质表现出的具体特征为依据，可以把速度素质划分成反应速度、动作速度以及周期运动中的位移速度，如图6-4所示。

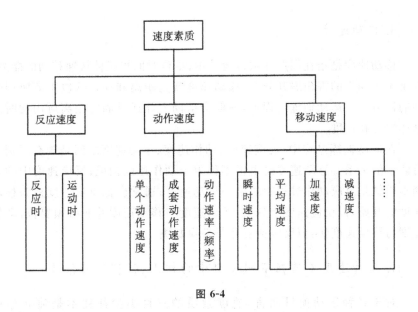

图 6-4

1.反应速度

人体对各种信号刺激的快速应答能力就是反应速度,"反应时"是体现这种应答能力的一项关键指标。具体来说,"反应时"是指从给予运动员信号刺激到运动员开始产生动作为止的时间,包括感觉时(接受刺激)、决定时(思维时)组成,是人的大脑皮层中枢神经系统的反应能力,也称"潜伏期"。通常情况下,借助反应时可以准确评定出运动员反应速度的实际情况。因为运动员各种信号的反应时存在着很大差异,所以运动训练中应当结合运动项目的实际特征来精确测定运动员对具体信号的反应时。例如,对于短跑在内的多种周期性竞速项目来说,运动员主要凭借听觉信号,而对于乒乓球运动员来说,则需要着重依赖接受视觉信号来做出对应的技战术反应。

2.动作速度

动作速度就是人体做完单个动作或成套动作的速度,是技术动作中的一项关键要素。动作速度主要表现在人体各环节完成各种单个和成套组合的伸展、挥摆、抬转、击打、蹬伸、屈伸和踢踹等动作的快慢,以及在单位时间里连续完成单个动作时重复次数的多少,也称动作频率(或动作速率)。因而,动作速度又分为单个动作速度,成套动作速度及动作频率(或动作速率)三种。

3. 移动速度

移动速度是指在周期性项目运动中,单位时间里机体快速移动的能力。立足于运动学的视角展开分析,移动速度就是距离和通过这段距离所用时间的比值。在运动训练过程中,一般会借助人体通过固定距离所用的时间来体现位移速度。

在运动训练过程中,反应速度、动作速度、移动速度之间是既有区别又有联系的关系。移动速度是由很多种单个动作速度构成;反应速度中的运动本质就是反应动作过程中的第一运动速度;通常会把反应速度视为移动速度的开始,但反应速度十分快,运动速度与移动速度并非必须要快;动作速度与移动速度快,但反应速度并非必须要快。

4. 三种速度素质在不同项群中的作用、特征及其任务

对于各种运动项目而言,速度素质的三种类型往往不是独立存在的,相反是很多种不同的复杂结合,三种速度类型基本上都会有所表现,但都具备区别于其他两者的特点。例如,200米跑,表现为起跑时的反应速度,途中跑的移动速度和撞线时的动作速度(图 6-5);三种速度素质在球类运动的表现同样如此。由此可知,制定发展速度素质的方法时应充分考虑速度素质在不同项群项目中的作用、特征和训练任务(表 6-7)。

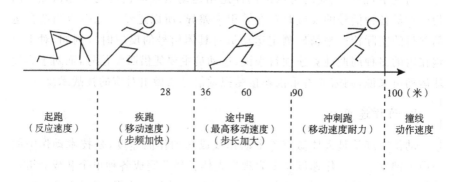

图 6-5

表 6-7　速度素质在不同项群中的作用、特征及其任务

项　群		作用	特　征	任　务
体能主导类	快速力量性	主导性作用	运动员最大限度地（或接近最大限度）表现出动作速度素质	着重提高速度素质中的速度力量,动作协调性等
	速度性	决定性作用	最大限度地（或接近最大限度）表现出反应速度和位移速度	提高反应速度和位移速度,防止速度障碍
	耐力性	决定性作用	表现为由耐力来决定速度素质	着重通过提高速度耐力来解决动作速度的培养
技能主导类	表现难美性	重要作用	运动员最大限度地（或接近最大限度）表现出动作速度素质	最大限度地（或接近最大限度）表现出动作速度素质
技战能主导类	对抗性	重要作用	在多变的情况下最大限度地表现出三种或部分速度素质	在多年训练中全面、综合地提高各速度素质

（三）速度素质的影响因素

运动员反应速度的实际情况,通常是受运动员感受器和其他分析其的特征以及中枢神经系统与神经肌肉间的协调关系。遗传效应对反应速度素质的作用极大,后天训练促使运动员反应速度素质显著提升的难度很大。例如,未参与专门训练的人反应时间往往在 0.2～0.3 秒钟波动,但长时间参与训练的运动员往往在 0.1～0.2 秒钟内浮动。由此可知,运动训练中提升反应时间的幅度往往无法超过 0.1 秒钟。但需要注意的是,尽管遗传性对反应速度的作用极大,但运动员的性别、年龄、训练水平同样会对其产生作用。除此之外,信号刺激、动作准备、机能状况、运动强度、接受刺激的感受器数量等多种因素,都会对运动员反应速度的具体表现产生不同程度地影响。

动作速度和移动速度快慢受中枢神经系统兴奋与抑制的转换速度和神经—肌肉协调性的影响。肌肉组织的特性对速度能力的影响表现在不同肌纤维的比例、肌肉弹性、展长性、肌肉协调性等方面;同时,速度素质与力量、柔韧、协调等运动素质的发展水平密切相关;另外,速度素质也与运动技术、快速调动和无氧乳酸能源再合成供应的生化机制、运动员的意志品质等紧

密联系。在全部的影响要素中,肌肉组织中快肌纤维的百分比发挥着尤为重要的作用。运动员速度能力水平和肌肉纤维数量间的联系尤为密切。运动生理学的相关研究证实,正相关是快肌纤维数量和速度素质之间的具体关系。

移动速度往往会受步长、步频的对应关系,但这两者的对应关系并不能发挥决定性作用。单位时间内完成的动作周期数和每个动作周期在特定运动方向的位移幅度是对运动员移动速度有决定性作用的因素,这两种因素的实际情况和组合情况对运动员移动速度的提升幅度有决定性作用。

提高动作频率的常见措施是提高中枢神经系统兴奋抑制转换的速度、强化肌肉收缩力量和放松水平;增加动作幅度的常见措施是增强肌肉力量,进而保证每次用力都取得最大位移,此外完善动作技术与运动装置的柔韧性同样有显著作用。

(四)速度素质的意义

速度素质是构成运动素质的一个关键部分,速度素质的实际水平对运动员竞技能力有决定性作用,速度素质的重要意义主要体现在以下几个方面。

第一,具备良好的速度素质往往有助于运动员发展其他运动素质,肌肉快速收缩可以大幅度增加运动员产生的力量,而快速发展的速度素质又可以有效拓宽耐力素质的发展空间。

第二,一般来说,绝大多数竞技体育的技术动作都要求在最短时间内完成,而具备良好速度素质的运动员往往能够熟练掌握并高效运用各项运动技巧。

第三,速度素质对于任何运动项目来说都有不可替代的作用。就体能主导类速度型项目来说,速度素质水平往往对运动成绩有直接性影响;就耐力性项目来说,有效发展的速度素质对运动员提高平均速度有积极作用;就技能主导类项目来说,时间优势能够转变成空间优势,能够大大增加包括体操运动员在内的多个项目的运动员完成高难度复杂技巧的可能性;就球类项目来说,可以大大增加运动员得分的机会;就击剑运动和摔跤运动来说,运动员在速度方面的差异常常对比赛输赢有决定性作用。

(五)速度素质的训练方法

1.反应速度的训练方法及要点

反应速度的快慢取决于运动员的感知觉能力(即接收信号的能力)、对于信号的选择性分析、信号沿反射弧传递的速度以及肌肉应答性收缩的速度和能力这四个方面。由于其与信号密切相关，而且必须由接收信号开始，因此，信号刺激法是提高反应速度的基本训练方法。

(1)信号刺激法训练要点

①重视提高运动员集中注意力于信号出现的能力。运动员对于可能出现的信号类型、方向、强弱、表现形式等特征应有足够的了解和充分的心理准备，建立起熟练的对应反应的动力定型。进而预先将注意力高度集中于可能出现的信号上，在中枢神经系统和相应的感觉(听、视、触觉等)中枢形成高度敏感的警戒点，并主动对可能出现的信号进行搜索，一旦信号出现，迅速做出反应。

②密切联系各个运动项目的竞技特征，训练过程中有针对性地给予各种刺激信号，从而促使运动员对这种信号的反应能力得到强化。具体来说，速度型项目的运动员主要给予听觉信号；直接对抗性项目的运动员主要给予视觉信号，传递对手技战术变化信息，从而使其应变能力得到强化；集体项目的选手不仅要给予视觉信号，还要给予适当的听觉信号，从而让运动员在短时间内接受同伴传来的信息，然后由此做出精确判断，最终保证战术配合的默契程度。

③把比赛中时常出现的重要信号当成主要内容展开训练，同时适度配合给予不同类型的信号刺激，这样对提高运动员的练习积极性与练习效果都有很大的积极作用。例如，在着重借助枪声信号来提升运动员起动反应速度时，可以适当给予击掌信号、敲响信号以及口令信号。

④密切联系项目特征，进而保证信号刺激训练的负荷切实有效。当开展短距离竞速项目听令起动训练时，必须保证运动员的机能处于良好状态。为此，应当合理控制练习次数，在疲劳状态下不参与练习；因为对抗性项目选手在实战过程中不得不及时做出选择性反应，所以应当在运动员体力良好、稍感疲劳和相当疲劳的三种状态下依次安排对应的信号刺激训练。

(2)信号刺激法训练手段举例

①固定信号源单一信号的练习。例如，发令起跑 20～30(米)×6～10次。乒乓球、羽毛球、排球等单一技术的多球训练。篮球、足球训练中常采用的(视、听信号)起动练习等。

②移动信号源单一信号的练习。例如，篮球选手听到不同部位传来要球的信号，立即将球传给同伴；拳击选手在神经反射练习板前见到任何一个方位出现信号时，立即用手触摸。

③固定信号源选择信号的练习。例如，乒乓球多球训练中，教练员打过来转或不转的球，运动员做出瞬间反应，并打出适宜回球。

④移动信号源选择信号的练习。例如,从不同方位发出的不同信号,运动员迅速做出选择性回应。

2.动作速度的训练方法及要点

中枢神经系统的功能和引发这个部位运动肌肉力量的实际大小是运动员机体所有部位动作速度快慢的决定性因素,训练过程中应当积极选用多种方式来提升运动员的动作速度。通常情况下,提高运动员动作速度的常见训练方法是大强度的重复训练法。

(1)动作速度训练法要点

①必须快速地完成练习。

②应选择专项动作或与专项动作结构、用力形式相似的练习。

③尽可能选择可以有序完成的练习,最好选择能够自动化完成的练习。

④采用助力法进行练习。

⑤采用预先加难法进行练习。第一步是加大难度、加大阻力完成练习,出其不意地让阻力消失或把难度恢复至正常水平,向身体系统和运动系统提出更高要求,借助短时间的后续作用来大幅度提升运动员的动作速度。

⑥安排练习次数或持续时间时,应当把维持最大动作速度当成安排的标准。

⑦在进行重复练习时,连续两次练习之间的时间间隔不但要保证工作肌肉中消耗的ATP能够获得重新合成补充,而且要保证神经系统依然可以维持理想的兴奋程度。

⑧在练习尚未开始前,运动员的肌肉一定要做好充足准备。

(2)动作速度训练举例

①大强度的分解技术练习。例如,乒乓球选手快速的徒手或持重物的挥臂练习;撑竿跳高运动员快速收腹举腿练习等。

②助力练习。例如,体操选手在教练员帮助下做快速的摆腿振浪练习等。

③减少负荷练习。例如,投掷运动员用轻器械投掷,以体会更快的动作速度的感觉。

④预先加难练习。例如,跳高选手腿缚沙袋做摆腿练习,除去沙袋后接着再做若干次,以提高起跳瞬间摆动腿的速度。

3.移动速度训练的方法及要点

单位时间内的位移距离是移动速度的衡量标准,与物理领域中速度的含义相同。周期性竞速项目和非周期性竞速项目对运动员移动速度的要求存在很大差异,训练手段的特征同样存在很大不同。

(1)移动速度训练要点

①周期性竞速项目移动速度的训练要点。周期性竞速项目的移动速度,主要取决于全程的动作频率(即单位时间内完成的动作周期数),以及每一个动作周期在特定运动方向上的位移幅度。这两个因素的改善,以及它们之间的合理结合,就会保证运动员获得更快的移动速度。

②非周期性竞技项目移动速度的训练要点。对于非周期性竞技项目竞赛来说,移动速度的表现存在一次性或间断性或多元性及多向性的特点。就投掷项目、跳跃项目以及举重项目来说,运动员的爆发式用力均为一次性的,往往需要充分发挥一次集中的快速用力来高效完成各项比赛动作。对于球类运动比赛和体操运动比赛来说,运动员在完成快速移动前往往伴随原地停顿动作或调整为速度较慢的运动,身体位移往往采取间断的形式。和周期性竞速运动员一直朝相同方向运动不同,有很多非周期性竞技运动员在比赛过程中往往会不间断地朝着前、后、侧、上、下多个方向进行位移。对于使用器械的项目比赛而言,还存在具备不同性质的位移现象,如篮球运动员的变向、投篮等。

(2)移动速度的训练手段

①径赛运动员的快速小步跑、原地快速交换踏脚、原地高抬腿跑等练习。

②游泳运动员的快速打腿、快速划臂练习。

③自行车运动员的快速踏蹬练习。

④在外部有利条件下完成的高频率练习,如下坡跑、顺风跑、缩短步长的高频率跑;陆上划臂练习等。

⑤短距离折返跑练习。

三、耐力素质训练

(一)耐力素质的概念

在较长的时间里,机体维持特定强度负荷或动作质量的能力,就是耐力素质。耐力素质是人体的一项基本运动素质,其对人的生活能力、运动能力都有不容忽视的意义。通常来说,当人体耐力素质有所提高时,人体的心血管系统功能同样会随之提高,有氧代谢水平也会得到一定程度的改善,人体骨骼肌与关节韧带等运动装置能够承受负荷的时间也会大大增加,心理方面对战胜长时间工作产生的疲劳所做的准备也会更加充分。

在竞技体育领域中,耐力素质在不同的竞技运动项目中有着不同的作用。对于长距离走、跑、骑、游、滑、划等竞速项目来说,耐力素质是决定运动员竞技能力高低的主导素质,对运动员总体竞技水平有着决定性的影响。对那些虽然不以长距离竞速为主要的竞技内容,但持续竞技时间较长的运动项目(如足球、羽毛球、水球、拳击、摔跤等)来说,耐力素质的好坏对运动员比赛的结果也有着重大的影响。就比赛时间很短的竞技项目而言,虽然在比赛过程中难以直观察觉到耐力素质对运动员竞技水平的具体作用,但不可否认的是,短距离竞速运动员、举重运动员、提高运动员等都必须积极发展耐力素质,从而为承受更大的训练负荷做好充足准备,同时保证自己在体力充沛的情况下参与各项比赛。

(二)耐力素质的类型

按不同的分类标准,可为耐力素质建立不同的分类体系(图6-6)。

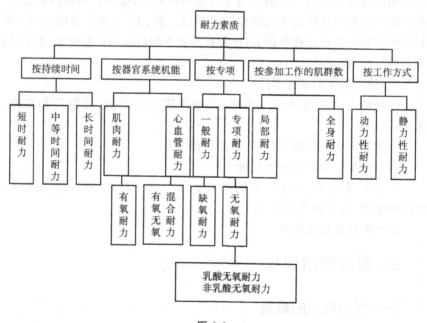

图 6-6

(1)根据运动中氧代谢的特征,可分为有氧耐力、无氧耐力及有氧—无氧混合耐力。

(2)根据肌肉工作的力学特征,可分为静力性耐力(如立姿步枪射击时手臂的用力)及动力性耐力。

(3)根据竞赛及体育活动持续的时间,可分为短时间耐力(短于2分钟)、中等时间耐力(2~8分钟)和长时间耐力(长于8分钟)。

（4）根据耐力素质对竞技能力的作用可分为一般耐力与专项耐力。

（5）根据器官系统的机能，可分为肌肉耐力、心血管耐力。

（6）根据参加主要工作的肌群数，可分为局部耐力、全身耐力。

对于以上各种分类体系来说，有氧耐力和无氧耐力的分类体系往往被应用在耐力性竞技项目的训练过程中；参照一般耐力和专项耐力的分类体系来探究耐力训练方法，往往对绝大部分运动项目的训练活动需求都比较适宜。

（三）耐力素质的训练方法

1.发展一般耐力的训练方法

一般耐力泛指运动员完成长时间工作的整体水平。一般来说，一般耐力的发展水平与测定均会把较长时间段内的工作强度当成评价指标，如通过特定距离所用的时间等。

（1）决定一般耐力水平的因素

运动员的一般耐力水平不仅取决于运动员的有氧代谢水平、体内储存能源物质的多少、支撑运动器官承受长时间工作的水平，还取决于运动员的心理控制水平以及对疲劳的耐受水平，如图 6-7 所示。

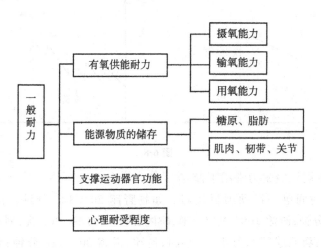

图 6-7

（2）发展一般耐力的基本途径与方法

通常以上分析可知，提高运动员的摄氧、输氧及用氧能力，保持运动员体内适宜的糖原及脂肪的储存量，提高肌肉、关节、韧带等支撑运动器官对长时间负荷的承受能力，以及加强运动员心理调节控制的能力，改进运动员在疲劳状态下充分动员机体的潜力,坚持继续工作的自我激励机制,是发展运动员一般耐力的基本途径。在实践中主要采用长时间单一的或变换的运动练习发展运动员的一般耐力。

包括跑步和游泳在内的长时间单一练习,不仅可以使运动员的有氧代谢水平得到大幅度提升,还对运动员发展和特定运动员相对应的主要工作肌群、关节、韧带的工作耐力有很大的积极作用;而长时间变换练习内容的练习能够有效减少局部运动装置的工作负荷,在增强运动员有氧代谢能力方面效果十分显著。

倘若运动员参与长时间练习,必然无法坚持大的负荷强度,所以建议运动员完成一般耐力练习时采用较小的负荷强度,发展一般耐力训练负荷的显著特征就是长时间、小强度。毋庸置疑的是,训练的总符合一定要保证运动员机体进入对应的疲劳状态,推动运动员的机体在更加活跃的状态下消除身体疲劳和心理疲劳,最终从根本上改善与提升运动员机体对长时间连续工作的适应水平。

持续训练法和间歇训练法是运动员发展一般耐力的常用训练手段。具体来说,持续训练法就是运动员不间断地练习;间歇训练法就是将所有负荷划分成很多个小段,每两段中间安排不充分的休息(图 6-8)。

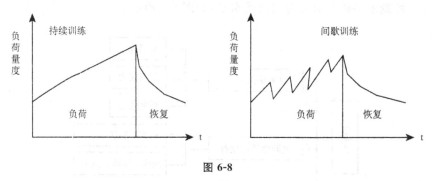

图 6-8

(3)发展一般耐力常用手段

①长时间单一运动项目练习。如越野跑 20~120 分钟;自行车骑行 40~180 分钟;游泳 400~2 000 米;跳绳、踢毽 200~1 000 次;划船 1~2 小时;足、篮、羽毛球等练习 1~3 小时;滑冰、滑雪 30~120 分钟;登山、远足 1~4 小时等。

②多种变换的、组合的耐力练习。如在环形的野外道路(或跑道)上进行的"法特莱克"跑:又称"速度游戏"。练习时,走跑交替,快慢交替,各分段长短不一,要求各异;再如循环练习:通常将 6~10 个不同练习编成组,每个练习发展特定肌群的力量和力量耐力。各练习做最大完成量的 1/5~1/2。

所有练习不间断地连续进行为一组。做 3～10 组,组间根据不同要求安排 1～10 分钟不同时间的间歇。

③在各种练习器上完成的耐力练习:如踏蹬功率自行车 5～10 分钟;在跑台上走、跑 10～30 分钟;在划船练习器上完成划桨练习 10～30 分钟。

(4)一般耐力训练的注意事项

①因为一般耐力训练的训练内容存在单一性问题,所以建议教练员组织集体练习,从而防止训练内容太过乏味。

②野外活动与野外训练必须保证安全,同时携带适量的饮料、保健用品等必需品。

③空腹晨练时,倘若需要完成一般耐力训练,则需要把负荷的量与强度控制在合理范围,防止对运动员的身体健康产生负面影响。

2.发展专项耐力的训练方法

(1)决定专项耐力水平的因素

和一般耐力相同,运动员的专项耐力水平同样取决于机体能源物质的储存量、机体供能水平、支撑运动器官的功能、对疲劳的心理耐受程度,但所有方面都反映出十分显著的特点。以推铅球比赛和掷铁饼比赛为例,从预摆结束到器械出手通常不超过 2 秒钟,是具有代表性的磷酸原供能的工作。经过特定时间的间隔之后,重新以最大强度完成相同动作,为此运动员必须保证机体内储存充足的 ATP、CP,同时 ATP 分解之后必须在短时间内合成。对于高水平的羽毛球运动员来说,需要完成几十分钟乃至几小时的比赛,用最快速度重复做滑步动作、跨步动作、扣杀动作等,造成代谢过程中无氧乳酸代谢占据很大比例,运动员完成一场比赛后血乳酸含量往往会达到 6 毫摩尔/升左右。由此可知,无氧乳酸代谢能力是羽毛球运动员专项耐力构成中的一项关键性因素。

(2)发展专项耐力的基本途径与方法

每位运动员在专项耐力方面的表现与特点存在很大差异,所以需要运动员在训练过程中选用多元化的训练手段,向机体施加不同程度的负荷。

①体能主导类快速力量性项群运动员的专项能力。常见反映是借助最大强度来重复完成完整比赛动作的能力。例如,举重运动员在 3 次试举中,尝试每次都比上一次举起的杠铃重。因此,针对运动员发展专项耐力的训练内容和训练方法来说,建议着重选择多次重复完成比赛动作或进阶比赛要求的专项练习,训练过程中积极选用极限强度完成负荷或极限下强度完成负荷。

②体能主导类周期竞速项目。运动员的专项耐力由耐力性项群与速度

性项群组成。耐力性项目的运动员需要达到的专项耐力要求是用最高的平均速度通过比赛整个过程。除超长距离以外,专项耐力的常见供能形式是糖酵解无氧代谢供能,常见训练手段是大强度的间歇训练法、重复训练法、比赛训练法。负荷的显著特点是采用超个体乳酸阈强度直至在较短段落中超比赛强度进行训练;对于负荷总量来说,中距离运动员训练时达到比赛距离的 3～6 倍,长距离为 1～3 倍;两次练习之间的间歇相对略长。进行重复训练时则要求恢复到每 10 秒 20 次或 20 次以下。练习采用的段落长度,中距离为比赛距离的 1/4～3/4;长距离亦不超过 3/4,但常采用比 1/4 专项距离短的练习段落。磷酸原代谢供能是速度性运动的常见供能形式,重复训练法和比赛训练法是速度性运动提高运动员专项耐力的常见方法。一般情况,会多次选用 1/2 至全程段落练习,负荷总量为比赛距离的 3～10 倍,负荷强度为 95%～100%,两次练习之间一定要给运动员预留充足的休息时间。

③技心能主导类表现性项群运动员的专项耐力。具体反映是用最佳技术完成完整比赛动作的能力,所以在赛前训练中一定要指导运动员多次完成成套练习或 1/2 套以上的练习。例如,高水平的体操运动员在一次训练课上完成 30～50 套完整练习。

④技能主导类对抗性项群运动员的专项耐力。技能主导类对抗性项目的比赛时间比较长,运动员必须在整场比赛中展现出最好的技能与体能,所以训练过程中一定要有针对性地安排长时间的专项对抗练习或者专项练习。在特殊情况下,教练员可以安排比常见比赛时间长或比常见比赛局数多的训练,如排球打 7 局 4 胜等。

(四)耐力素质训练的基本要求

(1)耐力训练不仅要和培养运动员的意志品质充分结合起来,还要和培养运动员的思想作风充分结合起来,也要和运动员的心理训练与调控充分结合起来。

(2)耐力训练必须考虑到专项特征,立足于专项需求来有效发展专项耐力。例如,游泳运动员积极参与无氧耐力训练,长跑运动员积极发展自身的有氧耐力,摔跤运动员认真发展自身的力量耐力与心血管耐力。

(3)在耐力训练中,呼吸必须达到科学性要求,特别是要保证呼吸节奏、呼吸频率、呼吸深度、呼吸方法都达到相关要求。

(4)运动员不仅要积极发展无氧耐力,还要保证有氧耐力协调发展。有氧耐力是无氧耐力的重要基础,两者之间存在良性迁移关系,当运动员的有氧耐力水平大幅度提升后,对其增强氧输送能力和氧利用能力有显著的积极作用。

（5）耐力训练要做到全面系统安排。对于准备期来说，应当着重安排一般耐力；对于赛前阶段、比赛期和准备期的第二阶段（专门准备阶段）应当着重安排比赛性的专项耐力。图 6-9 是里迪亚德全年耐力训练安排的一个模式图。

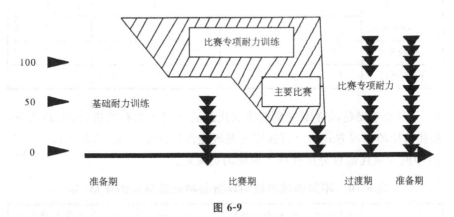

图 6-9

在体能训练过程中，教练员和运动员要想妥善处理有氧耐力与无氧耐力的关系，需要注意的要点包括以下几个方面。

（1）对耐力类型进行准确区分，对耐力的时间范围进行准确把握，必须时刻谨记其中 3 分钟工作是有氧工作和无氧工作的时间界限之一（表 6-8）。

表 6-8　耐力的不同类型分析

物质代谢类型	无氧			有氧		
	短时间	中等时间	长时间	短时间	中等时间	长时间
无氧代谢比重	85%	70%	50%	20%	10%	1%
持续时间	20秒	60秒	2分	3分钟	10分钟	20分钟

（2）教练员应尽全力保证各种运动项目与各种耐力练习方式发展多种能源的比例关系科学、准确，从而保证其所用的训练方法和运动项目能源的比赛相互对应、协调发展（表 6-9）。

表 6-9　不同运动项目发展不同能源所占比例（%）

项目	ATP-CP 系统和有氧系统	乳酸能系统和有氧系统	有氧氧化系统
100米、200米	98	2	—
400米	80	15	5

续表

项目	ATP-CP 系统和有氧系统	乳酸能系统和有氧系统	有氧氧化系统
800 米	30	65	5
1 500 米	20	55	25
3 000 米	20	40	40
10 000 米	5	15	80
马拉松	—	5	95
田赛项目	90	10	—

(3)对不同负荷强度以及机体氧代谢的比例关系有准确、清晰的认识，促使选用的练习方式和负荷强度的发展能源比例相对应、协调发展。表 6-10 中的无氧代谢百分比体现了对应的负荷强度。

表 6-10　不同训练方法对增进各种能量系统的作用(％)

训练方法	ATP-CP 系统和有氧系统	乳酸能系统和有氧系统	有氧氧化系统
加速疾跑	92	5	5
持续快跑	2	8	90
持续慢跑	2	5	93
间歇疾跑	20	10	70
间歇训练	0～80	0～80	0～80
慢跑	—	—	—
重复跑	10	50	40
速度游戏	20	40	40

(4)在耐力训练过程中，不仅要加强医务监督，还要及时采取切实可行的恢复措施，有效缓解与消除运动员的疲劳，通过科学减重来消除肌肉中的多余脂肪。

第四节　运动员实用体能训练设计

运动员的实用体能训练设计包括抗阻训练设计、爆发力训练设计、平衡与稳定训练设计、无氧耐力训练等。受篇幅限制，本节着重对抗阻训练计划的制订和无氧耐力训练计划的制定做深入分析,从而为实用体能训练设计提供理论指导。

一、抗阻训练计划的制定

一般情况下,最有效的抗阻训练计划是指能够充分对应运动员的个体需求,或者与经过需求分析以后所获得的个体目标符合。对于抗阻训练计划而言,最切实可行的一种训练形式是个性化抗阻训练计划,原因在于其根据确保计划的设计是以目标为导向的,另外可以实现训练的针对性原则。在搜集有关信息的基础上,来准确确定运动员的健康状态,进一步明确运动员可以参与抗阻训练,同时可以科学设计训练计划。详细来说,制定抗阻训练计划需要时刻关注并拓展解决的问题包括以下几个方面。

(1)可能会影响训练强度与训练内容的伤病状况与健康问题是否存在。现阶段存在的状况对运动员可以参与的训练有很大可能会产生一定程度的影响,在运动员没有彻底恢复以前,该类情况有很大可能会对参与训练的强度产生或多或少的影响。

(2)哪类重力可以使用的重力对运动员选择练习有十分关键的作用。尽管训练计划的科学化可以选用最小重力,但如果教练员对可供使用的重力有全面、深刻的理解,则对其选择更加适宜的练习方法有很大的积极作用。

(3)训练频率的具体情况,部分可能作用于训练时长的时间限制问题是否存在。确定好运动员每周的训练课总量,原因在于这些方面对其他训练因素有不同程度的影响。对于部分训练课而言,必须准确确定详细的时间段。例如,如果一次训练课的时间被确定为 2 个小时,那么训练计划的制定不能超过这一规定的时间段,这便决定了所选择的练习总组数、练习数量和类型,以及各个组练习之间的间歇时间。

(4)训练身体的哪些肌群。就运动员而言,其身体的任何一个大肌群都有必要参与相应的训练,但可以结合运动员的长处与短处以及专项的实际需求来抓住侧重点。教练员在设计训练计划时,重中之重是保证运动员的主动肌群和对抗肌群存于比较平衡的状态。因此,教练员在选择训练方法时,应当尽可能让运动员的全部肌群力量都得到发展,大肌群训练应当维持主动肌—对抗肌之间的平衡关系并维持在稳定状态。

和大肌群相比,小肌群要显得薄弱一些。具体来说,教练员应注意运动员旋转关节部位的肌群与肩胛骨固定肌群以及脊柱深层肌肉、核心区和躯干肌群;要定期对运动员的运动成绩做准确评估,对运动员的长处和短处有明确认识,还要对运动员的训练过程做全方位监控。

(5)针对的供能系统具体是哪些内容。人体中包括 ATP-CP 系统、糖醇解系统以及氧化(需氧)系统三大系统。大多数的抗阻训练计划都是针对 ATP-CP 系统与糖酵解系统所设计的。重复次数少、间歇时间相对较长的高强度的练习刺激是 ATP-CP 系统。反之,重复次数高、间歇时间中短、练习强度中高的练习一般都是针对糖酵解系统的,即旨在提高肌肉耐力和酸碱平衡。需要着重关注的是,以上两大供能系统是否可以有效满足运动员的专项运动供能系统的实际需求。尽管抗阻练习中的有氧供能系统处于相对活跃的状态,但该系统很容易就借助有氧训练获得针对性特征更显著的训练。

(6)需要哪类肌肉收缩方式,具体包括向心收缩、离心收缩等。推动运动员可以定期练习对特定肌肉的收缩方式的动作模式,从而推动运动员机体出现特定的适应性反应,最终大幅度提升运动员的专项水平。以摔跤运动为例,运动员在比赛过程中会频繁使用最大等长力量,所以教练员在训练计划中应当适当增加有关等长力量的训练,这样有助于大幅度提升摔跤运动员的体能水平。

(7)怎样对专项或训练中最常见的受伤部位展开训练。对于抗阻训练而言,运动员必须把侧重点放在身体很可能受伤的部位。例如,女运动员前十字交叉韧带撕裂的可能性比男运动员高出 4~8 倍,因而女运动员需要适度加强躯干部位到脚部的训练。在训练计划中,应该包含三个运动平面的练习以增强膝踝与髋关节肌群力量,尽可能降低膝关节受伤的可能性。对躯干肌群加强响应的抗阻训练也能够获得同样的效果。

对于抗阻训练的目标,运动者要首先确定好,这样才能为年计划的设计提供更好的指导。抗阻训练的常见目标包括伤病恢复与肌肉体积、力量、爆发力、速度、局部肌肉耐力、平衡性、协调性、柔韧性、身体脂肪百分比及健康状况。有很多训练计划都会通过多种要素和素质产生影响,这并不只是集中在单一的运动素质和要素之中。例如,体操运动员在身体的力量和爆发力方面要求非常高,但如果运动员的肌肉太过发达也会导致运动成绩的下降,这一类运动员需要很高的力量与肌肉量比,所以他们的训练计划以将使运动神经功能得到最大限度的增强作为目标,而不是片面地追求肌肉体积增大。与体操运动员不同的是,橄榄球前锋除了需要增强自身的力量与爆发力之外,如果其肌肉发达而且脂肪低,则会具有很大的优势。这些运动员在高质量完成专门的、有针对性的训练后,肌肉体积会明显增大,所以运动员的详细训练计划一定要体现出以上要求,同时要包含多元化的超负荷训练方法,最终高效实现以上目标。

二、无氧耐力训练计划制定

教练员在制定具体运动项目的无氧耐力训练计划时,必须全面分析这个运动项目的具体特征,同时全面掌握运动员的实际情况。在制定运动训练计划时,教练员应当确认好各方面的情况,这些方面是影响体能训练计划的重要变量,具体包括运动的持续时间、专项运动的运动模式、运动数量、练习—休息比等。

当运动项目不同时,对人体的需求也会存在很多差异。对于同一个运动项目而言,如部分集体性运动项目,对运动员的需求是有很多差异的,如足球运动员中的前锋、后卫、守门员等的位置以及与之对应的技术,都会对运动员的生理方面提出截然不同的要求,因此教练员必须制定有针对性的各种训练计划。教练员在制定训练计划的过程中,首先要全面掌握运动项目对运动员的提出各方面要求,这样便于开展针对性强的运动训练,最终有助于大幅度提升训练计划的实效性。

运动员完成无氧训练的时间并非完全统一的,但训练计划必须具备科学性,严禁盲目训练,无氧训练同样要达到科学性要求。运动员在参与无氧训练时,必须兼顾训练过程中出现生理适应的时间进程,体能教练应当粗略计算出运动员达到最佳无氧训练状态所需的时间。

在临近赛季等特点的时间点上,所安排的练习与时间的比值可以比实际比赛大,这样能够更好地刺激运动员产生进一步的适应。需要重点注意的是,部分运动员会在非赛季借助比赛来促使自身的竞技状态处于理想状态。教练员在制定训练计划时,必须考虑到这种状况,不然制定的训练计划可能会造成运动员训练过度。

就一般无氧运动项目而言,在赛季前训练计划前的 2～4 周,运动员才开始参与无氧代谢方面的训练。直至该阶段,非赛季训练计划中,运动员的训练侧重点才应当放在抗阻训练、爆发力训练以及专项技能训练上。当到达赛前阶段时,才会重点增强无氧训练,从而防止过度训练不利于运动员在比赛中正常发挥。对于整个非赛季阶段来说,运动员都需要让自身的体能维持在一定状态。

对于很多运动项目来说,赛前运动训练阶段的持续时间大体都是 6 周,该阶段的主要目的就是让运动员在短时间内进入良好状态,同时在一定程度上提升运动员的体能同样有很大意义。然而,倘若运动员过快进入最佳状态,就可能出现训练过度的情况,所以体能教练要和专项教练员共同制定具体的年度训练计划。制定训练计划时出现的许多失误都是教练员之间沟通不足造成的。

下面针对各个项目无氧训练计划的制定做举例分析。

(一)集体运动项目的无氧训练

为有效提升无氧运动训练的实际效率,需要合理搭配运动训练与休息,科学安排各个部分的时间。下面就以一个赛季的美国大学生参与美式橄榄球运动的无氧训练为例来进行分析(表 6-11)。

表 6-11　大学生美式橄榄球联赛的具体情况

观察到的攻防次数	1 193 次
观察到的回合数	259 次
每场比赛平均回合数	14.4 次
每个回合的攻防次数	4.6 次
每次进攻的平均持续时间	5.49 秒
两次进攻之间的休息间隔	25 秒
进攻 6 次或以上的回合所占百分比	31.2%
进攻 10 次或以上的回合所占百分比	8.1%

在进行美式橄榄球比赛时,只有在裁判指定好开球之后,比赛时间才开始计时,所以其两次进攻之间的休息间隔一般会超过 25 秒,通常来说,其平均时间间隔为 32.7 秒。因此,可将 32.7 秒每次进攻的平均时间和两次进攻之间的休息时间作为精确制定无氧训练方案所需的练习/休息比的依据。根据以上数据的相关分析可知,在非赛季阶段,橄榄球训练计划中的练习与休息可以采用 1:5 的比例。运动员可以通过采用短时间内的快速跑来对实际的橄榄球比赛加以模拟。

这一橄榄球训练计划将在集训前的 6~10 周内开始。通过表 6-11 可知,橄榄球运动员每个回合会发起 4~5 次进攻,每次进攻大约持续 5 秒。每节有 3~4 个进攻回合,可以制定和比赛实际情况更加贴近的练习/休息比的训练计划来模拟比赛。除此之外,可以组织运动员完成不同距离的快速跑训练,从而对比赛过程中主要的各种跑进行模拟。

表 6-12 是大学生篮球比赛前的无氧训练计划,该项计划是每周进行 4 天,训练量与训练强度都在循序渐进地增加。在科学调整练习/休息比的基础上,有效调控训练强度。篮球运动比赛的可变性较大,犯规与暂停等都可能让比赛暂停;当球队在比赛中占据主动位置后,就很大可能多次打出快攻配合,加快比赛攻防转换速度。为推动比赛与具体情况更加贴近,教练员在

训练过程中可以做出对应的模拟变化。

表 6-12　篮球无氧耐力训练计划案例

	第一天	第二天	第三天	第四天
第1~2周	间隔3~4圈	快速跑(距离×重复次数) 400米×1 100米×2 30米×8 练习,休息比=1:4	间隔3~4圈	快速跑(距离×重复次数) 200米×4 练习/休息比=1:4
第3~4周	间隔4~5圈	快速跑(距离×重复次数) 400米×1 100米×3~4 30米×8—10 练习/休息比=1:4	间隔4~5圈	快速跑(距离×重复次数) 200米×5~6 练习/休息比=1:4
第5~6周	间隔5~6圈	快速跑(距离×重复次数) 400米×2 100米×4~5 30米×10~12 练习,休息比=1:3	间隔5~6圈	快速跑(距离×重复次数) 200米×6~7 练习/休息比=1:3

从表 6-12 中可以看出,运动训练计划在持续时间和运动强度等方面都有所变化,这样能够对比赛中可能发生的变化进行模拟,以促使运动员对比赛产生更好的适应。

(二)个人运动项目的无氧训练

对于集体运动项目来说,运动员在运动强度方面难免有很多不同之处,但个人运动项目则有所不同。以短跑运动为例,运动员必须竭尽全力用最短时间完成比赛,所有项目的要求大体相同。由此可知,全面提升短跑运动员的速度耐力是制定无氧训练计划最为关键的内容。取得最大速度并进行保持是短跑运动员的主要目标,这种保持最大速度的能力就是速度耐力。表 6-13 是牙买加运动员博尔特在一次奥运会中的百米短跑成绩分析,分析可知博尔特能够将其最高速度保持到最后 10 米,在最后阶段,其将速度明显故意放慢,这也显示出了博尔特具有很强的保持最高速度的能力。

表 6-13　博尔特百米短跑中的分段成绩

距离（米）	用时（秒）	间隔时间（秒）	速度（千米/时）
10	1.85	1.85	19.4
20	2.87	1.02	35.3
30	3.78	0.91	39.6
40	4.65	0.87	41.4
50	5.50	0.85	42.4
60	6.32	0.82	43.9
70	7.14	0.82	43.9
80	7.96	0.82	43.9
90	8.79	0.83	43.4
100	9.69	0.90	40.0

　　短距离跑等个人运动项目在无氧训练中要将一次短跑中的疲劳减少，长时间高强度的运动间歇是不可取的。表 6-14 是 400 米短跑选手要提高速度耐力所应采取的合理的休息时间。由表 6-14 可知，两次短跑之间的休息时间比较长，这样能够促使运动员每次跑的质量得到提高。

表 6-14　短跑运动员速度—耐力训练休息时间

短跑次数	每次跑的距离（米）	两次短跑之间的恢复时间（分钟）
10	100	5～10
6	150	5～10
5	200	10
4	300	10
3	350	10
2	450	10

　　教练员在制定短距离跑运动训练计划时，可以适度调整每次跑的距离，但总距离一定要比比赛距离多 2.5 倍左右。对于体能训练过程来说，教练员安排的休息时间必须保证运动员下一次跑时机体应从上一次跑中得到完全恢复。

第七章　运动员心智训练理论与方法研究

对于运动员来说,需要具备较为全面的素养和技能,这不仅包括非常好的体能和技战术能力,同时还要具备非常好的心智能力,因为在运动员体能和技战术水平相当的比赛中,最后能够决定胜负的往往是运动员的心理能力水平。本章主要对运动员心智训练的基本知识,以及运动员心理和智能训练及其方法加以分析和研究,以此来提高运动员的心智能力水平,以期为取得理想的运动训练效果奠定坚实的基础。

第一节　运动员心智训练概述

当前,随着竞技运动赛事的不断增加,运动水平不断提高,对抗实力不断接近,运动员的心智作用在赛事胜利的取得方面所产生的作用也越来越显著。"两军相逢勇者胜"的精神口号正在逐渐趋向"两军相逢智者胜"的取胜思路。从很多成功的赛事中可以得知,良好的心理能够保证技能的良好发挥,聪慧的智力是以弱胜强的重要法宝。因此,对心智的训练要加以重视。

一、心智训练的基本内容

现代竞技运动的发展趋势表明,竞技运动的心智训练,对于提高整体竞技能力水平,特别是对重大赛事优异运动成绩的创造和取得,具有十分重要的意义。许多优秀运动员的成长历史证明:良好的心理素质和聪慧的智力水平,是这些运动员能够获得优异运动成绩的心智保证。

从严格意义上来说,心智主要是由两个方面构成的:一个是运动心理,一个是运动智力。表7-1是竞技能力中心智要素的四级层次内容结构简表。

表 7-1　心智能力四级层次要素内容结构（简表）[①]

一级层次	二级层次	三级层次	四级层次
心智能力	运动心理	运动感知	清晰性
			准确性
			敏锐性
		运动情感	激情性
			稳定性
			表现性
		运动意志	坚定性
			果断性
			自制性
	运动智力	运动思维	敏捷性
			想象性
			逻辑性
		运动观察	细微性
			准确性
			广泛性
		运动想象	清晰性
			丰富性
			联想性
		运动注意	集中性
			分配性
			转移性

（一）心理训练

运动心理是指运动员或教练员的大脑对运动训练和竞技比赛的客观世界的主观反应，这种反应主要通过感觉、知觉、表象、记忆、想象、思维、感情和意志等多种多样的形式表现出来。因此，运动心理的训练实际上主要是

[①] 胡亦海.对抗项目竞技能力层次要素特征的比较研究[J].武汉体育学院学报,2009(2).

对上述感觉、知觉、感情和意志等主要构成要素的训练。尽管人格不属于心理过程现象,但是人格也是一种心理现象,并在一定程度上通过心理过程表现出来。因此,心理训练实际上也包括人格的训练。可见,认识和掌握运动心理训练内容的意义何等重要。

1. 心理能力的定义

运动员的心理能力,具体来说,就是指运动员与训练竞赛有关的个性心理特征,以及依训练竞赛的需要把握和调整心理过程的能力。可以说,心理能力是运动员竞技能力的重要组成部分,具有非常重要的意义。

2. 运动员心理能力的作用

在运动训练与竞赛中,运动员的体能、技能、战术能力以及运动智能要想得到充分的发挥和体现,就必须在其心理能力的参与和配合下进行。除此之外,在不同的条件和不同的状况下,心理能力在运动员竞技能力中的价值也是具有一定差异性的。

(1)不同类型的运动项目对运动员心理能力的要求是有所差异的

在田径、游泳、自行车、举重等项目竞技能力的结构中,起到重要的主导作用的是体能;在竞技体操、跳水、花样滑冰等项目竞技能力的结构中,起到主导作用的是技能;在各种球类运动以及拳击、摔跤、击剑等项目竞技能力的结构中,能够起到主导作用的是技能和战术能力两个方面。对于这些项目,运动员心理能力的作用在大多数情况下是重要的,然而又是辅助的。而对射击、射箭、弓弩等技术要求比较单一,练习和比赛时多次重复同样的技术动作,但又不去直接较量运动员体能水平高低的运动项目来说,运动员心理能力的强弱在很大程度上影响着其总体竞技能力水平,同时对其比赛的结果产生重要影响。鉴于此,可以把这几个项目归属于心理技能主导类项群。

(2)不同水平选手比赛时心理能力的作用

现代社会是较为开放的,训练理论及方法的传播速度非常快,训练的秘密很难得到保守。因此,这就使得高水平运动员在体能、技能等方面常常表现得伯仲难分,比赛结果的毫厘之差,常常正是由于心理能力的差别所致。从某种程度上说,运动员水平越高,竞技越激烈,心理能力对比赛结果所产生的影响力就会相对越大,甚至在某些特定的情况下,还会起到重要的决定性作用。

(二)智能训练

1. 智力与智能

智力是指人认识客观事物并运用知识解决实际问题的能力。[①] 智能，就是所谓的智力能力。由此，可以得知，运动员在竞赛或训练中运用基础理论和专项理论知识，认识运动竞赛和运动训练的一般或特殊规律以及解决实际问题的能力，就是所谓的运动智力。运动员运动智力的组成要素是多方面的，其中，最主要的有观察力、记忆力、思维力、注意力和想象力几个方面。其中，观察力是指对事物的观察能力；记忆力是识记、保持、再认识和重现过去成功或失败的内容和经验的能力；思维力是运动员对比赛进程各种现象能够概括的反映能力；注意力是指对于比赛过程的关注程度的能力；想象力是运动员在已有形象基础上，在头脑里面创造出新形象的能力。智力能力能够使人们成功地进行某种实践活动的相对稳定的心理特点的结合得到有力的保证。

运动智力是智力类型中的一种特殊智力。其中，观察力的细微性和准确性、记忆力的清晰性和持久性、思维力的敏捷性和逻辑性、注意力的集中性和合理性、想象力的丰富性和联想性这 10 种要素，则是运动智力要素体系里面的重要因子(图 7-1)。

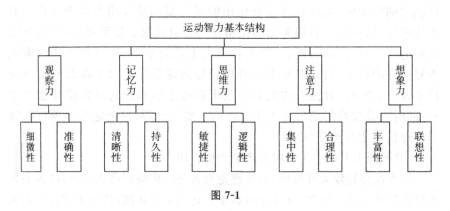

图 7-1

2. 运动智能及其构成

所谓的运动智能，是指运动员以一般智能为基础，运用包括体育运动理论在内的多学科知识，参加运动训练和运动比赛的能力。从某种程度上来

---

① 胡亦海.竞技运动训练理论与方法[M].北京：人民体育出版社,2014.

说,运动智能是运动员总体竞技能力的重要组成部分。

运动员所需智能主要包含两个方面:一个是"一般智能",一个是参与运动训练和竞技比赛所需要的"特殊智能"。其中,一般智能中某些因素和特殊能力的某些因素的有机结合,运动活动的实际操作能力、适应能力和创造能力与运动员的观察力、记忆力、想象力、注意力和思维力的有机结合,就形成了竞技运动所需的智能。

现代运动训练与比赛对运动员智能水平有着越来越高的要求,可以说,在某些情况下,运动员智能水平的高低对比赛成败起到重要的决定性作用,因此,这就要求每个运动员要对运动智能在训练与比赛方面所产生的重要意义有非常充分的了解和认识。

3. 运动智能的重要作用

运动智能具有非常重要的作用和意义,具体来说,可以从以下两个方面得到体现。

(1)具有较高运动智能的竞技选手,能够较为深刻地把握本专项竞技的特点和规律,对于训练的理论和方法的认识和体验的准确度也更高。因此,他们在训练中就更能够正确地理解教练员的训练意图,能够以自觉的行为配合教练员高质量地完成预定的训练计划,从而使运动员总体竞技能力得以有效提高的训练任务能够更好地完成。

(2)具有较高运动智能的竞技选手,不仅能够对先进的合理的运动技术有正确的理解和认识,还能够使学习和熟练掌握运动技巧的过程有效缩短;而且他们能够对运动战术的精髓和实质有更加准确的把握,在比赛中善于灵活机动地运用战术;除此之外,他们还具有较多的心理学知识,善于动员和控制自己的心理活动,从而使在竞技中更为出色地发挥已有的竞技水平,表现出更高的总体竞技能力得到有力的保证。

二、运动心智的特征分析

运动心智本身就具有非常显著的特征,具体来说,主要有以下几个方面。

(一)多样性

运动心智的首要特征,就是多样性特点,具体来说,是心智构成要素的多样性特点。这一特征将竞技运动心智因素的复杂性和多元性特点充分反映了出来。从某种意义上说,多样性特点说明心智构成因素是多种多样的,某一心智因素的特征不能以偏概全地替代竞技运动心智特征的全部,更不能由此推论视为整个竞技运动的特征。同样的道理,某一领域或某一学科对竞技运动心智的某一方面研究所取得的成果,只能将某一竞技运动心智的某一方面研究的进展反映出来而已,不能由此推论视为整个竞技运动的特征研究。竞技运动心智能力第四级层次要素提出的目的,主要是客观揭示竞技能力心智结构中基本要素的多样性特点,着重将专项竞技能力结构内部的复杂性和多元性特征反映了出来,其主要目的在于提醒心智训练或心智科研过程中出现挂一漏万或以次充主的不良现象。

(二)类别性

运动心智的第二特征为类别性,具体来说,主要从心智构成要素方面得到体现。这一特征将竞技运动心智因素的类别性和逻辑性特点充分体现了出来。类别性特点说明心智因素的类别性质及其关联是不容忽略的。将心智结构因素的类别特点揭示出来的主要目的在于客观地认识各个心智要素的性质。从某种意义上说,运动员的智力开发难度是较大的,因此,智力的发展与提高必须依靠多种学科支持方能实现,运动心智的发展与提高必须从逻辑性角度系统进行才能够得以实现。

(三)专项性

运动心智的第三特征则是专项性,具体来说,这也从心智构成要素方面得到体现。这一特征将竞技运动心智因素的专项性和目的性的特点充分反映了出来。专项性特点说明心智因素尽管具有多样性和类别性特点,但是不同运动的心智特征,对不同专项的运动特征会产生相应的影响。各个专项特征实际上是蕴藏在心智要素的特征中。换句话说,专项心智各个要素的影响作用或影响权重,实际上对专项竞技能力特征,甚至是对竞技运动特征产生一定的影响。因此,这就要求必须抓住专项运动的心智主要因素训练。

第二节　运动员心理训练与方法

作为运动训练内容体系中的重要组成部分,心理训练与机能、身体、技术、战术等这几个方面融为一体,由此,现代运动训练内容的完整体系便得以建立起来。

从现代运动训练的实践中可以得知,人体运动最大潜力的挖掘与调度,在于将运动员的心理能量充分挖掘和调动起来。其中,机能、素质、技术水平的发展,对于心理素质的提高是有所帮助的,而心理素质则会对技术水平的发挥产生一定的影响。竞技过程中彼我的其他竞技能力要素水平大体相当时,心理因素的水平会在很大程度上决定最终的胜负。因此,一定要对运动员的心理训练加以重视。

一、运动心理训练的基本理论

在运动训练或比赛的过程中,教练员与相关人员有意识、有目的、有系统地对运动员的心理活动,共同施加积极影响的过程,就是所谓的运动心理训练。运动心理训练是为了使运动员在紧张、激烈、复杂的比赛环境中能够保持积极健康的心态,从而使运动员竞技能力的正常或超常发挥得到有力的保证。因此,杰出的教练员不仅应是出色的工程师,更应该是优秀的心理专家。

(一)心理训练的目的与任务

1.心理训练的目的

发展运动员进行训练和参加比赛所必需的心理品质,使其对高强度的训练和竞争激烈的比赛具有良好的心理准备,形成相对稳定的心理状态,是心理训练的主要目的所在。

2.心理训练的任务

心理训练的任务,可以大致分为以下几个方面。

第一,将训练和比赛任务明确下来,将运动员的比赛动机激发出来,并使其树立取胜信心。

第二,要使运动员养成对运动训练的良好态度,创造适宜的心理状态,学会在千变万化的比赛情况下保持积极稳定的心理状态,提高适应比赛的能力,对最佳竞技状态的形成起到积极的促进作用。

第三,使知觉过程得到改善,注意力、记忆力、想象力和思维能力得以发展,运动技能形成的速度进一步加快,技术熟练程度和战术运用水平得以提高。

第四,对运动员具有适应本专项所需要的个性心理特征、完善心理品质和提高心理能力进行培养,对其最佳竞技状态的形成起到积极的促进作用。

第五,掌握并运用具体的心理训练方法,控制和调节自己的心理状态,克服各种心理障碍,从而使正常地参与训练和比赛得到保证。

第六,促使运动员尽快疲劳消除等。

(二)心理训练的类型

关于心理训练的类型,可以根据不同的依据进行不同的划分,其中,较为常见的有以下两种。

1.以心理训练内容与专项需要的关系为依据划分

按照这一标准,可以将心理训练分为两种类型,一种是一般心理训练,一种是专项心理训练。

(1)一般心理训练

通过一般心理训练发展运动员普遍需要的心理品质,具体来说,就是对于参加运动训练和竞技比赛的心理特征,以及健康、稳定的心理过程是较为适应的。

(2)专项心理训练

运动员通过专项心理训练,能够集中发展从事艰苦的专项训练和成功地参加专项竞赛,特别是高水平竞赛所需要的个性心理特征以及特定的心理过程。

2. 以训练周期各个不同阶段训练任务的不同为依据划分

按照这一表现,可以将心理训练分为两种类型,一种是准备期心理训练,一种是竞赛期心理训练。

一般地,准备期的心理训练对运动员的个性心理特征及其各个要素非常重视;竞赛期的心理训练对调整运动员的心理过程特征及其各个要素非常注重。当然,不同训练水平的运动员,准备期或竞赛期的心理训练的重点是存在着一定差别的。换句话说,就是随着运动训练水平的提高,心理过程特征或个性心理特征的内部要素的训练重点也会发生迁移或转变。随着运动训练的进程,改善适应专项特点和竞技需要的个性心理的训练比重逐渐加大。其中,稳健的个性或激情的个性,则要因应专项发展的需要而定。

(1)准备期心理训练

准备期的心理训练,对运动员个性心理特征的重视和改善,以及应该结合技术、战术的训练内容,循序渐进地实施心理过程特征要素的心理训练,都非常重视。例如,通过技术训练和心理训练的结合,使技术的物体感知、运动感知和时空感知能力得到进一步的强化,关键技术和环节的心理表象能力得到进一步的提高;通过战术训练和心理训练的结合,使战术应用的逻辑思维、形象思维能力和无意注意、有意注意能力得到有效的提高。实践中,逻辑思维或形象思维的行为结果是多种多样的,比如,较为常见的有:技术中的"水感""球感""位感""体感"等都是心理训练的要素;关键动作的用力及其变化都是有意注意和无意注意的合理应用;战术中的"应变"和"变化"等。显然,这些心理过程的特征要素需要通过较长的训练阶段和系统的心理训练过程方可逐渐形成。

准备期心理训练的一个重点是人格特征。个体在各种交互作用过程中形成的内在动力组织和相应行为模式的统一体,就是所谓的人格。人格特征包含的内容主要有整体性、稳定性、独特性和社会性等特征。人格的构成要素主要有神经质、外向性、开放性、随和性、尽责性这几个要素。其中,神经质的类型简称神经类型。研究表明,神经类型对于创造优异运动成绩影响重大。不同的运动专项或司职不同角色的运动员的神经类型之间是有所差距的。比如,射击、射箭项目的优秀选手多数为安静型及其亚类,田径的田赛项目多数为兴奋型及其亚类,球类项目多数为活泼型及其亚类。强调人格特征训练的目的是希望突出准备期心理训练的重点。当然,个性特征的训练需要一个多方面共同协作的系统训练的过程。

意志品质是准备期心理训练的另一重点。具体来说,运动员在训练、竞赛和生活等意志行动过程中,所表现出来的具有一定倾向性的稳定特征,就是所谓的意志品质。意志品质主要是由自觉性、果断性、自制性、坚韧性和主动性这几个方面构成的。其中,坚韧意志品质与顽强意志品质高度相关,是优秀运动员应具备的基本特征。坚韧的意志品质表现特征是:始终保持高度的专注,能够忍受生理的伤痛,具有严格积极的自律,不断追求完美的目标,具有高度必胜的信心,拥有坚强求胜的意志和非凡抗压的能力。坚韧意志品质与自我效能和动机水平有关。自我效能是指对自己实现特定的目标所需能力的信心和信念。由此可以看出,强化训练动机和信心的思想教育与提高负荷和手段的训练质量,是培养顽强意志品质的前提和途径。

(2)竞赛期心理训练

竞赛期的心理训练是心理训练的另外一种情景过程,这一过程对于控制运动员的情感和情绪具有十分重要的意义。依特定比赛的需要,所进行的有针对性的心理训练叫作赛期心理训练,包括赛前的心理准备、赛中的心理控制以及赛后的心理调整。其中,竞赛期的赛前心理准备非常重要。

一般来说,赛前运动员的体能、技能及战术能力均相对较为稳定,而其心理活动却非常活跃。心理状态的变化常常会对运动员最终参赛的结果产生巨大的影响。因此,激发运动员强烈的比赛动机、控制其适宜的激活水平、增强其参赛信心、建立稳定而又灵活的参赛思维程序,以及制定科学的参赛程序,对于成功地参加重大比赛都是非常重要而有益的。

比赛过程中,比赛环境会不断变化,会给运动员的情绪以强烈的影响。因此,保持良好的稳定情绪成为运动员充分发挥其体能、技能及战术能力水平的关键。它既直接影响着比赛的结果,也是对运动员心理能力的一种高强度,甚至极限强度的训练。

赛后心理调整是不可或缺的。竞赛结束后的心理调整,同样是心理训练的重要内容。对于比赛的成功者,应充分肯定他们在比赛中积极的情绪体验,同时亦应注意消除由于胜利而掩盖的曾经有过的消极情绪体验,以及由于不能正确对待胜利而产生的自满、松懈等不良的情绪体验;对于比赛失败者,则需力求消除因失败而带来的消极情绪体验,并应寻找和发扬其在比赛过程中局部的积极的心理体验,以激发其再战求胜的强烈动机。训练过程中应对其高度重视。

(三)心理训练的内容

在竞技运动的训练与竞赛中,要想较为准确地将技术效果展现出来,敏锐准确的感知觉能力非常重要,且需要运动员具备的重要素质;要想创造出灵活多变的高难技术和战术,则需要运动员具有敏捷的思维及表象能力;要想唤起积极的激情,平和不良的焦虑情绪,保持旺盛的训练热情,就需要具有丰富且自制力的情感;要想在训练和比赛中将自觉、果断、勇敢、主动和顽强的作风表现出来,就需要具有良好的意志品质;等等。由此可以看出,作为一名优秀的教练员,应该始终对运动员感知能力、表象能力、思维能力和意志品质的严格训练有着非常高的重视程度(图7-2)。除此之外,这里还需要特别强调的一个问题是,不同竞技运动项目对个性心理特征都有着特殊的专项要求。

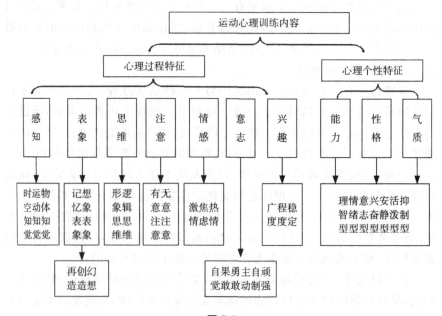

图 7-2

可以说,运动心理训练具有非常广泛的内容。尽管不同运动项目对心理训练的要求是有所不同的,但是,也是非常有必要全面认识和了解心理训练的基本内容的,这对于扩大教练员认识心理训练的内容和掌握心理训练的方法具有十分重要的意义。具体来说,心理训练的内容主要有以下两个方面。

1.心理过程特征的训练内容

通常情况下,心理过程特征的训练内容主要包括以下几个方面。

第一,感知部分的时空知觉、运动知觉、物体知觉。

第二,表象部分的记忆表象、想象表象。

第三,思维部分的形象思维、逻辑思维。

第四,注意部分的有意注意、无意注意。

第五,情感部分的激情、焦虑、热情感受。

第六,意志品质的自觉、果敢、勇敢、主动、自制和顽强。

第七,兴趣部分的广度、程度和稳定特点。

2.心理个性特征的训练内容

心理个性特征的训练内容主要包括各种能力、性格、气质的训练。其中,运动员的人格特征、意志品质会对训练质量和竞技比赛成绩产生直接的影响。

(四)心理训练的作用

心理训练是运动训练的组成部分,如果运动员没有形成良好的心理准备状态,就难以达到运动训练的高要求,更不能在重大比赛中取得优异的运动成绩。在双方身体、技术、战术等训练水平相当的情况下,运动员心理因素往往对比赛胜负起着决定性的作用。

心理训练的主要作用就在于促进运动员心理过程的不断完善,形成专项运动所需要的良好个性心理特征,获得较高水平的心理能量储备,使运动员的心理状态适应训练和比赛的要求,为提高运动员技战术水平,形成最佳竞技状态和创造优异运动成绩奠定良好的心理基础。

二、心理训练的基本方法

心理训练的顺利进行和理想训练效果的取得,都需要采取一定的方法,具体来说,较为常用的基本方法主要有以下几种。

（一）心理的意念训练法

运动员有意识地、积极地利用头脑中已经形成的运动表象或充分利用想象进行训练的方法，就是所谓的意念训练法。意念训练的显著作用主要在技术训练、战术训练上得到体现，如在练习之前通过对技术要领方法的想象，在大脑皮质中留下技术"痕迹"，然后在练习中把这些痕迹激活，可使动作完成得更加正确、顺利和流畅；又如在练习之后，对刚刚完成的练习动作进行动作过程"回忆"，使正确动作或关键环节在脑海里更加巩固。假如动作出现错误时，可在回忆中伴随着对错误动作的"纠正"和与正确技术进行对比，使其首先得到大脑表象中的"克服"，为避免下次动作练习时再次出现错误表象。实践中，意念训练法对于形成良好的"水感""球感""位感""力感"等感知能力具有十分重要的作用。

（二）心理的诱导训练法

在训练中采用有效刺激物把运动员的心理状态引导到某一个事物或方向上去的训练方法，就是所谓的诱导训练法。这一训练方法的主要作用在于，可为顺利完成训练与比赛任务建立良好的心理状态。相较于意念训练法来说，诱导训练法的不同之处在于，运动员的训练是通过教练员以及团队成员的传递诱导信息作为外界刺激来完成的。诱导的途径是多样的。优秀的教练员或相关专家等团队成员，常常善于通过示范与图片、录像与讲解、眼神与面部、说服与疏导、谈心与交心、鼓励与批评和启发与评价等手段，来达到心理诱导训练的目的。同时，优秀的教练员和相关专家常常善于通过异地训练、封闭训练等方式，屏蔽不良信息的误导。显然，诱导训练法是优秀教练员充分利用信息内容和信息通道，实施心理训练的重要方法。

（三）心理的模拟训练法

模拟未来比赛环境可能出现的情况并针对性地进行心理训练的一种方法，就是所谓的模拟训练法。通过模拟训练，能够使训练与比赛的实际尽可能接近，使运动员在近似比赛条件下，锻炼和提高对未来比赛的心理承受能力以及情绪控制能力。在模拟训练中，教练员或心理学专家主要通过制造模拟条件对运动员实施心理训练和控制。模拟训练通常包括两种形式，一种是实景模拟训练，一种是想象模拟训练。在模拟比赛的实际进程和条件的状况下进行训练为实景模拟训练，模拟训练内容包括很多，如战术配合及其应变的心理配合训练、比赛环境条件下的心理适应训练、适应比赛对手特点的心理应对训练以及适应"时差变化"的心理应对训练等。显然，运动心理的模拟训练特别强调的是实战环境下的心理应对和心理适应训练。

(四)心理的行为训练法

运动心理训练是不能脱离身体的运动训练的。身体的运动训练实际上包括机能训练、素质训练、技术训练和战术训练。脱离身体的运动训练,运动的心理无从谈起;脱离身体的心理训练,身体的运动训练毫无意义。例如,良好的"水感""球感"都必须通过身体的运动训练才能获得感知能力;良好的意志品质则必须通过不断克服各种身体运动的困难,甚至忍受机体承受极限强度的痛苦才能培养出来。因此,优秀的教练员特别注意采用"从难从严从实战出发"的训练原则,对运动员意志品质进行系统的训练。通过思想教育使运动员明确训练动机,通过形势分析提升运动员的训练信心,通过刻苦训练培养运动员的训练意志,从而为运动员获得良好的意志品质等心理素质奠定坚实的心理基础。

三、竞赛期的心理训练

心理训练的效果与运动参赛的经历之间有着非常密切的关系。除了重大赛事之外,所有围绕重大赛事进行的系列大奖赛、资格赛或检测赛都是心理训练的最佳情景或环境。因此,这就要求必须从运动训练工程的角度,高度重视这些赛事参赛过程的心理训练。从运动训练工程实施的内容和环节看,竞赛期的心理训练主要包括三个训练过程及其内容,即赛前心理准备训练、赛中心理控制训练以及赛后心理调整训练。不同训练过程的准备内容与要求是有所差别的。

(一)赛前心理准备训练

1. 赛前心理准备的内容

第一,分析彼我的利弊因素、明确适宜的比赛任务、激发良好的比赛动机、增强比赛的必胜信心、建立行动的思维程序、掌握简易的调控手段等。其中,通过分析彼我利弊因素,能够达到知己知彼,以求百战不殆的目的。

第二,通过明确适宜比赛任务,能够达到甩掉思想包袱,减缓心理压力的目的。

第三,通过激发良好比赛动机,能够达到激活比赛动力,强化比赛欲望的目的。

第四,通过增强比赛必胜信心,能够达到保持旺盛斗志,坚持不懈努力的目的。

第五，通过建立行动思维程序，能够达到建立行动程序，控制身心活动的目的。

第六，通过掌握简易调控手段，能够达到提升竞技状态，激发适宜应激的目的。

一般来说，可以通过自我暗示法、调整呼吸法、转移注意或集中注意等方法，来提高自控能力、排除紧张情绪。由此可以看出，赛前心理准备的内容是非常重要的，不可忽视。

2. 赛前心理准备的要求

在赛前的心理准备时期，需要做到以下几个方面的要求。

第一，要做到知己知彼，能够灵活运用应变对策。运动员赛前必须做到知己知彼，掌握应变对策。赛前应当高度注意从难、从严、从实战出发进行训练，必须时刻端正参赛态度，理顺比赛思路，寻找积极对策，适应艰苦环境。

第二，要排除紧张因素，预防训练要进一步加强。赛前必须积极排除干扰因素或者进行抗干扰的训练。应当注意设置各种困难的条件和环境，强化运动员抗干扰能力的训练，促使运动员在各种不利条件下能够保持稳定的心理状态。

第三，要强化责任意识，对团队精神进行重点培养。强化责任意识、培养团队精神是赛前训练的重要内容，责任意识和团队精神是战胜各种困难、体现顽强拼搏精神的重要保证。集体性的球类运动项目赛前更应进行责任意识、团队精神的培养与训练。

（二）赛中心理控制训练

运动员比赛过程中的心理控制具有非常重要的意义。竞赛中，情绪控制是运动员心理控制的核心内容所在。运动员比赛过程情绪的体验最为深刻。积极的心理定式能够使信心进一步增强，消极的心理状况易生焦虑情绪。无意误判会使运动员抱怨愤怒，嘈杂环境会使运动员烦躁不安，教练员鼓励安慰能给运动员以鼓舞，亲人期望能给运动员以动力。总的来说，比赛的瞬息万变容易导致心理过程波澜起伏，进而导致运动员的情绪、技术和战术失常。因此，情绪的稳定性能够从一定程度上保证比赛成功。由于运动员在成长的过程中需要参加多次比赛，尤其是优秀运动员的比赛任务更多，教练员应当高度珍惜每次重大比赛的机会。利用各种比赛的赛中小隙，不失时机地调整运动员的比赛情绪，促使运动员养成良好的比赛心态。

众所周知，情绪和情感与机体的生理、生化机制有密切关系，通常受刺激因素、生理状态和认知过程这三种因素的影响和制约。以情绪三因素学说为主要依据,刺激因素主要是通过比赛环境、气氛、观众、语言、对手的表现等人的感官从外部获得的信息,这些因素往往会对运动员的情绪产生直接的影响。为克服刺激因素的不良影响,需要做的就是提高运动员的适应能力,降低他们对外界刺激的感受性,使注意力集中在自己动作的感觉上,这是最根本的措施。另外,还可适当采取信息回避的措施,从而使不良刺激因素的干扰得到尽可能地减少。要以积极的内心想象占据自己的头脑。采取积极的自我暗示进行自我鼓励和自我安慰是达到自我控制的有效途径。同时,控制正确的认知过程还可以合理处理并防止刺激因素和生理因素的不良影响。

(三)赛后心理调整训练

竞技运动的比赛结果往往会使运动员在赛后产生积极或消极的情绪体验。因此,这就要求一定要及时进行赛后小结。要特别注意对运动员的心理状态进行认真分析,并以存在的问题为主要依据,有针对性地采取必要的措施加以调整。如果忽视了这个问题,很有可能对后续比赛带来不利影响。教练员应深刻认识运动员的情绪体验带有群发性特点。部分运动员情绪低落或自暴自弃或忘乎所以或行为失控的不良赛后心态往往会对全队的思想产生影响,以致殃及后续赛事的案例可谓不胜枚举。因此,这就要求必须重视运动员的赛后心理调整。通常情况下,获得理想成绩会使运动员产生鲜明而深刻的两种截然不同的情绪特征,取得不良成绩也会使运动员产生鲜明而深刻的两种截然不同的情绪特征。因此,这就要求一定要对情绪表现的基本特征引起重视。

获得理想成绩后会使运动员产生鲜明而深刻的两种截然不同的情绪体验:一种是积极的情绪体验。主要表现为心理满足、精神振奋、情绪愉快、信心倍增,此时运动员的参赛欲望更强,精神斗志更高,深感责任更重,表现出积极向上的强烈的精神;另一种是消极的情绪体验,主要表现为骄傲自满、目中无人、得意忘形、自吹自擂、盲目自信,此时运动员参赛欲望下降,过高估价自己,表现出沾沾自喜的不良的个人主义。获得不良成绩后也会使运动员产生鲜明而深刻的两种截然不同的情绪体验:一种是积极的情绪体验,主要表现为寻找差距并积极克服,不甘失败,更激斗志,不怕挫折,信心依旧地投入后续比赛;另一种是消极的情绪体验。主要表现为面对问题束手无策,面对失败斗志颓废,以致消极地应付后续比赛任务。

赛后运动员心理的调整,需要采取相应的有效策略,具体来说,主要包括以下几个方面。

第一,对待获得理想成绩的具有积极情绪体验的运动员,要积极帮助他们总结比赛中的经验与教训,鼓励他们继续保持积极情绪,激励他们更加努力拼搏,争取更大的胜利。

第二,对待获得理想成绩的具有消极情绪体验的运动员,要认真指出他们心理状态的危害性,善意指出他们比赛中的缺点和不足,促使他们居安思危,备好后续比赛工作。

第三,对待取得不良成绩的具有消极情绪体验的运动员,要帮助他们认真总结失利的原因,及时指出他们的优点及各种有利因素,帮助他们积极找出克服的办法,使他们重新焕发比赛的斗志。

第四,安排积极性休息、调节精神状态也是赛后心理调整的重要举措。特别是战役性赛事的间隔期间,应当适当安排积极性休息。这对于心情过于沉重、一时难以摆脱失败困扰的运动员是非常重要的,可让他们暂时从事其他活动,转移注意力,促使精神得以解放,加速摆脱失败情景的影响。战役性赛事间隔期间的积极性休息,也是比赛调整的需要。总的来说,运动员在战役性赛事间隔期间的心理调整,其生活应以轻松愉快、丰富而有节奏为原则,以此达到积极调整的目的。通过这种心理调整,对于他们以后的比赛以及他们全面健康地茁壮成长都是非常有利的。

四、心理障碍克服方法

对于运动员来说,他们往往会存在着这样那样的心理障碍,这就需要采取一定的方法,来克服这些心理障碍。

(一)信心鼓励法

信心鼓励法的作用主要在于提高运动员对训练过程检测指标和参加赛事意义的认识,保持其内容健康的训练和参赛动机,加速形成运动训练的适应状态和增强赛前准备的应激状态的情况下得以应用。

具体来说,这一方法的具体操作为:高强度训练或临赛之前,开展冬训、夏训或赛前动员会议。可以采用生动活泼、符合青年特点的各类活动和会议形式。团队内部以相互谈心、互送赠言或格言的方式激发信心。实践证明,这是我国广大教练员多年用于训练准备和赛前准备的好办法。

为了保证该方法的应用效果,需要对以下几个方面的事项加以注意。

第一,领导、教练员也参加,更好地提高运动员斗志,增强训练气氛。

第二,提出的训练或参赛目标适合运动员现实水平的基础条件。

第三,赛前动员活动安排在赛前两三天,或赴赛区前的一两天。

第四,活动力求短而精、生动活泼,力戒长篇大论或多人发言。

（二）形势分析法

形势分析法的作用主要有以下几个方面：第一，帮助运动员进一步分析对手实力和自己的特长，正确评价彼我优点与不足；第二，帮助运动员摆正自己的位置，明确下一阶段训练任务或即将参赛的战役性赛事的比赛任务和职责目标，使运动员心中有数，克服盲目心理，消除紧张或麻木状态，提高积极训练或参赛的信心。

具体来说，这一方法的具体操作为：召开形势分析座谈会、形势讨论会或形势讲解会。

为了保证该方法的应用效果，需要对以下几个方面的事项加以注意。

第一，在冬训或夏训之前认真分析自己的不足与特长，重大赛事之前尽力收集对方的情报，详细了解"敌情"，包括对手体能、技能、心智特点和对方教练员个性特点。

第二，要善于进行彼我的对比，找出各自的长短优劣，以便扬长击短、扬长补短。

第三，正确对待和处理好以往比赛成绩与各种名誉、主管单位的领导期望及具体实力差异的关系。

（三）历史教育法

历史教育法的主要作用在于：第一，以本队的光荣传统和过去所走过的艰难而曲折的道路来激励运动员，唤起其对过去的回忆，激发其刻苦训练的自觉性、主动性和积极性；第二，预防或调整运动员训练过程或赛前训练可能产生的不良心理状态。

具体来说，这一方法的具体操作为：请领队或教练员和运动员一起重温过往的胜败战例；请本队、本省、国家队做过贡献的退役运动员或在役运动员进行现身说法；参观本队历史上的有关艰苦奋斗的场景照片和获奖图片；观看本队曾经参与重大赛事的实况录像和解说，等等。

为了保证该方法的应用效果，需要对以下几个方面的事项加以注意。

第一，按照国际惯例，任何一支具有光荣历史的运动队或主管单位都应该积极收集本队历史战绩的各类材料、实物和照片。

第二，必要时应该开辟专栏或专墙，供新入队的或即将参加重大赛事的运动员学习、重温之用。

（四）音乐调节法

音乐调节法的主要作用在于，通过音乐感染力的利用，来取得对心理进行调节的效果。从相应的科学成果中可以发现：欢快的音乐节奏和韵律，能使人激昂振奋，精力充沛；轻柔平和的音乐能松弛肌肉，消除紧张；轻松愉快的音乐可使人的大脑保持适度兴奋。总的来说，音乐具有转移不良心理、缓和紧张状态和激发积极情绪的作用。

具体来说，这一方法的具体操作为：组织不同形式的"赛歌会""歌咏会"，组织音乐欣赏会，请专家讲述音乐作品含义，提高运动员对音乐的欣赏能力和理解水平。

为了保证该方法的应用效果，需要注意的是，音乐调节需要选择安静的环境，音乐内容若伴有语言"诱导词"效果更好。"诱导词"必须与音乐作品的含义一致，乐曲作品的选用须特别注意健康而有针对性。情绪消沉时可选择节奏明快的轻音乐，情绪亢奋时以选择温柔抒情的歌曲为好。

（五）呼吸调节法

呼吸调节法的作用主要表现为：转移注意力，降低大脑兴奋水平，减弱交感神经过程，使心率、血压、氧耗、动脉血管乳酸含量下降，从而对消除过度兴奋、紧张心理和恐惧感，内环境的动态稳定都有利。

具体来说，这一方法的具体操作为：平时训练课中如果采用训练密度加大的负荷训练，可利用训练间歇专门进行呼吸调节训练；赛前、赛间的间歇可随意站立，全身肌肉放松，微闭双眼，采用慢吸快呼、快吸慢呼、鼻吸口呼的呼吸方式进行心理调节。

为了保证该方法的应用效果，需要对以下几个方面的事项加以注意。

第一，对紧张和激动情绪进行调节时，应采用慢呼快吸一类的方法。

第二，对低沉情绪进行调节时，应采用慢吸气和用力呼气一类的方法，以提高兴奋性。

第三，采取腹式呼吸对于扩大肺活量、改善心肺功能和腹部脏器功能、安神益智都有积极的促进作用。

（六）暗示调节法

暗示调节法是一种通过多次重复某些词语，实现心理调节的方法。它的生理机制是通过大脑皮质思维过程的痕迹，对自己施加影响，从而达到调节的目的。

具体来说，这一方法的具体操作为：学习新技术或复杂动作的训练，或是重大赛事之前或是赛中间歇过程，通过闭目入静养神，默念预先拟定的有关方面的熟悉词语，引导自己进入平复心态境界，争取达到调节心理目的。例如为了尽快消除疲劳，可反复默念"我的心情开始平静了""我要安静下来""我很放松"等。为了消除紧张焦虑心情,可反复默念"我已经准备好啦"
"我有信心取得胜利"等。

为了保证该方法的应用效果,需要注意的是,默念套语时意念应高度集
中,尽可能地排开杂念。默念的暗语可以是自编自说的习惯用语,语言暗示
的内容应该是积极、肯定的语气和现时的语态。

(七)想象调节法

想象调节法是运动员根据比赛需要,在头脑中重现与当前情景相似的、
过去曾经获得成功的动作表象或比赛情景,以唤起动作记忆、技术记忆或战
术记忆。如果想象中能联想当时成功的身体感觉和情绪状态,其效果更为
显著。

具体来说,这一方法的具体操作为:坐或卧势,全身放松,微闭或全闭双
目,心境尽量保持平静。然后开始回忆一个即将进行的、在过去比赛中曾获
得成功的动作或自己感到满意的比赛场面。这种回忆在脑中出现的景象越
清晰越好,直至产生满意情绪体验时为止。

为了保证该方法的应用效果,需要对以下几个方面的事项加以注意。

第一,由于想象调节的效果取决于意念集中程度和表象重现的清晰性,
因此,想象调节时,运动员必须态度认真,思想集中,意念专注。

第二,这一方法可与暗示调节法结合进行,适用于赛前、赛中间歇的训
练,平时的训练也可以加以运用。

(八)活动调节法

活动调节法是通过准备活动来进行心理调节的。由于人的大脑与骨骼
肌肉之间存在着"互为传感"的系统,因此,可借助活动肌肉的办法来调节大
脑的兴奋性。

具体来说,这一方法的具体操作为:训练前或比赛前,教练员应仔细观
察运动员外在表现,认真分析其内在心理活动。然后根据情况安排准备活
动的内容、强度和时间。比如,情绪过度兴奋时,应安排一些轻松、缓慢的活
动(小关节做柔韧练习)或转移注意力的内容;如发现兴奋水平不足,准备活
动则应安排那些速度快、强度大、准确性高的练习内容。

为了保证该方法的应用效果,需要对以下几个方面的事项加以注意。

第一,教练员必须深刻地认识身体活动不仅是运动器官的热身准备,而
且也是心理调节的重要手段,因此,务必摸索出一套有针对性的调节心理的
活动。

第二,"统一行动"和"放任自流"是不可取的。

（九）声像调节法

声像调节法是利用感受器官的传导通路，将外环境刺激施加在大脑皮质感觉中枢，以调节运动员的心理活动。

具体来说，这一方法的具体操作为：有计划、有针对性地组织运动员观看本队或其他队的比赛录像，特别是有目的地选放弱队战胜强队、强手负于弱手、强队之间酣战的典型片断，以增强运动员信心，克服淡漠状态，激发战斗勇气。这种方法通常与信心鼓励法、历史教育法和形势分析法结合一体。

为了保证该方法的应用效果，需要对以下几个方面的事项加以注意。

第一，观看录像前，最好精选片子并配以解说词，这样效果可能更好；观看录像后，可组织短时座谈会，以强化观看影视时形成的短暂神经联系，巩固调节效果。

第二，声像调节法的录像片可以是技术动作片或战术应用片，也可以是比赛实况片或训练过程片。

（十）放松调节法

放松调节法的主要作用在于消除身心疲劳、缓解过度紧张或过度兴奋的心理状态，转移注意力，稳定情绪，克服失眠，以及培养运动员自控能力。

具体来说，这一方法的具体操作为：仰卧或取靠势，两手放于腹前或膝上，双目微闭或全闭，全身自然放松，心境平静。然后跟随教练员的指令性暗示语，逐步放松各部肌群。例如，教练员提示"放松右手臂"，运动员可自我暗示"我的右手臂已完全放松，我感到右手臂温暖、舒适"。反复三遍。随后，跟随教练员的有序提示"放松左臂""放松右腿""放松左腿"直至"全身放松"。全身放松后，可让运动员随即想象曾经度过的一个最舒适的图景，如"我好像仰卧在平坦的海滩上"等。

为了保证该方法的应用效果，需要对以下几个方面的事项加以注意。

第一，放松调节的同时要放慢呼吸节奏，按提示部位放松肌群。

第二，要保证环境安静。

（十一）舒展调节法

舒展调节法的主要作用在于疏通全身经络、调和气血和调节神经系统，能使运动员的情绪状态稳定在适宜兴奋水平上。这一方法在赛间短暂休整时较为适宜应用。适宜地运用此法后，可精力充沛地投入局间休息或盘问休息之时，也可以用于类似田径田赛项目的轮次之间的休息之时。

具体来说，这一方法的具体操作为：让运动员斜靠座椅或半躺在草地的训练衣袋上,两脚自然开立与肩同宽,全身自然放松,双手在脸前,手指尖相对,掌心向内,然后缓缓下移直至腹前,两眼紧盯指尖到腹前后,闭上双目,思想集中于慢呼吸,静坐 30 秒左右。如果时间充沛还可重做一至两遍。此方法与呼吸调节法混合运用效果更佳。

为了保证该方法的应用效果,需要注意的是,运动员一定要集中思想,内心深处逐渐入静,呼吸缓慢、均匀,全身肌肉放松。

(十二)松紧调节法

松紧调节法是运动员通过肌肉逐段松紧交替活动、调节心理状态的有效方法。这一方法对于兴奋性集中,注意力转移,进而达到解除心理不安和心态波动的目的是较为有利的。

具体来说,这一方法的具体操作为:运动员平躺在松软的垫物上,力求处于半睡状态,逐段对肌群实施放松与紧张的活动。肌群交替放松与紧张的顺序是脚、小腿、大腿、臀部、腰部、胸部、背部、上臂、前臂、手掌、颈部。在交替进行松紧的过程中,肌肉紧张的时间是短暂的,并伴有屏气。接着,突然松弛紧张的肌群,同时伴以深呼吸。一般情况下,从头到尾做一遍需要 8 分钟。这种做法通常安排在因负荷强度较大,身体反应强烈以致难以入睡的情况下,或者安排在赛前难以入眠的情景下。

为了保证该方法的应用效果,需要注意的是,练习中精力要集中,思想要专注有关肌群。

(十三)表情诱导法

表情诱导法是利用教练员的面目表情或肢体语言引导运动员心理。优秀的教练员往往具有权威和威信,因此能够潜移默化地影响着运动员。教练员平时训练喜怒哀乐的情绪表现早已让运动员熟谙于心,因此教练员赛前、赛中的面部表情变化,对运动员的心理有着不同的刺激效应。由此可见,教练员要善于利用表情以及肢体变化对运动员心理施加调节。

具体来说,这一方法的具体操作为:关键赛次之前,表情要坦然自若,轻松而不浮躁,稳重而不呆板;落后时,表情镇定而不麻木,态度自信而不焦急;胜利时,态度欣然而不轻浮,情绪高昂但不过度。

为了保证该方法的应用效果,需要注意的是,由于表情诱导是一种复杂的方法,它与教练员的修养、教练员在运动员心中的地位关系甚大,因此需要教练员积极强化内心的修养。

第三节　运动员智能训练与方法

一、运动智能训练概述

(一)智能训练的意义和任务

1. 智能训练的意义

运动员从事专项智能训练具有非常重要的意义,具体来说,主要表现在以下几个方面。

(1)能够使运动行为本身的需要得到满足。人的运动行为不仅是身体的活动,也是智能活动。智能活动在运动行为中虽然不像技战术动作那样能被明显察觉到,但在每一运动行为中,无论是技术动作还是战术行动,都包含着智能因素。例如,技术动作的完成包含着运动活动的实际操作能力,在战术行动中既包含有运动活动的操作能力,又包含着战术思维能力、适应能力和创造能力等。因此。运动行为本身就是"体"与"智"结合的产物。

(2)能够使现代竞技运动的需要得到满足。现代竞技运动融合了多种知识与现代科技。仅就运动训练而言,已越来越多地吸收与应用了其他领域或学科的先进知识和技术,这就要求运动员不仅要了解和掌握一定的科学知识,还要有把这些知识应用于运动训练实践的能力。只有具备较高智能水平的运动员才能深入地认识、把握和运用运动训练的一般规律与运动专项的特殊规律,采用先进科学知识和训练方法提高身体机能和发展运动素质,分析和掌握运动技术与战术,配合教练员有效地对整个训练过程进行调控,更快更好地提高竞技能力。

(3)能够使运动训练理论发展的需要得到满足。运动训练学作为一门新兴的综合性学科,其理论的产生与发展以及在运动训练实践中的运用,都需要一批具有较高智能水平的运动员、教练员和科研人员的共同努力,方可使之迈向新的高度。

2. 智能训练的任务

提高运动员的智能水平是智能训练的主要目的所在,为实现这一目的,就需要完成以下几方面的任务。

（1）对运动员独立完成训练和参加比赛的能力加以培养

应当使运动员明确训练和比赛的目的任务,掌握科学的训练方法与手段,熟悉比赛规则和积累比赛经验,高度发展运动感知觉、运动表象力、动作概念能力的战术思维能力,提高运动活动实际操作能力以及对训练和比赛的适应能力。

（2）对运动员参与制定和修改训练计划的能力加以培养

应当使运动员了解竞技运动的客观规律和运动训练原则,根据自己的具体情况与教练员一起制定和修订本人的训练计划。此外,运动员还应学习掌握运动生理学、运动心理学、运动生物力学等方面的基本知识,学会对训练效果进行客观的评价。

（3）对运动员自我监督的能力加以培养

应当使运动员学习和掌握运动医学和运动心理学等方面的知识和简单的测试方法,能对自己的健康、机能和心理状态进行有目的的观察与检查,配合教练员合理安排运动负荷与恢复,科学地控制训练过程。

（4）对运动员熟练掌握和操纵器械的能力加以培养

在使用器械的运动项目中（如体操、射击、自行车等项目）,运动器械的熟悉、校准、保养和正确操作是影响运动成绩的重要因素。应当使运动员了解有关运动器械的知识,学会正确使用和保养器械的技能,能在各种不同训练和比赛条件下对器械进行机械上和技术上的调整与校正,充分掌握运动器械的性能。

（二）智能训练的内容

智能训练同运动员知识的学习与掌握是分不开的,因为学习、掌握各种知识是智能发展的基础,而智能的发展又进一步促进知识的学习与掌握。由此可以看出,运动员智能训练是需要在学习和掌握一般科学文化知识的基础上才能得以进行的,因此,智能训练的内容主要包括以下两个方面。

1.运动理论知识教育

运动理论知识教育所包含的内容主要有两个方面:一方面,是一般运动知识教育,另一方面是专项运动知识教育。其中,运动解剖学、运动生理学、运动生物力学、运动生物化学、运动心理学、运动医学、体育教育学、运动训练学和运动竞赛学等是与运动训练有关的一般知识;专项技术分析、专项战术分析、专项训练原则、专项运动原理、专门器械使用、专项比赛规则、裁判方法以及训练计划、训练方法、辅助措施、负荷与恢复以及自我监控等方面的知识是与专项运动有关的知识。

2.运动智能因素培养

在运动智能因素中,运动活动的实际操作能力主要从学习、掌握和运用运动技术的能力方面得到体现。运动活动的适应能力主要从身体、技术、战术等方面的训练适应能力方面得到体现。运动行为的观察力主要从对自身运动行为的感知力和对外界物体运动的感知力方面得到体现;运动行为的记忆力主要从建立运动表象的速度和精确度方面得到体现;运动行为的思维力主要从动作概念的准确性和战术思维的敏捷性、灵活性与创造性等方面得到体现。

二、智能训练的基本途径

要想顺利进行智能训练,并且取得理想的训练效果,就需要通过科学合理的途径,具体来说,可以从以下几个方面着手。

(一)不断深入学习文化知识

智能训练的首要途径就是不断深入学习文化知识。智能训练与知识掌握是分不开的,究其原因,主要是由于知识的掌握是智能发展的基础,而智能的发展又是知识掌握的必要条件。因此,智能的提高需要在掌握知识和运用知识的过程中有意识地培养。文化学习是智能训练必不可少的重要途径。文化学习的最大效果在于,对于培养运动员逻辑思维能力与获得科学文化知识、掌握竞技运动实践方法的基本原理以及全面认识竞技能力及其发展的基本理论都是非常有利的。因此,这就要求教练员需要遵照教育和教学规律,在传授基础知识和专项知识体系的过程中,注重基本概念、原理、原则等规律性的教学,注重各类知识间的逻辑关系。教练员要善于利用各类现代化的教具,使运动员的各种观察能力和分析综合能力得到有效的提高。

(二)不断践行专项运动理论

运动理论知识所包含的内容可以分为两个方面,一个是基础知识,一个是专项知识。

1. 基础知识

对运动行为起根本作用的理论知识,就是所谓的基础知识,其中,属于生物科学的运动解剖学、运动生理学、运动生物力学、运动生物化学、运动医学、运动免疫学等;属于社会科学的运动心理学、运动教育学、运动美学、体育哲学等;属于工程科学的运动训练学、运动竞赛学、运动技能学、运动体能学等;属于数学科学的运动测量学、运动统计学、运动符号学等,这些都是基础知识的范畴。可以说,这些基础理论不仅是高级教练员和运动员必须具备的知识,同时也是运动科学赖以发展的理论依据。

2. 专项知识

对训练效果和运动成绩起直接作用的知识,就是所谓的专项知识,其主要包括技术分析、战术理论、竞赛规则及训练方法等方面。由此可见,运动智能训练就是不断地学习和系统地践行这些理论。

(三)不断提升专项运动意识

人的头脑对于客观物质世界的反映,就是所谓的意识。运动员对专项运动的认知,就是所谓的专项运动意识。由于运动智能是以身体运动作为载体,因此,专项的运动智能不仅需要强化文化知识学习和强化专项理论研究,更重要的是必须强化专项运动的实践,以此来使专项运动的运动意识得到进一步的提升。因此,运动员的智能训练,要做到不断总结个人经验,提高运动实践水平。鉴于此,就要求训练过程必须加强形象思维和逻辑思维的演练,从而将牢固的动力定型和灵活的战术变化建立起来。良好的专项运动意识是运动智能思维能力科学训练的结果;良好的专项运动意识既是多次参加重大赛事的经验提炼,也是训练过程的质量反映。由此可以看出,运动素质、技术、战术的训练过程渗透着专项运动意识的科学培养和系统发展。

(四)不断探索训练创新方法

从根本上说,运动智能说到底就是运动训练或运动竞赛中解决实践问题的能力。显然,发现问题是运动智能训练的前提,寻找对策是智能训练的目的。因此,智能训练的关键是不断地进行思维创新、观念创新和方法创新。许多项目年龄较大的优秀运动员之所以不断创造优异成绩,甚至不断延长运动寿命,就是这些运动员及其教练员团队,坚持思维创新、观念创新、理论创新和方法创新。换句话说,就是能够发现问题、分析问题,最后找到解决问题的方法。这些优秀运动员正是善于总结过去,善于发现现实,善于憧憬未来,才能不断地进步和发展;这些优秀运动员正是善于解读残酷的比赛进程,善于分析竞争对手的特长与短处,才能找到克敌制胜的方法,才能自觉、主动、积极地实现方法和技术创新。

三、运动智能训练的方法

运动智能训练采用的方法主要有以下几种。

(一)语言表达法

智能思维训练最基本的方法,就是语言表达法。正确地使用语言,能够有效地传授知识,除此之外,还能够有效地发展运动员的积极思维能力,使其对训练内容的理解程度进一步加深,培养其分析问题和解决问题的能力。在运动训练中,运用语言表达法的形式有很多种,比如,讲解、语言评议、口头或文字汇报以及默念与自我暗示等起到积极的促进作用。其中,文字形式能够对运动员积极思维,特别是对运动员思维逻辑性的培养效果显著。实践中,定期地安排运动员写出读书札记或训练日记是此方法的具体应用手段。默念与自我暗示也是思维训练的作业方式。由于第一、第二信号系统有一定联系,无声语言可在头脑中反映即将进行的动作过程,也可在一定程度上表述动作的外在特征,因此采用此法对于形象思维能力的提高是有利的。

(二)正误对比法

通过讲解、示范或图片分析、录像分析方式,将错误与正确的技术、战术进行对照、比较、分析的方法,就是所谓的正误对比法。通过这一方法,能够使运动员逻辑思维的鉴别力、判断力得到有效的提高,对正确动作的认识进一步加深,同时,还能使错误动作的发生得到有效的预防。实践中,正误对比法有许多形式可以采用,如可以将动作过程用语言来描述。教练员将一组正确与错误的语言描述进行对照比较,启发运动员的鉴别能力;或者采用影视录像、系列图片或示范形式,将一组正确和错误的动作、技术或战术,展示在运动员眼前,以提高运动员形象思维的鉴别力和判断力。总的来说,正误对比法是培养运动员逻辑思维和形象能力的一种好办法,许多富有成效的教练员都很善于运用此法系统、科学地提高运动员的运动智能水平。

(三)表象排练法

将自己感知的技术、战术,通过表象重现和想象,使第一、第二信号系统高度紧密结合的方法,就是所谓的表象排除法。其对于形象思维与抽象思维能力并举相长都是有利的。表象排练法的具体做法有很多种,其中,效果显著的当推对比表象、听讲表象和偶像表象方法。

（四）引进植移法

将其他专项的先进理论、技术动作、战术打法,通过自己的头脑分析、加工、改造、设计出适合本专项特点的理论、技术与战术,这就是所谓的引进植移法。引进植移法在运动员的思维创造力的提高方面有着非常显著的效果。通常情况下,可以将引进植移法分为三种形式。一种是借鉴非专项运动的技术特征,力求赋予专项的动作形态的动作植移;另一种是借鉴非专项运动的战术打法,力求赋予专项的战术植移;还有一种是借鉴优势项目的先进训练理论,指导同类运动项目的训练或比赛的理论植移。

（五）求异创新法

求异创新法也是运动训练中提高运动员思维能力的重要方法,这一方法对于培养运动员的思维创造性是非常有帮助的。其中,对思维训练价值较高的有三种方式。一种是将两种以上类型相同但细节有异的技术、战术进行对比,寻求它们的同异处,加深对细节的认识,从而为在比赛中灵活运用技战术奠定基础的对比求异;另一种是利用事物的不同部分进行科学组合,教练员可以用不同动作的组合变化来丰富运动战术的变化或提高运动员求异创新的组合求异;还有一种是通过捕捉一些非正规但实效好的变异动作,并加以改造使之成为以后比赛出奇制胜的改造求异。

（六）生疑提问法

生疑提问法的主要目的在于对运动员具有积极探究态度和积极的思维能力加以培养。在实践中,采用此法主要有两个方面:一个是寻求原因;一个是寻求规律。需要强调的是,生疑提问是受问题的现实性和复杂性制约的。提出的问题和答案越具有系统性,运动员思维过程也越具有条理性。因此,有计划、有逻辑地进行生疑提问是运用此法的关键。

第八章 运动员技战术能力训练理论与方法研究

随着科技的发展和营养手段的提高,运动器械得到了改进,运动员的身体素质得到了提高,这也直接促进了运动员的运动技术和战术能力的提高。运动员的技术能力和战术能力是影响其运动竞技能力的重要因素,运动技战术训练对运动员技战术能力的提高具有非常重要的作用。本章主要就运动员技战术能力训练理论与方法展开研究,以期为运动员的技战术训练提供科学的指导,主要内容包括运动员技术与战术能力概述、运动员技术训练与方法以及运动员战术训练与方法。

第一节 运动员技术与战术能力概述

从竞技能力训练的视角分析,运动员技术能力和战术能力都是运动技能训练的主要内容。运动技能的四级层次要素结构见表 8-1,该表直观地反映了运动技能各要素的关系。

表 8-1 技能能力四级层次要素内容结构

一级层次	二级层次	三级层次	四级层次
技能	运动技术	动作结构	稳定性 多样性 微调性
		动作组合	衔接性 变异性 节奏性
		动作运用	准确性 应变性 难美性

续表

一级层次	二级层次	三级层次	四级层次
技能	运动战术	战术形式	多样性 针对性 转换性
		战术行动	默契性 应变性 预见性
		战术应用	熟练性 针对性 奇诡性

一、运动技术概述

(一)运动技术的概念

作为运动员竞技能力的重要因素之一,运动技术指的是为达到既定目标而合理、有效地完成体育动作的方法。[①]

(二)运动技术的特征

1.不断发展的必然性

随着科技的不断发展,运动器械设备得到了大幅改进,并促进了运动员身心素质水平的提高,运动技术也因此而不断发展。

2.不可分割性

运动技术是运动员完成体育动作的动作,运动技术与体育动作密切联系,不可分割,这是运动技术的基本特征,也是其与其他技术相区别的最明显的一个特征。运动员只能通过身体动作表现出自己的技术能力。所以说,技术动作、动作技术等都是运动技术的几种不同称呼。

---

① 肖涛,孔祥宁,王晨宇.运动训练学[M].重庆:重庆大学出版社,2016.

3.个体差异性

不同的运动员在身体形态、运动素质等方面各有自己的特点,所以在这些基础上形成的运动技术也呈现出显著的个体差异。

4.相对稳定与即时应变的统一

运动技术的动作结构相对稳定。但在竞技比赛中,运动员要以赛场情况和自身实际为依据来调整动作技术,这就是运动技术相对稳定和即时应变的统一。

5.综合性

运动员的运动能力综合体现在运动技术上。运动员要更好地发挥自己的运动技术能力,需要身体、心理、智力等各方面能力的协调与配合。

(三)运动技术的基本要素

构成运动技术的不可缺少的因素都是运动技术的基本要素。身体姿势、动作轨迹、动作时间、动作速度、动作速率、动作力量、动作节奏等是常见的也是最重要的几个运动技术能力要素。在运动员的任何技术动作中,这些因素都普遍存在。

结构上而言,运动技术是运动学特征和动力学特征的综合结果,如图8-1所示。概括来说,运动技术的构成要素分属空间特征、时间特征、时空特征、力量特征和时空力量特征这五类动作特征。前三种特征属于运动学特征;后两种特征属于动力学特征。要对运动技术能力的原理进行科学掌握,首先要对运动技术的动作要素进行深入剖析。

1.空间特征动作要素

(1)身体姿势

运动员在完成体育动作的过程中,身体整体、各部分所处的状态及身体在空间所处的位置关系就是所谓的身体姿势。

根据动作完成的不同阶段,可以将身体姿势分为开始姿势、过程姿势和结束姿势三种类型。

(2)动作轨迹

运动员在完成体育动作的过程中,身体或身体某部分所移动的路线就是所谓的动作轨迹。

动作轨迹包括轨迹形状、轨迹方向、轨迹幅度等几个要素(表8-2)。

表 8-2　动作轨迹的构成要素

动作轨迹的要素	内容
轨迹形状	直线轨迹
	曲线轨迹
	弧线轨迹
轨迹幅度	长度
	角度
轨迹方向	前后方向
	左、右方向
	上下方向

2.时间特征动作要素

（1）动作时间

运动员完成技术动作所需要的时间就是动作时间。动作时间包括以下两种类型。

第一，完成动作所用的全部时间，即总时间。

第二，完成动作某一环节所用的时间，即各个部分操作时间。

（2）动作速率

单位时间内重复进行同一动作的次数就是所谓的动作速率。

3.时空特征动作要素

动作速度是时空特征动作要素的主要内容。

运动员在做动作的过程中，单位时间内身体或身体某部分移动的距离就是所谓的动作速度。

一般可以将动作速度划分为初速度、末速度；平均速度、瞬时速度；加速度、角速度等几种类型。

4.力量特征动作要素

动作力量是力量特征动作要素的主要内容。

运动员完成动作时，身体或身体某部分克服阻力时所用的力（用力方向、大小、作用点等）就是所谓的动作力量。动作力量的形成是运动员机体内力和外力相互作用的结果。

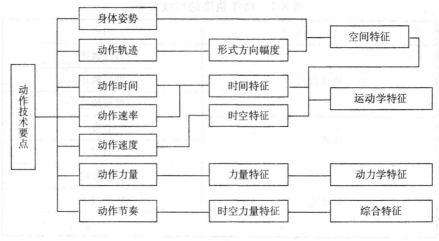

图 8-1

5.时空力量特征动作要素

动作节奏是时空力量特征动作要素的主要内容。

运动员完成动作过程中的时间特征就是所谓的动作节奏。一般来说,在动作技术向动作技巧发展的过程中,离不开动作节奏这一关键性的要素。对运动员的运动技术能力、运动技巧形成程度进行判断时,动作节奏是非常重要的评价指标。

动作时间间隔、动作用力变化、动作速率快慢、动作幅度变化等是动作节奏的组成要素。

(四)运动技术动作结构

1.运动技术基本结构

单一性或周期性运动技术的动作结构就是运动技术基本结构,常见的有球类运动中基本技术的动作结构;田径运动中跑、跳、投等技术的动作结构。具有完整动作过程是运动技术基本结构最明显的特征。

运动技术的基本结构由技术环节、技术细节和技术基础三方面内容组成(图 8-2)。

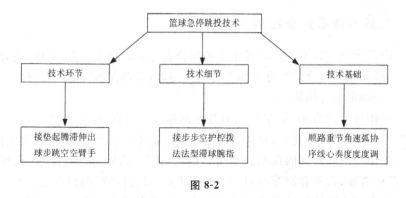

图 8-2

（1）技术环节

组成技术动作过程的各个部分就是技术环节，技术动作是由技术环节这一基本单位组成的。以排球运动中的扣球技术为例，完整的扣球过程由准备技术、助跑技术、起跳技术、腾空技术、击球技术、落地技术等几个密切衔接的环节构成。

一般来说，运动技术环节与技术动作练习有非常密切的关系。

（2）技术细节

在不对动作结构造成影响的前提下，技术动作所表现出来的应变性的微调技术就是技术细节。运动员越能够合理掌握技术细节，就越能够取得良好的动作效果。

通常，运动技术细节与运动技巧程度有直接的联系。

（3）技术基础

按一定的顺序、路线、节奏等构成动作技术的基本部分就是技术基础。

一般来讲，运动技术基础与动作技能储备之间存在着密切的联系，二者高度相关。

以上三个内容中，技术基础和技术环节是运动技术学习的重点内容，技术细节是运动技术应用的重点内容。因此，运动员在初级训练阶段，要重点把握技术基础和各个基础环节，而在高级训练阶段，则要以掌握运动技术细节为主。运动员的心理素质、运动素质、技能水平、运动经验及其对技术动作环节的认识水平等因素直接影响其对运动技术细节掌握的水平。

另外，运动员所做的动作是其身体各关节之间发生位置变化的结果。其中，骨骼、关节、肌肉是分别是动作完成的杠杆、枢纽和动力。因而全面研究运动技术的动作要素是进行运动技术训练的前提，通过研究，将影响运动技术的主要因素确定下来，然后有针对性地选择和实施有效的训练手段。

2.运动技术组合结构

由若干独立技术动作联结组成的集合就是运动技术组合,又称"组合技术"。运动技术组合结构分为以下两种类型,两者存在本质上的差异。

(1)固定组合结构

动作技术组合中,如果独立的技术动作之间的联结动作、联结方式、联结顺序是单一且相对固定的,那么这种动作技术组合就是固定组合结构。以这种结构组合而成的技术就是所谓的"套路"。蹦床、体操、跳水、花样游泳、花样滑冰、武术套路等项目的组合技术就是以这种结构组合而成的。

固定组合结构的运动技术对组合技术内部联结的编排方式和衔接质量有很高的要求,强调难度、准确、协调和稳定。

(2)变异组合结构

动作技术组合中,如果独立的技术动作之间的联结动作、联结方式、联结顺序是多元且随机应变的,那么这种动作技术组合结构就是变异组合结构。运动技术变异组合结构的典型项目有篮球、足球、排球、冰球、水球、手球、曲棍球等。

变异组合结构的动作技术对组合技术内部联结的应变方式、串联和衔接质量有很高的要求,强调正确、快速、准确、灵敏和变化。

(五)运动技术的形成与迁移

1.运动技术的形成

条件反射建立与巩固的神经学依据是运动技术形成的生理基础,动作技术的形成过程如图 8-3 所示。

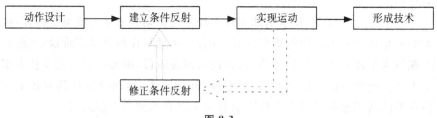

图 8-3

运动技术的形成需要一些条件的支撑,运动技术的难度不同,形成时所依据的条件也不同,不管是主观条件,还是客观条件,都是如此。难度高的动作技术,其形成需要具备非常充分的条件。从难度角度而言,运动技术形成的条件因素如图 8-4 所示。

　　形成运动技术的主客观条件因素中,每个因素又由若干不同的因素组成,这就使得运动技术学习过程中的条件网络系统得以形成。身体素质是运动技术得以形成的重要条件因素,这一因素又包含许多不同的因素,如力量素质、速度素质、平衡能力、协调能力、灵敏能力等,其中对技术形成影响较大的一个因素是身体协调能力,运动员能否掌握运动技术,并在实践中对所掌握的运动技术进行充分的运用,直接受运动员协调能力水平的影响。

　　通常而言,身体协调能力对动作技术形成的影响主要包括以下三个方面。

　　第一,神经系统的协调能力对运动技术形成的影响。

　　第二,肌肉协调能力对运动技术形成的影响。

　　第三,运动协调能力对运动技术形成的影响。

　　实践证明,在基本技能训练或非专项技术训练中,要特别注意对运动员身体各方面协调能力的培养。

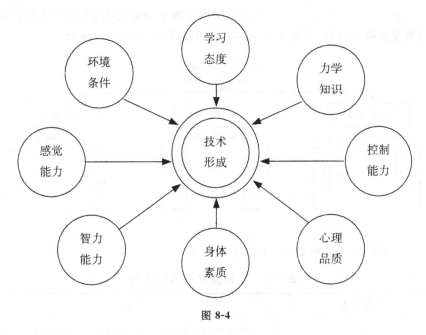

图 8-4

2.运动技术的迁移

(1)运动技术迁移原理

　　运动技术迁移的现象在运动技术训练实践中大量存在。运动员在学习、掌握一项运动技术的过程中,往往会对另一种技能的学习产生促进或干扰的作用,这就体现了运动技术迁移原理。

迁移原理指的是在运动技术学练中,运动员学习和掌握新的技术动作时,在受到新刺激后,与新刺激有联系的原有神经暂时联系的痕迹被激活,并参与新刺激联系的建立或对以往的旧有联系的改造,从而使原有神经系统的暂时性联系不断扩大、蔓延、发展,因此对新技术的学习以及对旧技术动作产生良性或恶劣的影响。[①] 动作迁移会对运动员学练新技术及其已经掌握的旧技术产生良性的影响,还是恶劣的影响,主要由以下几方面的因素决定。

第一,新旧技术动作结构的相似性和差异性。

第二,运动员在学习新技术时的心理状态。

第三,运动员的认知结构与认知水平。

第四,运动员的技能贮备水平。

第五,教练员的指导方法和模式。

第六,训练场所、训练环境等客观条件。

(2)运动技术迁移的类型

运动员学习新的运动技术需要经历比较复杂的过程,运动技术的迁移过程是多维的,因此产生了丰富多样的迁移类型,如图 8-5 所示。

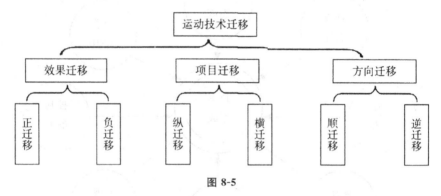

图 8-5

运动技术迁移的类型及阐释见表 8-3。

表 8-3　运动技术迁移的类型

迁移类型		解　释
方向迁移	顺迁移	掌握一种比较容易的动作,能够对同类较难动作的学习施加影响
	逆迁移	掌握一种比较难的动作,能够对较易动作的学习或已掌握的技术施加影响

---

① 胡亦海.竞技运动训练理论与方法[M].北京:人民体育出版社,2014.

迁移类型		解　释
项目迁移	横迁移	学习的技术不属于同一项目,但所掌握的技术或学习的技术彼此之间相互影响
	纵迁移	学习的技术属于同一项目,但所掌握的技术对另一种运动技术的学习会产生影响
效果迁移	正迁移	掌握一种运动技术,能积极影响另一种运动技术的学习
	负迁移	掌握一种运动技术,会干扰对另一种运动技能的学习与掌握

（3）运动迁移的步骤

运动员学习与掌握新的运动技术,需要学会对迁移原理和迁移方法的科学运用。一般来说,可采取如下步骤实现有效的迁移。

第一,建立正确的技术概念。运动员必须正确理解运动技术的概念,在学习新技术时,要先对技术原理进行掌握,对动作结构和环节之间的联系有一个清晰的认识,并对比类似的已掌握的技术动作结构,明确二者之间的差异与区别,从而使负迁移的倾向得以消除,促进正迁移的形成。

第二,熟练并巩固技术动作。前一技术动作的质量直接决定迁移效果的好坏。运动员掌握的技术动作数量越多、牢固性越强,思维越清晰,就能够建立越多的暂时性神经联系,从而在新技术学习中,正迁移就越容易形成。

第三,对间隔时间进行科学掌握。一般而言,在学习两种动作结构存在很大差异的技术时,对间隔时期没有严格要求,即先学习一种技术后,再对新技术进行学习时,不必考虑二者之间的间隔时间。但如果同时或相继学习的两种技术在结构上相似,则需要安排较长的间隔时间。

（六）运动技术分析

1.运动技术分析的基本方法

掌握正确的运动技术是运动员进行技术训练的前提条件。正确的运动技术是理想的动作模式,是从运动实践中发展、检验和提炼的结果。在运动技术教学与训练过程中,运动技术分析是一个非常重要的环节,诊断、评价运动技术及进行技术创新都离不开这一环节。技术分析要坚持合理性原则、个体性原则、优化性原则以及实效性原则。

一般而言,在运动技术分析中,分析者必须以理想动作模式为标准,并对具体动作结构进行了解与熟悉,且具有深刻的体会。也就是说,分析者要对技术动作的结构及其要素进行了解,而且要对动作过程及其变化有所掌握,同时可以对技术要素之间的相互关系形成准确的认识。只有如此,才能在分析的过程中进行有效对比,才能及时发现问题,高效解决问题。技术观察、结构分析、统计分析等是技术分析中常用的几个方法。

(1)技术观察法

技术观察法有以下两种类型。

简单观察:通过对运动员的动作过程进行现场观察,对比自己的动作概念、经验,然后迅速做出相应判断。

复杂观察:采用录像观察等观察手段反复观察和比较运动员的动作过程,在此基础上进行精确分析。

(2)结构分析法

在结构分析法中,生物力学方法是经常被分析者采用的方法。现场采样、实验室解析是该方法的主要特征。经过测试、计算,对技术动作的力学特征进行揭示是结构分析的主要目的。

分析者也可结合肌电分析方法对运动员在动作过程中肌肉做功的顺序、方位、时间、程度等进行观察,从而及时发现和解决问题。

(3)统计分析法

统计分析法是从训练和比赛质量角度出发而进行分析的一种方法,具有可靠性、简易性和时效性等特征。在运用这一方法时,技术动作的次数、强度、质量和效果是主要分析的对象。

2.技术分析方法要素

运动技术分析的方法要素包括技术观察分析、力学观察分析两个方面,如图8-6所示。技术分析方法中,科学性较强、结论更为准确的当属生物力学分析方法。但实践经验表明,单纯从事力学理论研究的研究者或单纯从事力学实验的工作者,如果对人体解剖知识和专项技术动作不熟悉,得出的结论也有可能是错误的,因此会对训练方法产生误导。

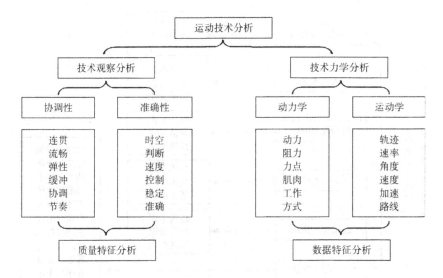

图 8-6

事实上,运动生物力学作为一门新兴学科,具有很强的实践性。生物力学分析方法在基础训练阶段的技术形成分析中、在高级训练阶段的动作配合分析中具有重要的作用。近年来,运动生物力学领域的研究人员基本采用综合性手段来增强数据采集和处理能力,从而促进了技术动作分析科学性的增强。

二、运动战术概述

(一)运动战术的概念

运动战术是指运动员根据专项运动的竞赛规则,为战胜对手或取得理想成绩而采取的各种谋略和行动的总称。"谋略"指的是赛前预谋和临场策略;"行动"指的是贯彻"谋略"的行为方式。[①] 从运动战术的概念来看,赛前的预谋、临场的计策与策略行动的实施是运动战术的主要内容。

(二)运动战术的基本结构

运动战术的基本结构如图 8-7 所示。

---

① 胡亦海.竞技运动训练理论与方法[M].北京:人民体育出版社,2014.

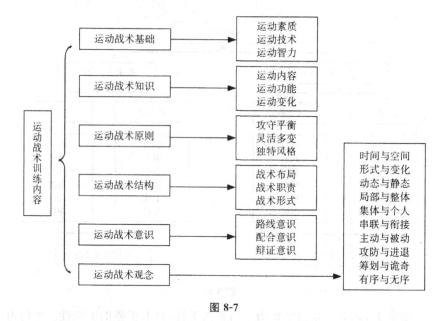

图 8-7

下面主要就运动战术的几个主要结构因素进行分析。

1.战术观念

教练员、运动员在战术训练和比赛实践中所形成的与战术理论、应用及战术变化有关的战术理念就是所谓的战术观念。运动员的思维方式、战术知识和竞赛经验等因素会影响其战术观念的形成,战术观念对战术方案的设计、实施具有重要的导向作用。战术观念是战术指导思想的理论基础。

2.战术指导思想

在战术观念的影响下,以不同对手的具体情况为依据所提出的对战术行动具有针对性指导作用的完整思路就是战术指导思想。战术指导思想对战术计谋与行动具有重要的指导作用,战术运用者的战术观念能够从战术指导思想中体现出来。

3.战术意识

运动员临场时对自己的行动进行支配的思维活动过程就是所谓的战术意识,运动员只有具备良好的战术意识,才能够在复杂多变的竞赛环境中,根据赛场情况,及时调整自己的行动,正确发挥自己的技战术水平,做到随机应变。

4.战术知识

战术知识是指关于比赛战术理论与实践运用的经验和知识的总和,运动员对具体战术的掌握和运用需要以丰富的战术知识为基础。[①]

5.战术原则

对战术方案进行制定、对战术计划实施的思想与行为准则就是战术原则。

6.战术行动

战术行动指的是运动员为达到战术目的而对各种运动技术的具体实施。

7.战术方案

战术方案指的是具体战术行动的预案与设计。运动员掌握战术知识的广度与深度直接决定了战术方案的合理性、方案运用的灵活性以及方案运用结果的有效性。战术方案不是只有一种,以不同对手、不同环境和不同条件为依据,可以确定多种战术方案,其中有些是主要方案,有些是预案备选。

战术方案和战术行动之间存在着设计与实施的关系。战术行动的意图、形式和内容主要由战术方案决定,战术方案的实现需要依靠战术行动。

三、运动员技战术能力及影响因素

(一)运动员技术能力及影响因素

1.运动员技术能力的概念

运动员技术能力指的是运动员掌握和运用技术的能力。

2.运动员技术能力的影响因素

影响运动员技术能力的因素见表8-4。

---

① 胡亦海.竞技运动训练理论与方法[M].北京:人民体育出版社,2014.

表 8-4　影响运动员技术能力的因素

因素类型	具体因素
主体因素	人体结构力学特征
	感知觉能力
	动作技能的贮存数量
	运动素质的发展水平
	运动员个性心理特征
客体因素	场地器材与设备
	技术环境
	竞赛规则

(二)运动员战术能力及影响因素

1.运动员战术能力的概念

运动员战术能力指的是运动员掌握和运用战术的能力。

2.运动员战术能力的影响因素

影响运动员战术能力的因素见表 8-5。

表 8-5　影响运动员战术能力的因素

因素类型	具体因素
军事学与谋略学因素	知己知彼,百战不殆
	奇正
	虚实
	攻守
	得失
形体学与体能、技能因素	运动员形态特点
	运动员身体能力
	运动员技术能力
心理学与思维科学因素	神经类型
	注意力
	智能
	思维能力
	学习能力

第二节　运动员技术训练与方法

一、运动员技术训练要求

（一）对特长技术与全面技术的关系进行正确处理

很多体育项目的技术都能够分为特长技术、全面技术等类型。在技术训练中，应结合这两种技术进行全面训练。

运动员掌握的所有技术中，对获取优异运动成绩有决定性影响的、能够将个人特点或优势充分展现出来的、使用概率和得分概率相对较高的技术就是运动员的特长技术。[①] 在技术训练中，特长技术是重点训练内容，要求精雕细琢，精益求精，从而提高运动员的优势能力，使运动员可以凭借自己的特长克"敌"制胜。运动员能否成为优秀的高水平的运动员，能否在世界排名中占据前列，一方面就看其是否有"绝招"。"绝招"的核心构成就是特长技术（表 8-6）。

实践证明，运动员在比赛中的制胜法宝都是自己的特长技术，而且运动员能否形成鲜明的技术风格，也主要由其特长技术决定。

表 8-6　世界优秀选手的技术特长选例[②]

姓名	项目	特　　　长	运动成绩
阎红	竞走	动作经济实效	世界杯赛冠军
朱建华	跳高	助跑速度快，与起跳结合好	三次创世界纪录
李宁	体操	有突出的空间定向能力及身体自控能力，动作规格高	世界冠军
高凤莲	柔道	"外卷入"动作熟练	世界冠军
周继红	跳水	难度系数高，压水花技术好	奥运会冠军
许海峰	射击	自控能力突出，技术稳定	奥运会冠军
江加良	乒乓球	快攻及相持能力强，技术全面	世界冠军
杨阳	羽毛球	后场凌空劈杀技术好	世界冠军

---

① 田麦久.运动训练学[M].北京:高等教育出版社,2006.

② 同上.

在专项运动技术群中,运动员要将哪些技术发展成为自己的特长技术,需要进行认真的考虑,具体需从以下几个要素着手考虑。

(1)运动员整体打法及场上位置的特定要求。

(2)运动员的个人特点及使用的特殊器械。

(3)该项运动技术群中带有关键性作用的技术。

(4)该项运动技术群中,运动员完成得最为出色的技术动作或技术类别。

在重点训练运动员特长技术的同时,还应使运动员对专项运动中的各项技术进行全面掌握。

(二)对规范化和个体差异的关系进行正确处理

技术规范又称"技术规格"。训练学中将技术规范定义为以科学原理为依据而确立的、在技术训练中必须遵从的模式化要求。技术规范为技术训练提供了严格的标准,运动员必须按照标准进行训练,达到技术规范的要求。因而在运动技术训练中,技术的规范化是必须强调的重点。在体操、武术套路等项目的训练中,尤其要注意技术的规范化训练。此外,对技术规范化的强调在技术训练初级阶段或少儿训练中同样具有非常重要的作用。同时,我们还应将技术的个体差异重视起来,将动作规范化与个体差异有机结合起来进行训练。

技术规范是一种理想的动作模式,其准确概括与描述了许多优秀运动员的共同特征。运动员在一个特定时间要同时具备所有的规范化特征是不可能的,而且运动员的技术动作要与技术规范的要求完全符合是非常难的。作为一种理论,技术规范只能为技术训练提供必要的准则,指明基本方向,而不可能对每名运动员的技术细节进行全面且深刻的描述。

我国学者曾指出,在运动技术训练中,不仅要使运动员的练习达到技术规格的要求,还应将运动员的个人特点重视起来。由于运动员的个体差异非常明显,某些运动员在技术学练过程中,有些方面似乎与技术规格不符,但对运动员本人而言,确是合理的,而且是能够产生积极效应的。了解这一点,有利于运动员在运动技术训练中充分发挥自己的个性,从而促进运动技术训练任务更好地完成。

教练员要清楚地意识到,重视运动员的技术特点,尊重运动员的个性,有目的地强化运动员的个性技术,对使这些特点发展为运动员特长,使运动员攀登世界体育竞技高峰具有非常重要的意义。在球类等对抗性项目的训练中,最关键的一个因素是技术的"实用性"。如果教练员与运动员过分强调与追求技术的规范化,而将动作的实用性抛到一边,会影响运动员的真实能力及比赛结果。在很多情况下,技术的实用性除了由技术的规范化决定外,运动员的个人技术特点也是一个重要的决定性因素。因而在运动技术训练中,坚持区别对待原则和因材施教原则非常重要。

(三)关于运动技术创新

运动技术不断发展与完善的源泉来自于创新,技术创新的实践价值是巨大的。在漫长的历史中,运动技术完成了渐进式发展,运动技术的连续性特征在其渐进式发展历史中得到了突出的体现,运动技术以创新为核心的发展属于跃迁式发展,阶段性特征在这一发展过程中有突出的反映,通过创新,可以使运动技术的整体水平在某一特定时期得到大幅度提高。新技术的出现会增加比赛的对抗性和激烈性,或增加某项目比赛的难度,因此会使比赛更加精彩,使竞技体育更具观赏性。

运动技术的创新会动摇整个运动技术体系,将原有的运动技术结构破坏,促进新的运动技术结构的形成与建立,在较短时期内促进运动技术的大发展,率先创新者会在竞技比赛中获取巨大的收益,即取得优异的运动成绩。

运动技术创新的不平衡性引起了运动技术发展的不平衡性。率先创新者会首先打破旧有平衡,在技术上与对手形成明显的"落差"。对于新技术,人们很难在短时间内适应,适应与摸索对策的过程需要经历一个较长的时期,所以率先创新者在相当长的一段时间内在专项领域保持先进水平的可能性很高。

通过运动技术创新,即通过对运动技术的研究、开发与创新,可达到很多可观的目的,如图 8-8 中所示。

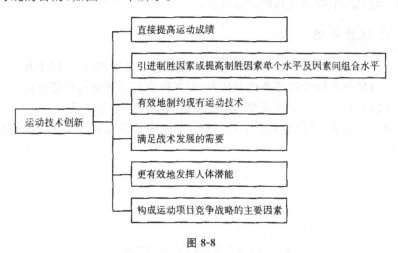

图 8-8

二、运动员技术训练方法

运动训练技术的训练方法主要有以下几种。

(一)语言训练法

1.概念

在运动技术训练中,教练员运用不同形式的语言对运动员学练技术动作进行指导的方法就是语言法。帮助运动员明确技术动作概念,使运动员形成正确的动力定型是这一训练方法的主要作用。

2.注意事项

教练员在运动技术训练中运用语言法时,需对以下几个问题加以注意。
(1)把握好讲解的时机。
(2)正确使用专业术语。
(3)精讲多练。

(二)直观训练法

1.概念

教练员通过示范、播放视频等直观的方式使运动员通过调动各感觉器官的功能,建立动作技术的直观表象,从感性上初步认识技术动作,逐步达到正确思维、掌握和提高的训练方法。[①]

2.注意事项

在运动技术训练中,教练员运用直观法进行训练,需注意以下几点。
(1)根据不同阶段的条件和情况,对各种直观手段进行广泛运用。
(2)在直观训练中注意对运动员积极思维的启发与培养。
(3)将电影、录像等直观手段运用于低水平运动员或青少年运动员的技术训练中。

---

① 肖涛,孔祥宁,王晨宇.运动训练学[M].重庆:重庆大学出版社,2016.

（三）完整训练法

1.概念

完整训练法指的是在将完整的技术动作分解为各个环节的情况下,对技术动作的开始姿势到结束姿势进行完整练习,进而掌握运动技术的训练方法。帮助运动员建立完整的技术动作概念,对动作结构和各环节之间的联系没有干扰等是这一训练方法的主要优势。

单个技术动作、多个技术动作的训练、成套动作训练、个人训练、集体配合训练等都可以采用这一方法。

2.注意事项

动作技术有难易之分,在不同难度的技术动作训练中,采用完整法需有所侧重。

（1）简单技术动作的完整训练

如果技术动作比较简单,采用完整训练法时应安排多样化、具有竞争性的练习形式,对运动员的良性竞争意识进行培养。

（2）复杂技术动作的完整训练

首先,降低技术动作的整体难度,使运动员在保持正确动作结构的基础上完成技术动作,建立自信。

其次,将练习目标及要求进一步提高,严格控制技术的核心环节。

最后,给予运动员必要的保护与帮助,避免运动员身体受伤或自信心受到影响。

（四）分解训练法

1.概念

将单独技术动作或组合技术动作合理分成若干环节,然后逐一练习各环节的训练方法就是分解训练法。缩短技术学习时间、将精力集中在专门训练任务的完成上、提高自信心、提高训练效益等是这一训练方法的主要优点。

运动员在练习复杂的技术动作时,可以采用这一训练方法,树立自信,不断进步。

2.注意事项

在运动技术训练中运用分解法需关注如下几点事项。

首先,通常来说,运动员的运动技术水平越高,就需要越多地采用分解练习的方法。

其次,练习复杂的技术动作时,要注意合理划分动作阶段,避免破坏技术动作的结构特点。

再次,如果技术动作有一定的危险,采用分解法可以避免发生危险。

最后,有些项目技术对运动员的身体素质提出了较高的要求,这时需采用分解法进行训练。

(五)想象训练法与念动训练法

1.概念

(1)想象训练法

在技术动作练习前,运动员通过想象技术动作要领,在大脑皮层中留下技术"痕迹",从而更为准确与顺利地完成技术动作的训练方法就是想象训练法。[①] 优秀运动员更适合采用这一方法进行训练。

(2)念动训练法

念动训练法指的是运动员在头脑中创造出没有经历过的完整的正确技术动作表象的训练方法。[②] 念动训练法又被称为"表象训练法",属于心理训练范围。

采用这一训练方法可促进运动员表象再现及表象记忆能力的提高,可提高运动员集中注意力的能力,促进运动员心理稳定性的提高,从而使运动员更好更快地掌握技术动作。

2.注意事项

在运动技术训练中运用想象法与表象法应对以下问题予以重视。

(1)与各种感觉相结合,把头脑中的想象变成运动器官的操作性活动。

(2)不断重复形成记忆。

(3)考虑不同年龄段运动员和不同水平运动员的接受能力。

---

① 肖涛,孔祥宁,王晨宇.运动训练学[M].重庆:重庆大学出版社,2016.
② 同上.

（六）预防与纠正错误法

1. 概念

找出造成错误的原因，然后有针对性地采用各种方法和手段预防与纠正错误动作的方法，就是预防与纠正错误法。

2. 注意事项

在技术训练中采用预防与纠正错误法需注意以下几点。

（1）及时、准确地纠正错误。

（2）如果技术动作的难度大，应在初学时有针对性地进行预防练习。

（3）对于普遍性问题，需重复讲解，并有针对性地采取辅助练习的措施。

（4）采用不同辅助练习方法来预防不同问题。

（七）比较分析训练法

1. 概念

对比和分析练习者的技术动作，以此得到有利于对练习者继续训练进行指导的指令依据的方法就是比较分析训练法。

2. 注意事项

教练员认真对比与分析运动员的技术练习现状，得出明确具体的新指令内容，对练习者进行及时有效的指导。

（八）加难法与减难法

1. 概念

（1）加难法

运动员以高于专项技术要求的难度进行技术动作训练的方法就是加难法。优秀运动员常使用这一方法，有利于促进运动员熟练掌握技术动作的程度和技术运用能力的提高。

（2）减难法

运动员以低于专项技术要求的难度进行技术动作训练的方法就是减难法。初学者或低水平运动员适宜采用这一方法，有利于运动员掌握基本技术动作。

2.注意事项

在运动技术训练中,运动员运用减难法与加难法进行训练,需注意以下几个要点。

（1）对于初学者首先采取减难法,帮助其掌握技术动作,提高练习效率。

（2）在简单技术训练时,采取加难法,以提高运动员的技术能力。

（3）保持技术动作的核心环节符合专项技术要求,同时在次要环节上将难度要求适当降低,以便促进运动员快速掌握技术动作核心环节。

三、运动员技术训练评价

运动技术训练评价指的是评价者为提高运动员的技术水平和提高训练效果,运用现代科技手段科学合理地评价运动员在技术训练中的表现,发现存在的问题,从而提出意见和建议的过程。

（一）评价的任务

运动技术训练评价的任务主要是促进运动员对技术动作的掌握,促进运动员技术质量的提高,对新技术进行探索,论证新动作的可行性,从而达到提高运动员竞技能力的目的。

（二）评价标准

运动技术训练评价有以下两个基本标准。

1.合理性与经济性评价（过程评价）

对运动技术训练进行合理性评价,主要是看运动技术是否与生物学及心理学规律相符。进行经济性评价,主要是看运动员能否在尽可能节省身体能量的前提下获得最大实效性。一般来说,合理的、经济的技术训练都会取得良好的效果。

2.实效性评价（结果评价）

对技术训练进行实效性评价,主要是看运动员通过训练是否创造了优异的运动成绩。

实效性与合理性、经济性存在密切关系,但受对手干扰及一些不可避免的因素的影响,即使是合理、经济地完成了技术动作,也不一定能够取得良好的训练效果。所以,对运动技术训练进行完整评价,有必要从合理性、经济性、实效性等方面出发。

（三）评价指标

1. 生物学与社会学指标

一般可以从自然科学、社会科学等不同的角度着手来评价运动员的技术训练。例如，在体操技术训练评价中，不仅要看运动员的技术动作是否与生物力学、生理生化规律相符，而且还要对其是否符合美学规律进行评价。

2. 质量与数量指标

运动员对技术动作掌握的全面性和多样性主要通过运动技术的数量反映出来。对运动技术训练的质量进行评价，可采用以下两组指标。

（1）内部指标：技术动作是否具有合理性、经济性。

（2）外部指标：技术动作是否具有实效性。

运动技术训练受各种因素的影响，因此在运动技术质量和效果的评价中，需对各方面的因素进行全面考虑。

（四）评价方法

1. 动力学评价

运动能量特征、动力特征、人体惯性特征是运动技术动力学评价的常用参数（表8-7）。

表 8-7　运动技术动力学评价常用参数

参数类型	具体参数
人体惯性特征	质量
	转动惯量
动力特征	力
	力矩
	力的冲量
	力的冲量
	动量与动量矩
运动动量特征	功
	功率
	动能
	势能等

一般要根据已知条件来对要获取的动力学评价参数进行推算,除此之外,测力平台或各种自建的测力装置或测力系统也在动力学评价中得到了广泛的运用,这些装置能够直接检测运动员的用力过程。

2.运动学评价

空间特征、时间特征及时空特征是运动技术运动学评价的主要参数及指标(表8-8)。

表8-8　运动技术运动学评价参数

参数类别	具体参数
空间特征	位置坐标值 运动轨迹 持续时间
时间特征	运动节奏 运动频率
时空特征	速度 加速度

(五)不同项目运动技术的评价

不同项目运动技术的特点各不相同,因此在不同项目的技术训练评价中,具体要求也不相同,下面就常见几类项目的运动技术评价进行分析。

1.按预定动作参赛的项目

按预定动作参赛的项目主要可分为两种类型,一是以单一动作参赛的项目;二是以成套或多个动作参赛的项目,前者以游泳、划船、速度滑冰、自行车、射箭等为代表,后者以武术套路、体操、花样滑冰等为代表。

按预定动作参赛的项目有一个共同的特点,即运动员参加比赛时必须采用预先练就的动作,环境及对手一般不会直接干预运动员的表现,运动员的主动性很强。在这类项目的技术评价中,要重点对单个动作的合理性、先进性进行分析与判断,对运动员的功能学特征(动作形态、用力时间等)进行诊断,提出相应的意见或建议以帮助运动员改进技术,使其达到理想的运动状态。

2.参赛动作无严格预定形式的项目

参赛动作无严格预定形式的项目主要包括两种,分别是球类项目(三大球、三小球、冰球、棒垒球、曲棍球、毽球等)和格斗项目(击剑、拳击、散打、摔跤、柔道等),二者虽然有赛前练就的基本动作,但在比赛过程中,对手或队友的行为会制约运动员个人水平的发挥,所以运动员要按照预想的程式完成动作是有难度的,需要根据赛场的实际情况随机应变,不断调整自己的动作。

表 8-9 描述了不同类型运动项目的技术评价特征。

表 8-9　不同运动项目的技术评价特征[①]

项　　目	技术评价特征
游泳、划船、自行车、速度滑冰等	1.主要对单个周期动作技术的合理性进行分析与评价; 2.高水平运动员技术评价的要求高,对技术检测有很大的依赖性; 3.在技术已熟练,以经验难以找出技术问题时进行技术检测; 4.使运动员获得更大的前进动力和速度是技术评价的主要目的; 5.有些项目还需对技术及运动器材、有关介质(水、冰、雪、空气)等的关系进行评价
射箭、举重、射击	1.以对各技术环节的整体效应进行评价为主,保证瞬间动作发挥最大的效益; 2.技术水平越高,对检测技术的依赖性越大
武术套路、体操、花样游泳、跳水等	1.技术动作个性鲜明,评价结果因人而异; 2.评价时全面考察技术动作的合理性、完美性及观赏性; 3.在各级教学训练中技术评价占极大比例
篮球、足球、水球、棒球、曲棍球、垒球	1.对于初级运动员,主要在非对抗情况下对其各类技术动作的合理性、正确性进行单个评价; 2.对于高级运动员,主要在对抗及实战情况下对其技术动作的实效性进行评价,即评价命中率、成功率,可进行临场统计及录像; 3.对检测技术的依赖性较小,主要靠评价者的经验进行评价; 4.多数项目存在位置技术,因此要开展位置技术的评价工作

---

① 肖涛,孔祥宁,王晨宇.运动训练学[M].重庆:重庆大学出版社,2016.

续表

项　目	技术评价特征
网球、排球、乒乓球、羽毛球	1. 对于初级运动员,主要在非对抗情况下对单个技术的合理性、正确性进行评价; 2. 对于高级运动员,主要在对抗及实战情况下对技术的实效性、命中率、成功率等进行评价,可进行临场统计及录像; 3. 需借助光电技术检测手段等对技术动作与运动员所持器械及球的飞行运动的关系进行研究
拳击、散手、柔道、摔跤等	1. 对于初级运动员,常在一般情况下对其技术的合理性进行评价; 2. 对于高级运动员,常在实赛对抗中主要对技术的实效性及命中率进行评价; 3. 评价高级运动员的技术动作时,常采用各类反应时及测力、测速等手段以获取相应参数,以对经验评价的缺陷进行弥补

　　总之,在运动技术训练评价过程中,不仅要对运动技能形成过程中不同阶段和不同运动项目特征的技术评价进行充分考虑,而且还要将技术检测重视起来,检测时要遵循客观性、可靠性、可接受性、有效性等原则,而且在技术评价分析中要注重及时性与整体性。这样能够使教练员和运动员及时地得到各种准确的反馈信息,从而不断改进运动员的技术、提高运动员的核心技术能力,促进技术训练过程的完善和技术训练效果的提高。

第三节　运动员战术训练与方法

一、运动员战术训练要求

(一)对项目制胜规律进行深刻的把握

　　在竞赛中取得优异的运动成绩是运动员训练的主要目的,实质而言,取得优异成绩的过程就是"制胜"过程,遵循制胜规律是实现制胜的基础。因此战术训练中必须深刻把握制胜规律。制胜规律指的是教练员、运动员在竞赛中,在竞赛规则的限定内战胜对手、取得优异成绩所必须遵循的客观规律。[①]

制胜规律的组成包括制胜因素、制胜因素之间的本质联系两个方面。制胜因素指的是决定专项运动成绩的因素。人们在深入研究专项比赛的各种特性后,能够将一些制胜因素归纳并总结出来。

每个运动项目中,制胜因素都有很多,若干制胜因素之间存在着必然性联系,有的因素互相促进、有的因素互相制约、有的因素互相矛盾。对这些关系进行正确认识和把握,才能有效地进行战术训练,并达到制胜的效果。

此外,在对制胜因素及其关系进行把握时,还要对各因素内涵的发展情况有一个基本的认识,这也是战术训练的注意事项。

(二)将战术组合重视起来

随着竞技比赛的日趋激烈,战术的发展也呈现出新的趋势,即"复合化",意思是多采用组合战术,将个别战术组合起来成套运用,仅靠单一战术是难以制胜的。对运动员的战术能力进行评价,一个关键的指标就是运动员能否根据赛程情况灵活进行战术组合。

战术组合主要有以下两种形式。

1.程式性组合

在空间上、时间上按一定顺序将各种战术行动组合起来的形式就是程式性组合。这种战术组合经常出现在各专项教科书中,如篮球联防战术、足球阵形战术等。另外,这种战术组合还包括根据特定对手而制定的专门的战术组合。

程式性组合在训练、比赛中都有表现,运动员对战术的程式性组合能力直接影响其对战术的创造性组合能力。运动员熟练掌握多种程式性组合,有利于对创造性组合的开发。

2.创造性组合

运动员根据比赛情况,不按固定程式,将几套战术创造性地组合在一起的形式就是创造性组合。这种组合最明显的特点就是"随机性"。

创造性组合一般多在比赛中表现出来。在日常战术训练中,必须注重对运动员创造性的培养,提高运动员的创造性组合能力。

---

① 胡亦海.竞技运动训练理论与方法[M].北京:人民体育出版社,2014.

（三）加强战术创新

常用战术创新是一种基础性创新。常用战术具有普适性，所以一旦创新，就能够在短时间内得到认可，并广泛运用于实践中，从而促进专项战术体系的完善。

与常用战术创新相比，特殊战术创新有一定的难度，这是一种实用性创新，针对性很强，往往是针对特殊的对手对某种特定的战术进行设计与创新。这方面的创新必须引起教练员、运动员的重视。

创新技法主要有以下几种。

1.移植法

不对原有战术进行改变，而在其他战术或其他项目中运用原有战术的创新方法就是移植创新。

2.递进法

不对旧的战术性质进行改变，使其在某个方面进行程度上的递进式变化，从而创造另一种新战术的创新方法就是递进创新。

3.组合法

将两个以上性质相似的旧战术组合起来，使之成为另一种新战术的创新方法就是组合创新。

二、运动员战术训练方法

（一）分解与完整训练法

1.完整训练

完整地进行战术组合练习的方法就是完整训练法。运动员已经具备一定的战术知识和战术能力后采用这一方法进行训练可促进动作熟练性的提高。

2.分解训练

将完整的战术组合过程划分为若干相对独立的部分，然后分部分进行练习的方法就是分解训练法。运动员在学习新战术配合时采用这一方法有利于对某种战术配合的基本步骤进行掌握。

（二）程序训练法

在战术训练中运用程序训练法，要遵循循序渐进的原则，此外还要对不同项群战术训练的特殊程序进行编制。

1.技能主导类对抗性项群的训练程序

训练程序：无防守训练→消极防守训练→积极防守训练→模拟比赛训练→实战训练。

2.体能主导类项群的训练程序

训练程序：选择不同战术方案→重复熟练→不同情况下进行战术训练→实战训练。

（三）加难与减难训练法

1.加难训练法

按高于比赛难度的要求进行训练的方法就是加难训练法。采用这种训练方法可促进运动员在复杂情况下的战术运用能力的提高。

战术训练中采用加难训练法的方式有以下几种。

（1）对技术动作完成的空间和时间条件进行限制。

（2）与比自己优秀的高水平运动员进行对抗。

（3）在比正式比赛条件更严格、更困难的情况下进行训练。

2.减难训练法

按低于比赛难度的要求进行战术训练的方法就是减难训练法。在战术训练初始阶段采用这一训练方法有助于运动员对战术的基本步骤进行掌握，此后要逐渐提高难度。

（四）模拟训练法

运动员通过与模仿重大比赛中主要对手的主要特征的陪练人员展开对练，及通过在类似比赛条件的环境中进行练习，从而获得特殊战术能力的训练方法就是模拟训练法。[①] 这种训练方法的针对性很强。

随着运动训练条件的不断完善与发展，模拟训练方法得到了广泛的应

---

① 肖涛,孔祥宁,王晨宇.运动训练学[M].重庆:重庆大学出版社,2016.

用,在技能主导类项群、体能主导类项群的战术训练中,这种训练方法的运用非常普遍,采用这一训练方法有助于使运动员做好充分的战术准备,提高运动员的实战比赛能力。

(五)虚拟现实训练法

运用高科技设备,在电脑屏幕上提前"虚拟"出未来可能出现的比赛场景,从而提高运动员预见能力及在各种情况下灵活运用战术能力的训练方法就是虚拟现实训练法。

目前,德国、英国等足球队中普遍采用这一方法进行战术训练。随着运动训练及竞技比赛领域中高科技手段的广泛运用,将来越来越多的项目训练中都会用到这一训练法。

(六)实战法

实战法主要是通过组织比赛来培养与提高运动员战术能力的训练方法。这种方法可促进运动员深刻理解战术。在运动员参加重大比赛前,针对性地安排一些邀请赛或热身赛,使运动员对将在重大比赛中使用的战术提前进行演练,从而对运动员战术的实效性进行检验,以便及时补充完整。

第九章 职业运动员专项运动训练研究

与普通运动爱好者不同,职业运动员的运动训练相比之下要更加严格,其训练内容和手段也更为丰富和科学,唯有如此才能有效提高训练水平,取得理想的比赛成绩。在职业体育中,足球、篮球、田径、游泳等项目运动水平发展较高,在社会上的影响力也相对较大,本章主要对以上项目进行研究与分析,重点讲解这几个项目的运动训练方法。

第一节 足球运动专项训练

足球运动员的专项训练内容主要包括传接球、运球、踢球、头顶球、抢断球等几个方面,运动员在平时的训练中一定要熟练掌握并提高以上技术动作水平,这样才能为取得比赛胜利打下良好的基础。

一、足球运动技术训练

(一)传接球训练

1.两人迎面传接球

(1)两人一组,二人面对面站立,相距5米左右,一人用手抛球,另一人用脚接各种空中球的训练。

(2)两人一组,每组一球,两人相距10米进行传接球,队员用脚内侧接球,用同侧脚内侧传球。

(3)两人一组,二人相对站立,相距20米左右,相互做拨或扣球后用脚背内侧传接空中球。

2.两人跑动传接球

(1)跑动中直接传球。两人一组,相距10米左右,在跑动中直接传球给跑动中的同伴。传完球后再继续向前跑动。如此反复训练直至场地的另一端,然后再返回或者围绕足球场跑动传球。

(2)训练方法同上,但中间可设标杆或其他标志,传出的球要求能穿过障碍。

3.3 人跑动传接球

(1)3 人一组,各相距 8 米左右,在跑动中两边的队员直接传球。然后 3 人轮换位置。开始可规定踢球方法、距离、跑动速度,然后逐渐采用多种踢球方法加长距离和加快速度。

(2)训练队员在配合中接应短传球和回追转身踢远传球。

(3)三个人在 20 米见方的场地中穿插跑动,并做传球和接球训练,两个人抢断球,开始消极抢,然后做积极抢练习。

(二)运球训练

(1)在慢跑的过程中运动员分别用单脚脚内侧运球,脚背正面运球,脚背外侧运球,运球方向沿直线进行。

(2)在慢跑的过程中单脚交替用脚背内侧和脚背外侧运球沿折线运行。

(3)在慢跑的过程中双脚交替用脚背内侧运球沿折线运行。

(4)在慢跑的过程中沿弧线运球。用脚内侧、脚背内侧、脚背外侧沿中圈线做顺时针和逆时针的运球训练。

(5)抬头运球训练。队员站在教练员对面成一列横队,相距 15 米以外。教练员打出手势后,队员按照教练员手势所指方向开始运球前进,队员要随时注意教练员不断变换的方向与不断变化的位置。

(6)拨球训练。在一定范围内自由运球,按手势用一只脚做支撑,另一只脚用脚背内侧或外侧拨球绕支撑脚做圆周运球训练,两脚轮流进行。

(7)运球绕杆训练。队员成一路纵队。第一人过杆后传球给后面的人,后面的人重复第一人的动作,依次进行。若每人一球则可在前一人运球后,次一人即开始,依次运球绕杆直至排尾。

(8)扣球转身变向运球训练。在一定范围内自由运球,听哨声后用一只脚支撑,另一只脚用脚背内侧做扣球,使球改变方向应在 90°以上,身体随球的转动沿改变后的方向继续运球。

(9)运球中扣球变向 180°后运球的动作训练。运动员成一路纵队,第一人向标杆运球越过标杆后扣球急停转身 180°,然后从标杆另一侧运球返回,在返回时第二人可开始运球。

(10)拉球训练。在一定范围内进行自由运球,听哨声后用一只脚做支撑脚,另一只脚用脚前掌触球顶部,拉球绕支撑脚做圆圈运动。一步一步做拉球动作。

(11)拉球转身 180°运球训练。在一定范围内自由运球,听哨声后用一只脚支撑,另一只脚拉球至身后,沿拉球脚一方转体180°继续运球。

(12)单脚交替后拉球转体180°的动作训练。如先用左脚支撑,右脚拉球向后转体180°,右脚迅速着地做支撑,左脚踏在球顶部,如此交替进行训练。

(13)扣推组合训练。在运球的过程中,右脚脚背内侧侧向(或侧后向)扣球,左脚脚内侧推直线球。依此交替进行。

(14)扣拨组合训练。每人一球沿折线向前运球,运球中用右脚脚背内侧扣球,扣球后用右脚支撑,随后左脚脚背外侧立即向斜前方拨球,可继续运两步球(或不运球),然后用右脚做支撑脚,左脚脚背内侧向右斜前方扣球后成左脚支撑,接着用右脚脚背外侧向斜前方推拨球,依次进行。做这种训练时应注意扣球方向能保证运球路线沿折线行进,扣球变向的角度不可太大,扣球后另一只脚应立即用脚背外侧拨球。

(15)拉、推(拨)组合训练。用右脚将身前的球拉到身后,接着用脚内侧(或脚背外侧)向同侧斜前方推(拨)出,跟上后继续运球,重复训练上述动作,两脚轮流进行。

(三)踢球训练

1.踢球技术基本训练

(1)踢固定球训练

在训练的过程中,运动员可以采用一人把球踩在脚下,另外一人用脚的不同部位踢球,体会脚的触球部位。

(2)踢定位球训练

运动员可以对足球墙、足球网自己训练,也可采用各种形式的对练,训练的距离由近至远,这一阶段训练的重点应放在动作的协调性和准确性上,而不是放在踢球的力量上。

2.利用足球墙和标杆做踢旋转球的训练

将标杆插在墙与踢球者之间,标杆与人及墙的距离视需要而定,开始可大些,当技术掌握后再逐步缩小间距。

各种旋转球的训练都可以利用足球墙进行,尤其对青少年足球初学者,使用足球墙既可充分利用训练时间增加训练次数,又能使运动员较好地集中注意力掌握技术规格。对于要求提高技术的青少年足球运动员,足球墙同样也是一个有力的帮手。

3.各种脚法的两人训练

传球和射门训练都可两人进行,若两人训练踢定位球,则辅以接球训练;若进行踢活动球训练,则可相隔一定的距离进行不停顿的连续传球训练。

(四)头顶球训练

1.个人头顶球训练

(1)自己双手举球在头前,用前额正面或侧面去触击球,体会触球部位,培养顶球过程中注视来球的习惯。

(2)利用吊球进行训练。改变吊球架上足球的高度进行各种顶球的训练。

(3)利用足球墙进行训练。自抛球由墙弹回时,进行各种顶球训练。

2.两人头顶球训练

(1)两人一组一球,面对面站立,间隔 10 米,一人抛球,另一人原地和跳起头顶球。

(2)两人一球,相距 20 米左右,甲用脚传头顶球飞向乙,乙顶回给甲。数次后轮换传、顶球。

(3)头顶球射门训练。顶球队员站在罚球弧附近,掷球队员站在球门内或球门侧面将球抛至罚球点附近,顶球队员跑上顶球射门。

(4)鱼跃头顶球训练(在垫上或沙坑里训练)。先进行鱼跃落地动作训练。较好掌握落地动作后,一人抛球,另一人在垫上进行鱼跃头顶球训练。

3.多人头顶球训练

(1)两人或两人以上在一起进行抛球—头顶球训练,这样可以培养对运行中球的速度、轨迹的判断能力,身体摆动协调正确及出球的准确性等。

(2)顶球射门训练。顶球队员站在罚球弧附近,掷球队员站在球门内或球门侧面将球抛至罚球点附近,顶球队员跑上顶球射门。

(3)两人一球,相距 20 米左右,甲传高球飞向乙,乙再顶回给甲。数次后轮换传、顶球。

(4)向后蹭顶球。三人一组排成一条直线,各相距 10 米左右,甲抛球给乙,乙蹭顶给丙,丙接球后再给乙,乙又蹭给甲,如此循环往复。

（5）争顶球训练。三人一组，一人传球，另两人与传球人相距 20 米以外。传球队员传出高球，两人争顶（一人防守，一人进攻）。这种对抗性的训练，更接近比赛实际情况。可将上述训练移至门前，一人在侧面传高球（或踢角球），另两人在罚球点附近，其中一人向外顶球，另一人向球门里顶球。

（6）鱼跃头顶球训练（在垫上或沙坑里训练）。先进行鱼跃落地动作训练。较好掌握落地动作后，一人抛球，另一人在垫上进行鱼跃头顶球训练。最后从原地过渡到跑动中鱼跃顶球训练。

（五）抢断球训练

（1）两人一球训练。队员甲运球向乙突破，队员乙选择好时机实施正面脚内侧堵抢动作。两人脚内侧同时触球时，队员乙立即提拉球，将球拉过队员甲的脚面并控制住球。在训练中可以先慢后快。

（2）重复（1）的训练。当甲、乙两队员在训练中同时触球时，抢球队员乙立即提拉球，将球拉过队员甲的脚面并控制住球。经过一段训练后，可在触球瞬间两人同时提拉，体会掌握提拉的时机。

（3）在两人面前 6 米左右处放一球，听哨声后同时冲向球，要求两人同时跑动，在适当的位置和时机进行合理冲撞抢球。经过一段训练后，可将静止的球变为活动球，即教练送球，两队员同时追赶球，利用合理冲撞将球控制住。

（4）一人直线运球前进，另一队员由后赶至成并肩伺机实施合理冲撞并控制球。在做训练时要求运球者给予抢球者以配合，让抢球者得到训练，速度可由慢到快。

二、足球运动战术训练

（一）进攻战术训练

1. 个人进攻战术训练

（1）两人一组，每组一球，两人相距 10 米进行传接球，队员用脚内侧接球，用同侧脚内侧传球（图 9-1）。

（2）两人一组，两人相对站立，相距 20 米左右，相互做拨或扣球后用脚背内侧传空中球（图 9-2）。

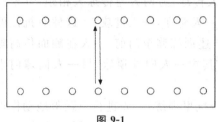

图 9-1

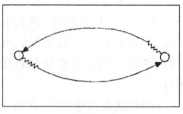
图 9-2

(3)①向斜前方运球,②从①身后交叉近平行时,接①的传球向斜前方运球,①从②的身后交叉(图 9-3)。

(4)两人一组,相距 10 米,在跑动中直线传球给跑动中的同伴。传完后再继续往前跑,中间可设标杆或其他标志。传出的球要求穿过障碍(图 9-4)。

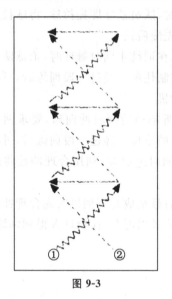

图 9-3   图 9-4

2.局部进攻战术训练

(1)连续斜传直插二过一训练,要注意训练的配合形式及路线。

(2)各种长、斜传直插射门训练,注意传跑的时机与传球的速度、落点。

(3)连续直传斜插二过一射门训练,注意基本跑位形式及路线。

(4)二对一攻防训练,注意传跑的时机与传球力量、跑动速度变化等。

(5)各种固定、无固定配合路线的踢墙式二过一配合训练,要注意两人间的传球与跑位、传球的时机、传球的力量及速度等。

(6)回传反切二过一配合训练。行进间连续回传反切二过一配合训练,要注意基本的配合形式及路线。

(7)交叉掩护二过一配合训练,注意基本配合形式、配合时机、路线及交接球的技巧。

(8)①③⑤⑦和②④⑥⑧分成两队,相距 25 米左右相对站立,②用脚背内侧传出空中球或弧线空中球后,立即跑上接应,与①做踢墙配合,①接球后再长传给④,并立即跑上去接应,依次反复训练(图 9-5)。

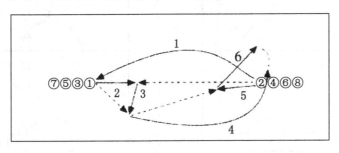

图 9-5

(9)①③和②④相距 10 米斜对立。①有球,②和①做回传反切二过一后传球给④,②站到④后面。这时④有球,①和④做回传反切二过一后传球给③……(图 9-6)。

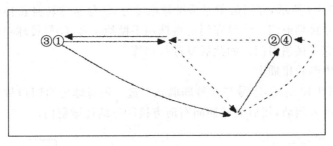

图 9-6

3.整体进攻战术训练

(1)边路突破传中

如图 9-7 所示,①号队员向前运球至旗杆处做一假动作,然后迅速向前运球,在球门线附近传中,②号队员跟进包抄射门。此训练可在旗杆处设一防守队员进行消极和积极防守。

(2)配合突破传中

如图 9-8 所示,②号直传给①号,①号横带球后反扣给由身后插上的②号,②号下底传中,①号跟进射门。此训练可在①号身后设一防守队员进行消极或积极防守。

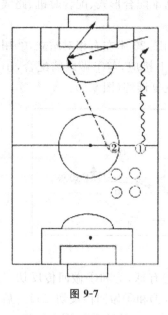

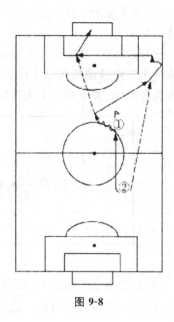

图 9-7   图 9-8

(3)快攻长传球接趟射门

如图 9-9 所示,守门员①号手抛球给②号,②号接球转身长传给前插的③号,③号接趟射门。②号守门员接球用手抛给④号,④号接球再传给前插的⑤号,⑤号接趟射门。如此反复进行训练。

(4)中路后排插上

如图 9-10 所示,①号与②号踢墙式二过一再将球传给回撤接应的③号后,先向前方跑动,然后突然插向右前方接③号的传球射门。

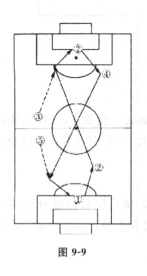

图 9-9   图 9-10

(5)快攻转边

如图9-11所示,①号与②号做配合后,直接将球传向由左侧插上的③号,③号传中,①号抢第一点,②号抢第二点射门。

(6)中路二过一分边

如图9-12所示,①号与②号做二过一配合后由①号将球斜传至右边路前方,③号迅速插上接趟传中。此时②号抢第一点,①号抢第二点射门。

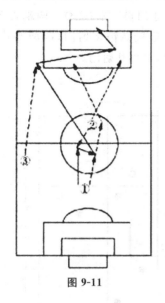
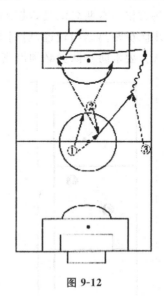

图 9-11   图 9-12

(二)防守战术训练

1. 个人防守战术训练

(1)结合位置的诱导性进行有球训练

运动员在半场内全队按照比赛阵形分别站好各自的位置,一个人多方向控运球,各位置随球方向的变化做选位训练。

(2)诱导性有球训练

进攻队员在离球门16～20米距离内做横向运球,防守队员训练选位。

(3)一对一盯人训练

在半场内,两人一组,进攻队员向球门做变向与变速运球,防守队员进行盯人训练。

(4)无球结合球门的训练

两人一组,面对面站立,相距2米左右,一攻一守,进攻队员做摆脱跑动,防守队员做选位盯人训练。

2.局部防守战术训练

(1)在 10 米×30 米的 3 个方格内训练

S 将球传给被❶队员盯防的①号,❶的任务是迫使①号横向活动并阻止其达到对面的端线。❷的主要任务就是保护❶(图 9-13)。

(2)在 30 米×20 米的 6 个方格内训练

每方格内有两名队员,其中包括一名守门员(图 9-14)。两端设球门,在进攻队员距离球门较近,射门无阻拦时,鼓励队员多射门,以增加其信心和勇气。要求防守队员必须严密紧盯对手,阻止其射门。

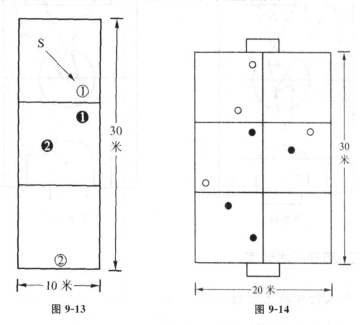

图 9-13   图 9-14

(3)在 10 米×20 米的场地上进行 2 对 3 攻守训练

在 10 米×20 米的场地上进行二对三攻守训练,其具体训练方法是当进攻者突破一名防守者时,在临近的两名防守者之间进行补位训练。

3.集体防守战术训练

(1)无对抗的七人区域防守训练

⊗传给⑪,所有队员按箭头所示向⑩移动,放开⑦,⑪将球回传给⊗,所有队员向⊗移动,⊗传球给⑦,7 名防守队员又向⑦移动,放开⑪,如此反复做若干次(图 9-15)。

（2）有对抗的区域盯人防守训练

采用六攻七的训练方式,进攻一方利用套边、中路渗透、灵活跑位配合进攻,防守一方积极抢断。❾远离❻控球时,❻不盯❾,而是在原地等待❾带球前进时再进行堵抢。如果❾插向❺和❹之间的空当,❻回撤紧盯❾,或者❺移动盯❾,❻回撤至❺空出的防守区域保护❺,使中路防守始终保持一人轮空保护(图9-16)。

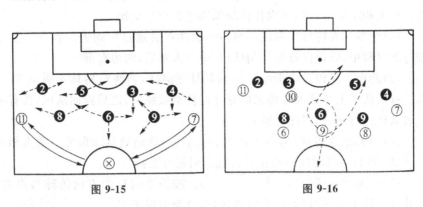

图 9-15　　　　　　　　　　　　　图 9-16

第二节　篮球运动专项训练

对于年轻运动员而言,掌握扎实的技战术知识是非常重要的,篮球运动员的专项训练内容主要包括运球、传接球、投篮、持球突破、抢篮板球等技术训练,只有充分掌握了这些基本功,运动员的篮球运动技能才有可能得到进一步提升。

一、篮球运动技术训练

(一)运球训练

(1)原地做高运球、低运球训练。

(2)左右手交替在体前做横向运球训练。

(3)直线跑动中高低运球训练。

(4)原地或行进间两手各运一个球训练。

(5)在体侧做纵向前拉后推运球训练。

(6)在行进间连续做各种运球变向训练。

(7)对抗运球训练。两人一组,每人运一球,在保证自己的球不被对方打掉的前提下,伺机打掉对手的球。此种方法也可由若干人在固定区域内同时进行训练。

(8)全场一对一攻防训练。

(二)传接球训练

(1)两人为一组,一人原地传球,另一人向左、右、前、后移动做接球训练。两人相距4~6米,多次传接球训练之后相互交换。

(2)全场三人传接球训练。每传一次球都要通过中间人。在三人传球推进的过程中,应该保持好三角队形,中间人稍后,两边在前。

(3)迎面上步传接球训练。运动员排成纵队,教练员持球距纵队5~7米。排头队员上步接教师传来的球并回传给教练员,之后跑回队尾,接着第二名队员进行训练,以此类推。

(4)一人原地传球,另一人向左、右、前、后移动做接球训练。两人相距4~6米,进行一段时间的传接球训练之后相互交换。

(5)三角传接球训练。每组4~5人,按照逆时针的方向传球与换人。接球时应该上步,接传的动作应该连贯,避免出现走步。

(三)投篮训练

(1)两人一组一球,相距4~5米对投训练。

(2)自抛自接球后做急停跳投训练。

(3)在篮下左、右侧碰板投篮训练,距离可不断调整。

(4)五点晋级投篮训练,在球篮周围设五个点,靠近边线的一点开始,每个队员在第一个点投中后,方能晋升到第二点投篮。先投完五个点者为胜。

(5)近距离传接球做行进间高手和低手投篮训练。

(6)运球做行进间单手高手、单手低手投篮训练。

(7)在罚球线上做原地单手肩上投篮训练。

(8)在运球中做运球急停跳投训练。

(9)在传接球中做急停跳投训练。

(10)做运球、传球、投篮组合训练,以培养学生综合运用技术的能力。

(11)在消极防守和积极防守情况下做各种投篮训练。

(四)持球突破训练

(1)原地持球突破训练。队员分布在半场内,以篮圈为目标,模仿突破的脚步动作。

（2）一对一持球突破结合跳投或行进间投篮训练。进攻者进攻失球后，两人攻守交换。

（3）持球突破行进间投篮训练。持球队员在罚球线处站位，突破后运球做行进间高手或低手投篮，然后自己抢篮板球排至队尾，依次训练。

（4）突破防守行进间投篮训练。为固定防守人，其他队员依次做突破投篮，抢篮板球至队尾。

（五）抢篮板球训练

（1）原地连续双脚起跳，单手或双手触篮板或篮圈 10～20 次。

（2）前、后转身跨步连续起跳，单手或双手触篮板或空中标记 10～20 次。

（3）两人一组，一人向篮板或篮圈抛球，另一队员开始面向持球人，然后转身跨步（上步）起跳用单手或双手抢球，数次后交换。

（4）进行一对一、二对二或三对三抢篮板球训练。进攻者投篮后，双方都抢篮板球，要求攻守双方在规则允许的范围内进行挡人或冲抢训练。

二、篮球运动战术训练

（一）进攻战术训练

1.进攻基础配合训练

（1）传切配合训练

①二人传切训练

如图 9-17 所示，④传球给⑤后做向左切入的假动作，然后变向从右侧切入，⑤接球后回传给④的下一位队员，并做向底线切的假动作，然后变向从左侧横切。④切入后至⑤队尾，⑤至④队尾。依次进行训练。变向切入动作要快，切入过程中要侧身看球。

②三人传切训练

如图 9-18 所示，④与⑤各持一球，④传球给⑥后从右侧切入接⑤传球投篮。⑤传球给④后，横切接⑥传球投篮。④⑤投篮后自抢篮板球传给本组的另一人。按逆时针方向换位，连续进行训练。

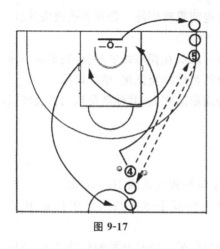
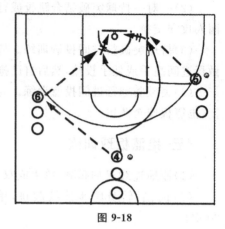

图 9-17 图 9-18

（2）突分配合训练

①如图 9-19 所示,开始时④持球突破,在突破中跳起分球给向两侧移动的⑦,⑦在接球后做投篮动作,然后传球给⑤,⑤接球后从底线或内侧突破,跳起传球给接应的⑧。位置交换,④到⑦队尾,⑦到④队尾。突破要有速度,注意保护好球。接应分球的队员要移动及时。

②如图 9-20 所示,⊗传球给④,④接传球后向篮下运球突破,当遇到△5补防时,将球分给移向空位的⑤,⑤接球投篮。△4、△5抢篮板球回传给⊗。④接球前要做摆脱动作,突破时保护好球,⑤要及时突然移动至空隙地区接应。

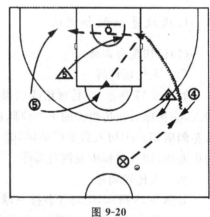

图 9-19 图 9-20

（3）掩护配合训练

①如图 9-21 所示,将运动员分成两组,⊗站在④身前充当防守者,⑥跑到⊗侧后方给④做侧掩护,④先做向左跨步切入假动作,待⑥做好掩护后,

及时向另一侧切入,⑥适时地后转身跟进。然后两人互换位置,轮流进行训练。

②如图 9-22 所示,⑥传球给④,然后去给④做侧掩护,④利用掩护运球切入时,⑥换防④,④可将球传给转身跟进的⑥投篮。

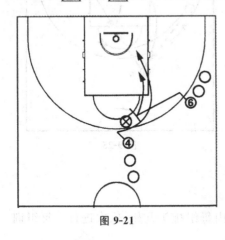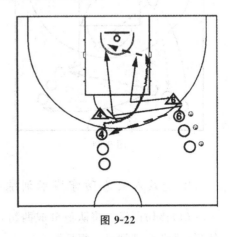

图 9-21　　　　　　　　　　图 9-22

③如图 9-23 所示,⊗站在④身前充当防守者,⑥传球给⑤后,去给④做侧掩护,④先向左前方下压,做向左突破的假动作,待⑥做好掩护时,突然变向加速向右切入接⑤的传球投篮。⑥及时转身跟进抢篮板球。按顺时针方向换位,依次训练。

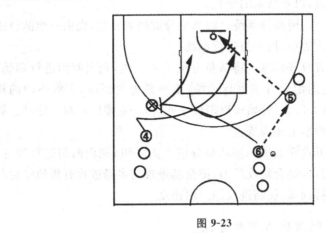

图 9-23

(4)策应配合训练

①如图 9-24 所示,将运动员分为三组,按逆时针方向传球,传球后跑到下一组的队尾落位。

②如图 9-25 所示,⑥传球给⑤,⑤回传并上提做弧线跑动要球,⑥传球

给插上策应的④,然后切入篮下接④的传球上篮。三人轮转换位。

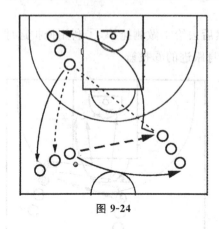

图 9-24

图 9-25

2.进攻人盯人防守战术训练

(1)传切训练。将队员分成两组,由每组排头开始,依次进行。每组训练后,运动员排到另一组后面。

(2)二对二、三对三训练局部配合,如前锋与中锋,后卫与中锋,后卫与前锋,后卫、前锋与中锋等。

(3)5人在无防守的情况下,初步熟悉进攻战术的路线和方法,明确主攻点、关键点和难点,以及战术的变化。

(4)半场一对一摆脱接球训练。将队员分成两人一组,先由一组队员进行训练,训练一定次数后,换一组进行训练。

(5)半场五对五攻守训练。将队员分成5人一组,先由两组进行训练。进攻的一组按预定的配合方法进行训练,要熟悉进攻训练,了解不同的机会。防守的一组要人盯人,开始可以消极一些,但一定要跟着对手跑动。训练一定时间后,换两组上场训练。

(6)全场五对五攻守训练。将队员分成5人一组,先由两组进行训练。全场五对五训练时,可结合快攻反击,把全场进攻与半场进攻有机地结合起来,注意进攻的衔接训练,提高进攻的组织速度。

3.进攻区域联防战术训练方法

(1)半场四对四训练

将运动员分成4人一组,先出两组进行训练。防守方站成"2—2"的联防阵势,进攻方站成"1—2—1"阵势。进攻组要快速传球调动防守,创造投篮机会,或者利用穿插移动造成一侧防守负担过重,创造以多打少的投篮机会。防守可以由消极过渡到积极防守。

（2）半场五对五训练

将运动员分成 5 人一组。训练时防守方站成"2—1—2"的联防阵形，进攻方站成"1—3—1"的阵形。进攻组运用传球、穿插、突破、策应来创造内外线攻击投篮机会，防守组由消极防守过渡到积极防守。

（二）防守战术训练

1.防守基础配合训练方法

（1）挤过配合训练

如图 9-26 所示，④去给⑤做掩护，当④接近⑤时，同时⑤准备移动，⑤要及时向前跨一步靠近⑤，并在⑤与④之间侧身挤过继续防守⑤。⑤去给⑥做掩护，⑥按⑤同样的动作挤过。依次进行循环训练，然后攻守互换。

图 9-26

（2）穿过配合训练

如图 9-27 所示，⊗在弧顶外持球，④⑤⑥轮流做定位掩护，④、⑤、⑥防守者训练挤、穿、换防守。当弧顶传球给⑥时，④立即起动借⑤定位掩护摆脱防守切入，④做挤过、穿过或交换防守训练。⑤做完掩护后拉出，④切入后到限制区左侧做定位掩护，⑥将球传过弧顶后利用④掩护切入，⑥做挤过、穿过或交换防守训练。如此反复进行训练，到一定次数后攻守交换。

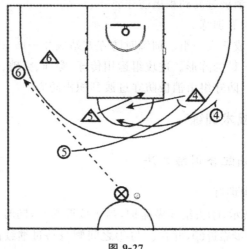

图 9-27

（3）交换防守配合训练

如图 9-28 所示，⊗与④和⑥在外围传接球，当⊗传球给④的同时，⑤给④做后掩护，④将球回传给弧顶队员，④借掩护之机切入篮下，这时△5一边跟防，一边通知△4，当④切入时，△5突然换防④，并准备断弧顶队员传给④高吊球，此时△4要抢占内侧防守位置，防止⑤接弧顶⊗的球。

图 9-28

（4）"关门"配合训练

如图 9-29 所示，④⑤⑥在外围相互传球，寻找机会从△4与△5或△5与△6之间突破。△4、△5、△6除了要防住自己的对手外，还要协助邻近同伴进行"关门"，不让对方突破到篮下。当进攻者突破不成把球传出时，"关门"

的队员还应快速还原去防自己的对手。

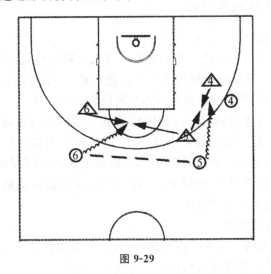

图 9-29

2.人盯人防守战术训练方法

(1)半场人盯人防守战术训练

①提高脚步动作的灵活性和个人防守技术训练。从各种脚步动作训练开始,过渡到半场或全场的一对一攻守对抗训练,在对抗中重点提高个人的脚步移动速度和一对一紧逼抢的能力,培养抢前防无球队员的接球和切入能力训练。

②半场二对二训练。进攻者掷端线界外球,两防守者或各紧逼自己的对手,不让其接(发)球;或两人夹击接应者,争取断球或使对方违例。

③半场五对五攻守对抗训练。进攻投篮命中后从中圈发球继续进攻,进攻队员抢到前场篮板球,可以补篮或二次进攻。防守队员抢到后场篮板球或抢断成功,应从中圈开始发球进攻。

(2)全场紧逼人盯人防守战术训练

①全场运球一防一。要求堵中放边,防强手,放弱手,始终与对手保持不远于一臂的距离。

②全场二防二。要求封堵掷界外球队员,紧逼接应队员,提高攻守转换的速度。

③全场五对五教学比赛。只要进攻队员投中后,应当立即全场紧逼,其他情况可采用半场扩大紧逼防守。

3.区域联防战术训练

(1)随球移动选位训练

①随外围球的转移进行移动选位。五人按联防形式防守,外围四人传接球进攻。防守队员根据球的不同位置进行移动,不断调整防守位置。传球时可由慢到快,当防守队员选好正确的位置后再传球。

②根据外围球的转移方向和内线队员的穿插进行移动选位。五人防守,五人进攻。防守队员要根据球移动,同时还应根据内线队员的活动移动,并进行协同防守。开始训练时,外围队员传球,中锋在内线穿插,然后可以适当地将球传给中锋,中锋接球后再传出,训练防守队员的伸缩移动能力,体会球到篮下的防守方法。

(2)局部对抗训练

①一防二训练。二人外围传球,一人左右来回移动防守有球队员。二人传球不要太快,待防守者到位后再传给另一队员。

②二对二训练。进攻队员二人在球场右侧或左侧的3分线附近相互传球。防守队员二人站位在同侧限制区线附近。当本区进攻队员接球时,要按人盯人方法防守,另一队员后撤保护。训练时,当对方球到底角时,要重点防对方底线突破,当对方得球时,按先防突破再防投篮的原则移动。

③二对三训练。进攻队员三人沿3分线站位,进行外围传球。防守队前锋二人在罚球线附近根据球的转移进行防守。训练时,离球近的队员先去防对方得球的队员。另一防守队员选择一防二的位置。

④三防四训练。外围四人传球,三人防守。三人防守应积极移动补位,一人防对方持球队员,二人防对方三名不持球队员,防守区域可机动变化,力求做到球到人到。

(3)局部防守配合训练

①堵截护送盯人训练。进攻队两名队员在篮下来回溜底,两名防守队员用人盯人方法来回跟踪防守。进攻队可结合内线活动及背插,提高防守移动速度与补防能力。

②盯人与补位配合训练。进攻队员溜底或斜插时,处于该区的防守队员跟踪,当进攻队员向这一区域移动时,临区的防守队员及时补位。可以三对三,在两侧反复训练。

(4)攻守转换训练

可采用二对二、二对三、四对四、五对五半场攻守的训练方法。刚开始时,进行两队攻守训练,一队进攻,一队防守。训练一定时间后教练员发出信号,进攻组队员听信号后转为快速退防,迅速抢占有利位置。按二人、三人、四人、五人联防的原则和方法进行防守。训练时可往返进行,也可以提出特殊要求和规定。

(5)五对五训练

①半场五对五训练。进行半场五对五训练时,应当有目的地解决某些问题,如给进攻队提出一定要求,专门解决防守的某一配合;改进本队的弱点,以及训练某些特殊配合等。

②全场五对五训练。主要是在与比赛相近的情况下,提高联防的水平。把队员按 5 人一组,分成若干组,轮流进行训练。训练中可规定特殊任务或提出具体要求,如快攻投中后在前场继续进攻等。

第三节 田径运动专项训练

在竞技体育中,田径运动是一个大项,包含的项目众多,受篇幅所限,本节主要讲解竞走、中长跑和跳高等田径项目的训练方法。

一、竞走训练

(一)"8"字形走

以 10~15 米为半径画两个圆圈,形成"8"字形,既有逆时针,又有顺时针,而且距离可以无限度延长。

(二)骨盆动作训练

(1)两腿在原地进行屈直交换伸髋训练,两脚之间的距离保持在 20~30 厘米,髋部前伸的一侧为全脚掌着地;另一侧为前脚掌支撑,其屈膝方向与另一脚的脚尖方向保持一致。

(2)两腿在原地进行左右大幅度快速交叉走。

(3)两腿在行进的过程中,左右交叉分别落在前进方向的中线两侧。

(4)在行进的过程中,摆动腿向着支撑腿前方摆动时要保持低姿屈膝带髋,紧接着伸膝用足跟着地,同时大腿向外旋,并保持脚尖指向正前方。

(三)快速低姿直摆腿走训练

在快速低姿直摆腿走训练的基础上,向前摆动的摆动腿的小腿在其大腿的带动下按着前伸至足跟呈后蹬式着地的同时,其大腿略有外旋带膝摆向正前方。

(四)两腿蹬摆与快速协调用力训练

(1)在后蹬的过程中,后蹬腿顶同侧髋向前时,要向前移动重心同时摆动动作轻松而省力。在这一过程中,前摆腿的成背屈和脚内翻,并保持与地面最低的高度向着与后蹬腿脚尖相一致的方向摆动,在足跟外侧领先着地时,摆动腿的膝关节已经基本伸直。

(2)紧接上一步训练,对摆动腿足跟随小腿前伸的过程中,在尚未达到充分伸直时,足跟突然变为后蹬姿势着地的动作进行体会。同时完成后蹬动作,快速向前移动身体重心,将重心移到前支撑腿上,小腿在此时已经伸直。

(3)通过上述训练,已形成动作意识,并通过意识来对动作进行合理控制。也就是说,在后蹬腿蹬地时,摆动腿的足跟要向前蹬,并将重心随之向前移动,以形成后蹬、前蹬、中间移的完整动作意识。通常将此过程简化为蹬、蹬、移。

(五)快速低姿微屈的前摆与足跟领先着地的伸膝摆动训练

(1)在摆臂训练的基础上,使前摆腿的摆动动作,由僵直而变为省力、轻松,逐渐体会使重心快速前移的杠杆作用力。

(2)在训练快速低姿直摆腿走训练的基础上,向前摆动的摆动腿的小腿在其大腿的带动下按着前伸至足跟领先着地同时,其大腿略有外旋带膝摆向正前方。

二、中长跑训练

(一)起跑训练

(1)运动员以组为单位,在起跑线后做站立式起跑"各就位"口令后的起跑预备姿势若干次,体会站立式起跑时两脚位置和身体各部姿势,准确掌握起跑前的姿势。

(2)运动员以组为单位,在起跑线后的集合线站好,然后在"各就位"和"跑"的口令下,按站立式起跑和起跑后加速跑的方法、要领做站立式起跑30~80米。

(二)起跑后的加速跑训练

(1)学习起跑后加速跑技术和方法,结合实践训练,比如10人左右一组,以口令、哨声进行集体起跑和加速跑训练。

(2)中等速度重复跑 200 米、300 米或 400 米。由站立式起跑出发进行中等速度的重复跑,要求起跑动作正确,跑时动作轻松、自然,跑速均匀,呼吸和步伐配合协调,并注意培养运动员的速度感觉。跑的总距离男生 1 200～1 500 米,女生 600～800 米。

(三)途中跑训练

(1)轻快跑。可以体会技术并培养放松、协调和提高动作频率的能力。其动作要领与一般跑基本相同。训练方法:轻快跑时身体重心较高、步频较快,要求后蹬时用力要轻些,脚腕要充分地后蹬,脚要快速地离地,摆动腿的动作也要积极。每次训练时,可跑 2～5 次 50～80 米距离。

(2)反复跑。可以改进技术动作,培养跑的节奏感。建立腿部动作和呼吸配合节奏感,提高内脏器官功能能力。训练方法:男生采用 300～600 米、女生采用 200～400 米的小强度和采用 100～300 米较大强度的反复跑。根据个人的专项和成绩,确定一定的速度和距离并反复多次地进行训练。

(3)变速跑。可以提高耐力,发展内脏器官的动能。训练方法:一般采用 100 米快,100 米慢,100 米快,100 米慢的节奏进行。通过快与慢相交替的跑步训练,能有效地提高跑的加速能力。注意跑动中节奏的控制,保持身体的平衡,有效发展身体的协调能力;可长期进行,发展耐力素质。

(4)定时持续的匀速跑训练。是指在一定时间内,尽可能保持比较高的跑速。训练方法:男生 8 分钟,女生 6 分钟(男生先跑出 2 分钟后女生再跑,同时到达)。训练时注意要跑得轻松、平衡,呼吸自然有节奏。

(5)负重耐久跑。实用性较强,它是一种发展一般耐力和力量的有效训练方式。训练方法:采用肩负或背负,也可负重物于腰或腿上。负重量应根据跑程和个人体力而定,但不可太重,以免影响跑速。可以全程负重跑,也可前半程负重跑,后半程徒手跑。

(6)轮流领跑耐久跑。是一种集体排队进行训练的形式,它可以提高运动员的训练兴趣,互相促进,发展耐力。训练方法:可以由每个队员依次领跑一定距离,也可由教师或领跑人指定接替领跑的人。按运动员的水平分组,一般由跑速接近的人组队训练。可由速度快的训练人先领跑,耐力好的人后领跑,也可只由耐力好的人领跑。

(7)越野跑。大致与变速跑相同。通过良好的环境和地形变化,采用不同速度的越野跑,可以吸收更多的新鲜空气,有效地发展腿部力量,还有利于克服对中长跑的厌恶情绪。训练方法:采用 2 000～3 000 米(男);1 500～2 000米(女)。跑动中注意控制节奏,保持身体的平衡,有效发展身体的协调能力;根据不同地形的变化,适当调整跑步速度;可长期进行。

(四)终点跑训练

(1)按水平分组,由站立式起跑出发,进行 200 米、400 米或 600 米的中等速度重复跑,在最后 50～150 米处开始适当加速,冲刺跑通过终点。跑的总距离男生 1 200～1 500 米,女生 600～800 米。

(2)按水平分组,由站立式起跑出发,进行男生 1 200 米和女生 600 米的中等速度匀速跑,在最后 100～200 米处开始适当加速,冲刺跑通过终点。

(3)按个人体力分配方案跑。男生 1 200～1 500 米,女生 600～800 米。

三、跳高训练

(一)助跑训练

1. 弧线跑训练

重点训练弧线跑时身体内倾技术。通常采用弯道跑训练,由直道进入弯道跑训练以及各种半径的圆圈和弧线跑等。

2. 快速助跑节奏训练

重点训练助跑速度与节奏。一般在全程过杆技术训练中强调加速,通过助跑后 8 步计时来提高助跑速度,也有专门练快速助跑或助跑起跳、不过杆的训练,也有人用同步音响信号伴奏进行助跑节奏训练。还可以采用中程助跑跳远或助跑摸高等手段来训练助跑节奏,要根据具体情况创造性地选择训练手段。

3. 助跑准确性、稳定性训练

助跑的准确性与稳定性对跳高成绩影响很大。为了准确地踏上起跳点,训练前可先划好助跑线,甚至每一步都做好标记进行训练。优秀跳高运动员每次助跑起跳都基本在同一个位置上,全程助跑的速度,误差不超过0.05秒。要达到高度的准确性和稳定性,必须长期、重复训练,以形成正确的动力定型并达到高度自动化。

(二)起跳训练

1. 准备姿势的训练

身体侧对并以右臂拉住肋木,保持内倾、后倒姿势;双脚同时踩住小弧线,并以左脚脚跟着地,将身体重心完全放在右脚上;左脚脚尖斜对肋木即指向小弧线的切线方向。右脚前脚掌大脚趾侧着地,右膝半屈并稳定控制重心。此时,左臂微屈于体后。眼看切线前上方,保持身体内倾姿势。

2.蹬摆动作的训练

身体重心前移的同时,起跳脚沿外侧逐渐过渡到前脚掌着地,此时起跳腿被迫压弯,重心移到支撑腿上。身体应有一定的内倾姿势,摆动腿屈膝沿弧线加速上摆,同时起跳腿用力爆发并充分蹬伸,使起跳腿的踝、膝、左髋、上体与左肩几乎形成一条垂直地面的垂线。摆动腿和摆动臂积极上摆,使整个身体垂直上升,完成起跳动作。

3.综合训练

(1)原地起跳动作训练。

(2)模仿起跳动作训练。

(3)短助跑起跳摸高动作训练。

(4)上一步起跳动作训练。

(5)4步弧线助跑起跳动作训练。

(6)行进间3、5步起跳动作训练。

(7)在跳高场地上做助跑起跳头顶高物动作训练。

(8)全程助跑起跳坐高垫训练和全程助跑起跳训练。

(三)助跑和起跳结合训练

1.助跑与起跳节奏的一致性训练

背越式跳高特殊的起跳节奏,能使助跑速度充分发挥,这就要求助跑与起跳节奏的连贯与一致。假如助跑快、起跳慢就会跳不起来,但绝不能降低助跑速度以适应起跳节奏,而是加快起跳速度以适应快速助跑。具体可采用如下训练方法,即助跑触高、助跑跳上高架、助跑起跳过栏架以及中程、全程助跑跳皮筋(代替杆)训练等。

2.起跳时蹬摆配合的协调性训练

起跳时充分发挥摆动有利于使蹬与摆更加协调,用力更加集中,能大大提高起跳效果。可利用各种起跳训练提高蹬摆配合的协调性,训练中要注意发挥摆腿和摆臂的作用,有时需专门做大量的摆腿和摆臂等专门训练。

3.控制腾起方向的训练

起跳垂直向上对于达到理想的起跳效果非常重要。为了控制腾起方向,在垂直蹬地的同时,要求摆腿积极向上,两臂充分高摆,使整个身体呈圆柱体垂直向上腾起。主要训练手段有助跑手、头触高,助跑起跳抓高杠,助跑跳上高架等。

4.节奏跑与轻起跳的结合训练

在全程助跑熟练的基础上,加强倒数第二步的撑地训练,要求右腿充分蹬伸,快而有力,提前做好轻起跳的准备。轻起跳时一定主动提腰、竖肩。运用合理的技巧和方法控制8步节奏,在提腰、竖肩的同时加强节奏感。

5.助跑起跳与垂直升起的结合训练

在良好地完成节奏跑和轻起跳的基础上,左腿迅速爆发并完成蹬伸动作,完成起跳后,身体由内倾变为垂直。这一动作的学习,要求起跳腿的踝、膝、髋、左肩成一垂线,同时提腰、竖肩。右肩高于左肩的同时领先于左肩。右臂上伸,小臂内旋。左小臂旋内,左肘与肩平,头部向上顶,两眼看左前上方。整个身体保持向上飞进的姿势。

6.弧线助跑与起跳的结合训练

(1)沿跑道的弯道做加速跑训练。

(2)做弧线助跑起跳后单手反手投篮动作,也可同时加上摆腿动作。

(3)沿直径10~15米的圆圈做快速跑,身体内倾于圆心。

(4)先沿直线加速跑4、5步后转入弧线跑,要求直线转入弧线时,过渡自然连贯。

(5)沿圆圈做匀称加速跑,每隔4步向上方做起跳一次,起跳腾空后转向圆心。起跳时身体要由内倾转成正直。

(四)起跳过杆训练

1.过杆训练

站在高台上背对海绵包起跳越过横杆以体会空中挺髋、展体、过杆等肌肉感觉。为了较好地掌握背弓、挺髋动作,经常做挺髋、垫上仰卧成桥,后手翻以及后空翻等训练。此外,还可在中程助跑后跳上万能架,反复训练。

2.助跑过杆训练

以全程助跑过杆训练为例,它是提高运动员跳高技术水平的最重要的因素,应全年系统进行,每周不少于两次技术课,每次技术课不少于 20 次,随着运动员技术水平不断提高,要逐渐增加训练数量。全程助跑过杆每周应达到 60~100 次,全年不少于 2 000 次。全程过杆训练应和短程过杆训练结合起来进行,同时适当安排助跑摸高、助跑跳上高架等,不断增加专项能力,完善跳高技术。

3.大强度技术训练

在掌握正确技术的条件下提高过杆训练的强度,以巩固正确的技术、有效提高训练水平。

4.完整技术训练

(1)全程助跑摸高训练。
(2)全程助跑起跳坐高垫训练。
(3)全程助跑过杆等训练。

第四节　游泳运动专项训练

在竞技游泳运动中,主要有仰泳、蛙泳、蝶泳和自由泳(爬泳)等几种泳姿,运动员在训练的过程中要严格按照各泳姿训练的方法进行训练。本节主要阐述前三种泳姿的训练方法。

一、仰泳训练

(一)腿部技术训练

1.侧身仰泳腿训练

训练目的:提高运动员打腿和身体转动力量。

训练方法:运动员一臂前伸,一臂位于体侧,侧身仰泳腿,臀部和肩部应垂直于水平面。

2. 流线型打腿训练

训练目的：发展打腿耐力、力量和身体在水面的感觉。

训练方法：运动员仰卧，两臂前伸，夹紧，身体呈流线形，做仰泳打腿，注意用脚尖踢水，大腿带动小腿做鞭状打腿动作，上身保持适度紧张，肋部上提。

3."发射"训练

训练目的：提高身体控制能力和爆发力，训练仰泳腿上踢技术。

训练方法：运动员仰卧，两臂前伸，夹紧，在水下采用快速的反蝶泳打腿，腰部发力，带动大腿和小腿做鞭状打腿动作，身体保持流线形。

4. 身体滚动并连续打腿训练

训练目的：提高完成动作时连续、不间断的打腿能力和身体控制能力。

训练方法：运动员一臂前伸，另一臂位于体侧；身体侧转，完成 6 次打腿后，做一次划臂动作后，身体滚动到另一侧，并完成 6 次打腿。尽量鼓励运动员在完成侧身打腿过程中，头部应保持仰泳时的姿势。也可以采用 8、10 或 12 次打腿一变换。

5."模特"打腿训练

训练目的：提高在身体滚动动作情况下快速打腿能力。

训练方法：运动员仰卧、两臂位于体侧，身体转动并使一臂露出水面；打 6 次仰泳腿后，使身体滚向另一侧；注意打腿要有力，小而密，让队员像时装模特一样，眼睛朝肩部方向看，打腿连续快速。

（二）臂部技术训练

1."挖沙"训练

训练目的：体会高肘抱水动作。

训练方法：运动员采用仰卧，两臂前伸，连续打腿；一臂做 3 次划水动作。前 2 次划水做仰泳抱水动作，像是"挖沙"的动作，但划水不超过肩部，最后一次划水手推水到底，直至手臂完全伸直；完成 3 次划水动作后，手臂还原并向对侧滚动身体，另一臂重复上述动作。

2.手上举划水训练

训练目的:体会高肘抱水动作,掌握正确的抱水和划水技术。

训练方法:运动员做侧身连续仰泳打腿,一臂上举,垂直于水面,另一臂前伸,前伸臂做不过肩的抱水和划水动作;头部保持仰泳时的正确位置。

3.中划训练

训练目的:体会、掌握正确的仰泳划水动作。

训练方法:运动员一臂前伸,一臂在水下、在肩部和腰部之间做上划和下划动作。

4."澡盆"训练

训练目的:掌握仰泳划水结束阶段的技术。

训练方法:运动员好像坐在澡盆里一样,用手做划水动作;做下划、上划、下划动作,贴近身体完成动作。

(三)配合技术训练

1.最大划幅训练

训练目的:提高划水效率训练。

训练方法:游仰泳,每次划臂都用最大划幅完成,保持正确的划臂动作。

2.直升机训练

训练目的:提高手臂移臂和出水速度。

训练方法:运动员可以采用直立的姿势游仰泳,手掌出水时要尽量快,要保证手臂移臂保持垂直。

3.火箭训练

训练目的:掌握加速推水和"安静"出水动作。

训练方法:运动员一臂上伸,垂直于身体,处在"顶峰"位置;做加速入水,并加速完成推水动作;然后手掌轻轻出水到"顶峰"位置;另一臂重复进行。

4.变换训练

训练目的:掌握动作有节奏,提高协调能力。

训练方法:最大划步和最快节奏交替进行:例如5×100米;40米最大划幅;然后加速完成转身,25米快速游,最后25米最大划幅训练。

二、蛙泳训练

(一)腿部技术训练

1.扶板蛙泳腿训练

训练目的:掌握正确的蛙泳蹬腿动作,合理控制节奏。

训练方法:运动员俯卧姿势,两手抓住住扶板的上沿,蹬蛙泳腿;收腿时膝关节应在臀部的投影之内,脚后跟应快速地上抬收紧并更快速地蹬出;感觉蹬出的距离越长越好,要感觉水面在足背下面;蹬腿结束时,应将两脚并拢。

2.水下流线形

训练目的:检验蹬腿效果,掌握好呼吸节奏。

训练方法:保持流线形姿势,在水下身体成俯卧姿势,做蛙泳腿;如果运动员蹬腿时过于朝下,则在蹬腿结束时会浮出水面。

3.蹬幅训练

训练目的:提高蹬腿效果,加长每次蹬腿的距离。

训练方法:运动员扶板做蹬腿练习,要求在一定距离内完成的蹬腿次数越少越好。

4.蹬腿+鞭状打腿训练

训练目的:提高运动员蹬腿的效率。

训练方法:采用扶板蹬腿,用最大幅度蹬腿,在每次转身时,将扶板放在池边,两手抓住水槽,使两腿上抬,做5次鞭状打腿动作。

5.混合训练

训练目的:保持两腿蹬腿的平衡性。

训练方法:运动员扶板,两腿交替蹬腿;然后,两腿同时蹬腿,保持流线形,抬头。完成时可以采用2次右腿、2次左腿,两次完整蹬腿的方式进行。在蹬腿过程中身体保持流线形,抬头。如果运动员蹬腿是直线的,那么两腿的发力是均匀的;如果是向一边,则是不均匀的。

(二)划臂技术训练

1.交叉划水

训练目的:掌握高肘划臂动作。

训练方法:运动员身体保持垂直姿势,两臂肘关节位于水面下,在脸前做蛙泳划水动作,保持高肘。

2.旋涡划水

训练目的:体会高肘划水的用力感觉。

训练方法:运动员俯卧,滑行,腿伸直,抬头;两臂做同步的划水动作,保持高肘。

3.力量划臂

训练目的:提高向内划水的技术效果。

训练方法:运动员可以戴超大的划水掌,身体保持垂直,做有力、快速的内划动作;然后做移臂动作,前伸手臂时手掌出水,掌心朝下。

4.三次内划

训练目的:掌握内划和前冲动作,学习保持肘、手流线形姿势。

训练方法:运动员身体保持直立姿势,做3次爆发式的划水动作;在第3次内划时,运动员尽量将背部拱起;然后使身体前冲潜入水中,做蝶泳打腿动作,身体成滑行姿势,尽量保持这一姿势。反复进行训练。

5.速度划臂

训练目的:体会手掌划水角度的变换和水感。

训练方法:运动员俯卧姿势,做蛙泳划臂练习,在正常手臂内划1/4处时,头部尽可能快地上抬;鼓励运动员在做"将拇指向下朝向上"的划水动作时,幅度尽量地小和快速。采用蝶泳腿动作,当手掌内旋时呼吸。

6.抬头划水

训练目的:掌握快速的划水动作。

训练方法:运动员俯卧,抬头做蛙泳划臂动作;要求动作尽可能地快。

7.水下划水

训练目的:体会蛙泳划臂的水感,掌握正确的用力方式。

训练方法:运动员在水下做正常的蛙泳划水动作。

8.划水掌训练

训练目的:体会划臂时的水感,使运动员手掌感受最大压力。

训练方法:运动员使用去掉划水掌上的皮筋;用手掌抓住划水掌,做蛙泳划水。

9.海豚蛙泳

训练目的:体会和掌握波浪动作。

训练方法:运动员做蛙泳划臂,蝶泳打腿;两臂前伸时,运动员应尽量使背部拱起;两手掌向内划水时做呼吸动作,这时应尽量使身体上抬;做大幅度的蝶泳打腿动作,使身体可以尽量地前冲,像"穿过波浪"一样;移臂时,两手应在水面上,贴近水面前伸。

(三)配合技术训练

1.三次划水动作

训练目的:提高划水效果。

训练方法:运动员做两次划臂动作,不蹬腿;第3次划臂时头部抬起;然后蹬腿使身体前冲,耳朵应下降到肩部位置,头部位于两臂之间。

2.海马训练

训练目的:提高运动员的水感。

训练方法:运动员采用抬头蛙泳,头部尽量上抬,垂直,模仿海马姿势进行训练。

3.3/3海马训练

训练目的:掌握波浪动作、呼吸控制,提高动作协调性。

训练方法:运动员做3次"海马"蛙泳动作;在第3次划水时,做前冲动作,入水;之后在水下做3次划臂动作,在第3次划臂动作后,冲出水面并前冲,在正常的时机做呼吸动作。

4.波浪动作训练

训练目的:增加运动员蛙泳时的波浪划水动作。

训练方法:运动员采用夸大波浪动作的蛙泳,移臂时拱背、尽量前冲,做最大划幅的蛙泳动作。

三、蝶泳训练

(一)腿部技术训练

1.海豚跳

训练目的:学习和掌握波浪动作训练。

训练方法:运动员在浅水里用一只腿模仿海豚跳跃的动作,从水面跳起到水下,然后换另一只腿重复进行。

2.扶板打腿

训练目的:训练和掌握在第2次打腿时使身体产生波浪动作。

训练方法:俯卧,两手扶打腿板前缘,连续做有节奏的打腿训练。

3.水下大幅度打腿

训练目的:在第1次打腿时使身体产生波浪动作。

训练方法:模仿海豚,在水下做打腿动作——两臂位于体侧,摆动打腿,像海豚的尾巴一样。

4.垂直海豚打腿

训练目的:训练波浪动作技术,提高身体的爆发力。

训练方法:采用垂直的姿势做蝶泳打腿动作,头部上仰,两臂位于体侧;加大身体动作幅度,注意力集中在臀部。

为了加强爆发力,应用力打腿,使身体从深处提升到尽可能的高处,并尽量更长时间地保持在"水上"的姿势。

5.侧身海豚腿

训练目的:提高不同方向的海豚腿打腿能力。

训练方法:运动员身体侧卧,做两臂位于体侧的海豚腿。也可以使一臂指向池底,而另一臂位于体侧。身体保持一定的紧张,尽量保持流线形的身体姿势。

6.反蝶泳腿训练

训练目的:提高身体和腿部力量。

训练方法:仰卧,做反蝶泳打腿训练。也可以做水下或者组合形式的训练。

7.螺丝刀训练

训练目的:训练和掌握上踢、下踢技术动作。

训练方法:运动员依次做 4 次俯卧蝶泳打腿、4 次右侧打腿、4 次反蝶泳腿、4 次左侧打腿。需要注意的是,运动员应尽量保持连续打腿练习。

8.手背后蝶泳腿训练

训练目的:提高身体滚动和控制能力。

训练方法:运动员采用俯卧姿势,两臂位于体侧,在水面上做蝶泳打腿训练,不呼吸或者仅仅模仿呼吸动作。

(二)划臂技术训练

1.抬头划水训练

训练目的:掌握抱水技术。

训练方法:运动员俯卧,抬头,两臂同时做划水动作(1/8~1/4 完整蝶泳划臂),两腿做蝶泳或自由泳打腿动作。

2.反向移动

训练目的:掌握和提高抱水技术。

训练方法:运动员仰卧,两腿伸直,两手在臀部周围做环绕的划臂动作,使脚向池底移动。

3.高肘划水

训练目的:掌握高肘划水动作。

训练方法:运动员两臂垂直于身体,保持尽可能的高肘姿势,肘、肩和手应在同一水平线上,两手保持较近的距离,好像交叉一样,向后用力划水;两腿站立在水中或采用踩水动作。

4. 螺旋上划

训练目的：掌握高肘抱水和划水动作。

训练方法：运动员将脸埋入水中，先做两次抱水动作，注意高肘抱水；然后做一次完整的划臂动作，在划水推过大腿时再做呼吸动作；之后在水中移臂。让运动员在训练时思考"螺旋—螺旋—加速推水"，采用自由泳打腿。

5. 仰卧下划

训练目的：提高身体控制能力，使运动员看见并感觉外划动作。

训练方法：运动员在水下仰卧做向下划水动作，在内划阶段，运动员拇指应并拢或者两手交叉。

6. 同步推水

训练目的：掌握划水、打腿和呼吸时机。

训练方法：运动员蝶泳划臂，水下移臂；每4次打腿呼吸1次，或者每划2次臂呼吸1次；推水时，大拇指朝上，然后使手掌垂直水面——出水时小拇指朝上。

第十章 社会各职业人员及特殊人群运动训练研究

随着先进科学技术在社会各个领域的广泛运用,人们的生产方式与生活方式也发生了翻天覆地的变化,体力劳动正在逐步减少,脑力劳动正在逐步增加。为此,社会各职业人员与特殊人群要想更好地服务于社会,必须积极参与必要的体育活动,从而更好地适应社会发展的节奏与需求。本章分别对坐姿类职业、站姿类职业、变姿类职业、工厂操作类职业、特殊职业、慢性病及功能障碍人群的运动训练进行全面阐析,旨在为这些群体的运动训练提供科学指导。

第一节 坐姿类职业人员运动训练

一、肌肉力量耐力

不管人体完成哪类活动,都需要身体各个部位的肌肉牵动关节与骨骼并战胜各方面的阻力方可实现,所以说肌肉张力是维持不同姿势的重要基础。对于坐姿来说,主要受力肌是腰背部肌肉。锻炼参与坐姿的身体各部位的主要受力肌群,有助于增强肌肉弹性、改善组织血液循环、加快新陈代谢速度、避免或缓解组织疲劳。

对于力量耐力而言,就是力量与耐力的综合素质,具体是指在静力性工作或动力性工作中长期维持肌肉紧张状态,而不降低肌肉工作效率的运动能力。腰背部、颈肩部、腕部肌肉群的力量耐力是坐姿类职业人员需要着重发展的。

(一)腰背部肌群力量耐力训练方法

1.体后屈伸

训练方法:俯卧在垫子或长凳上。以髋部支撑,脚固定,两臂前举连续做上体后屈伸动作或者保持上体屈伸 6～8 秒。

训练作用:使伸展躯干与伸髋的肌肉力量得到有效发展。

2.仰卧过顶举

训练方法:仰卧在地板或垫子上,两腿并拢伸直。双手重叠握住哑铃把的一端。开始时将哑铃提起,两臂伸直,重量承受在胸部上端,然后慢慢从头顶上下放,直至两臂能舒适伸张到头顶的后下方,然后开始举回成原来的姿势。

训练作用:使斜方肌力量得到有效发展。

3.俯立划船

训练方法:上体前屈近 90°,抬头,正握杠铃。然后两臂从垂直姿势开始,屈臂将杠铃拉近小腹后还原,再重新开始。上拉时应注意肘靠近体侧,上体固定,不屈腕。

训练作用:使背阔肌上中部以及斜方肌、三角肌的力量得到有效发展。

4.高翻

训练方法:两脚开立,约与肩宽,双手正握杠铃,握距同肩宽,挺胸别腰,将杠铃提起至大腿中下部迅速发力,翻举至胸部。还原后,再反复进行。

训练作用:使背阔肌、斜方肌、骶棘肌的力量得到有效发展。

(二)颈肩部肌群力量耐力训练方法

1.屈伸探肩

训练方法:采取坐姿或站姿,上背保持挺直状态,两手叉在腰部位置,两眼看向正前方。头部以较慢速度朝左侧偏,尽最大可能贴近左肩,维持这个姿势 6~8 秒,还原;然后完成姿势相同、方向相反的练习,还原。

训练作用:使胸锁乳突肌力量和斜方肌肉的力量得到有效发展。

2.摸耳屈伸

训练方法:坐立均可,两手自然放于体侧,眼睛正视前方。右手叉腰,同时将左手侧上举,越过头顶去摸右耳,同时头向左侧倾斜,还原;再用右手以同样的姿势去摸左耳,还原。

训练作用:使胸锁乳突肌力量与斜方肌肉的力量得到有效发展。

3.肩绕环

训练方法:采取坐姿或站姿,上背保持挺直状态,两手叉在腰部位置,目视前方。两肩经前向后伸展,高质量完成把肩关节当成中心的绕环动作。

训练作用:使斜方肌的力量得到有效发展。

(三)腕部肌群肌肉力量耐力训练方法

1.屈伸腕静态练习

训练方法:立正,一手持哑铃,手掌朝上。另一手微托持哑铃手肘关节,靠于腰部,手紧握哑铃充分屈腕静止 15 秒,休息 5 秒,再充分伸腕静止 15 秒。

训练作用:使前臂伸肌和屈肌的力量得到有效发展。

2.屈伸腕动态练习

训练方法:立正,一手持哑铃并保证掌心向上,另外一只手轻微托住持哑铃手的肘关节并靠在腰部,手牢牢握住哑铃并以 2 秒钟一次的频率重复完成屈伸腕动作。

训练作用:使前臂伸肌和屈肌的力量得到有效发展。

3."8"字绕环

训练方法:立正,一手持哑铃(男生可以双手持哑铃),掌心朝上。持哑铃手做"8"字绕环运动。

训练作用:使肱桡肌的力量得到有效发展。

二、柔韧性素质

柔韧性是指身体某个关节或关节组活动范围的幅度以及肌肉、肌腱、韧带等软组织跨过关节的弹性与伸展能力。具备良好柔韧性的重要意义是:促使人完成的动作更加舒展,有助于肌肉轻松高效地完成活动,有助于避免或减少部分运动损伤。对于长时间久坐的群体来说,参与柔韧性训练具有很大的必要性。以下主要对颈部、肩部、腰背部的柔韧性训练进行详细阐析。

(一)腰背、胸部柔韧性的训练方法

1.坐椅胸拉伸

训练方法:坐在椅子上,两手交叉在头后位置,椅背高度调整到参与者的胸中部位置。吸气时,两臂朝后侧移动,躯干的上半部分朝后方仰,使胸

部得到充分拉伸。以较慢的速度完成,维持 6~8 秒。

训练作用:拉伸胸部。

2. 体侧屈

训练方法:并步站立,身体上半部分保持挺直状态,右手叉在腰部,左手保持伸直状态,身体上半部分尽全力朝左侧倾斜,保持这个姿势 6~8 秒;还原后,完成姿势相同、方向不同的练习。参与者需要高度重视的是,保证身体上半部分不存在扭转动作。

训练作用:拉伸腰部和躯干两侧。

3. 仰卧团身

训练方法:在垫上采取仰卧姿势,使膝盖保持弯曲状态,两脚逐渐滑向臀部,两手扶住膝关节下部的位置。在呼气时,两手把膝盖拉向胸部与肩部,同时提髋离开垫子。多次完成这项练习,尽可能增加动作幅度,维持该项动作 6~8 秒。

训练作用:拉伸腰部。

(二)颈肩部柔韧性训练方法

1. 低头沉思

训练方法:站立均可,上背挺直,双手叉腰,眼睛正视前方。缓慢低头,下颌尽量靠近胸骨,抻拉颈部肌肉,持续 30 秒;还原,向后屈伸,保持 30 秒。

训练作用:伸展颈后部。

2. 扭转望月

训练方法:坐立均可,上背挺直,双手叉腰,眼睛正视前方。头部缓缓地向左后旋转,目光注视前上方,尽最大努力保持 6~8 秒,还原,然后以相同的姿势换方向做,再还原。

训练作用:伸展侧颈部。

3. 正压肩

训练方法:分腿站立,体前屈,两手扶于椅背,挺胸低头(或抬头),身体上半部上下振动。同伴可帮助压肩,把肩拉开。练习时要求手臂伸直,肩放松。

训练作用:拉伸背部和肩部。

4.肩膀上提

训练方法:坐在椅子上,两脚稍分开,屈肘。两手中指分别放松按于肩膀上,肩部用力往上提,上体充分舒展,在个人关节活动最大范围处静止20～30秒;还原,放松。

训练作用:拉伸肩部。

(三)臂部和腕部柔韧性训练方法

1.背后拉毛巾

训练方法:坐立均可,一臂肘关节在头侧,另一臂肘关节在腰背部。吸气,双手握一条毛巾逐渐互相靠近。换臂重复练习。动作幅度尽量大,每次保持10秒左右。

训练作用:拉伸臂部。

2.向内旋腕

训练方法:站立,双手合掌。呼气,尽量内旋双手手腕,双手分离。重复练习。动作幅度尽量大,每次保持6～8秒。

训练作用:拉伸腕部。

3.跪撑反压腕

训练方法:两膝着地,两臂伸直并支撑地面,两手的间距等于肩部宽度,手指朝后。在呼气时,身体重心朝前方移动,还原为开始姿势。多次完成这项练习。参与者应当尽全力增加动作幅度,每次练习大约维持10秒钟。

训练作用:拉伸腕部。

4.跪撑正压腕

训练方法:两膝着地,两臂伸直并支撑地面,两手的间距等于肩部宽度,手指朝前。在呼气时,身体重心朝前方移动。还原为开始姿势,多次完成这项练习。参与者应当尽全力增加动作幅度,每次练习大约维持10秒钟。

训练作用:拉伸腕部。

三、心肺耐力

心肺耐力就是心肺功能,具体是指人体心脏、肺脏、血管等组织的功能,心肺耐力不仅与氧气输送情况有密切联系,还与营养物质输送情况有密切联系,也与身体排出代谢物的情况有密切联系。

对于坐姿工作人员来说,经常遇到的问题有工作时间长、需要比较固定地保持一种姿势、出现身心疲劳的可能性较大。除此之外,因为坐姿类工作者经常低头含胸,所以胸部与心血管无法获得充分发展。坐姿类职业人员应当充分结合职业特征来选择运动项目,有意识地积极选择有氧代谢项目,具体包括步行、爬山、健美操等能够带动大肌群参与的慢节奏运动,由此弥补缺乏运动的问题,有效锻炼心肺功能,彻底矫正不良体形。坐姿类职业人员不仅要着重参与全身锻炼,还应当积极参与多种养生项目,从而使其神经疲劳得到有效消除。

四、自我放松与相互按摩

(一)按揉颈肌

训练方法:坐立均可,双目微闭。双手五指交叉放于颈后两侧,自下而上用掌根按揉颈肌。主要用两拇指大鱼际按揉颈肌,动作有节奏,根据个人情况,选择按揉力度。

训练作用:放松颈肌。

(二)穴旋肩

训练方法:两脚自然站立,稍分开,屈肘,双目微闭。两手中指分别点按肩颈穴,前后环绕各 4 拍。

训练作用:放松肩颈肌。

(三)放松背部肌肉

训练方法:两脚自然站立,稍分开,与肩同宽。双手在背后十指交叉握住,肩膀打开,尽量往后仰至自己的极限。

训练作用:放松背部肌肉。

第二节 站姿类职业人员运动训练

体能泛指人体的基本身体素质,任何人均具备一定的身体素质,但每种职业对人们的身体素质要求各不相同。就站姿类职业人员而言,身体需要在很长时间内处于站立状态,下肢力量与耐力需要达到很高的要求,所以应当着重发展下肢力量与腰腹肌力量,在高质量参与形体操训练与健美操训练的基础上,形成良好的站立姿势与形态。除此之外,站姿类职业人员可以参与野外生存训练与轮滑运动,从而使其下肢力量与腰腹部力量得到有效发展,使其身体平衡能力与灵敏性素质得到全面优化。

一、腰腹肌力量耐力训练方法

(一)直腿上举

训练方法:仰卧于垫子上,两腿并拢伸直,双手放于体侧。双腿直腿并拢靠腹部的力量将腿慢慢举起,保持躯干与大腿成 120°左右的夹角,静止5~10秒,然后还原。

训练作用:主要发展腹直肌、髂腰肌的力量。

(二)仰卧侧提腿

训练方法:仰卧垫上,然后侧提右膝碰右肘,然后侧提左膝碰左肘。反复练习。

训练作用:主要发展腹内、外斜肌的力量。

(三)借球仰卧

训练方法:跪姿,背对健身球,两脚分开夹球,手臂置于体侧,然后上体尽量往后仰,肩膀触球静止 6~8 秒。

训练作用:主要发展躯干的主要肌肉,如腘绳肌、臀部肌肉和股四头肌的力量以及脊柱的稳定性。

二、下肢力量耐力训练方法

(一)踏板弓箭步

训练方法:身体直立,面对踏板,左腿屈膝成弓箭步踏踏板,右腿伸直,同时两手叉腰。还原后,交换腿连续做。

训练作用:主要发展股四头肌、股二头肌、小腿三头肌的力量。

(二)搁腿深蹲

训练方法:面对椅子,左腿深蹲,右腿伸直前举,脚跟放在椅子上,做上体前屈、两臂前平举动作。

训练作用:主要发展股四头肌、股二头肌的力量。

（三）踏板提踵

训练方法：双脚站立在踏板上，提起脚跟，脚尖点地，双手完成侧平举动作，保持 6～8 秒。

训练作用：使小腿三头肌的力量得到有效发展。

第三节　变姿类职业人员运动训练

一、耐力训练方法

耐力素质就是人体在长时间工作或长时间运动中战胜疲劳的能力，其是体现人体健康状态与体质水平的一项关键标志，这里仅指心肺耐力。包括导游、记者在内的变姿职业人员来说，基本上每天都需要完成高负荷行走，所以必须拥有很强的腿部力量和耐力素质。可供变姿类职业人员选择的运动项目有长跑、爬楼梯、攀登、健美操、障碍跑等。

（一）游泳

游泳和跑步在锻炼价值上存在很多相似之处，但也存在区别于其他运动项目的健身价值。对于游泳运动的参与者来说，不仅需要通过手臂与腿的运动来促使人体在水中前行，也必须消耗一定能量来避免身体出现下沉，所以当运动距离相同时，游泳消耗的能量比跑步消耗的能量高出 4 倍多。除此之外，游泳健身的安全指数较高，原因在于水的浮力使人体承重关节的负荷大大减小。

（二）健身走

健身走是在自然行走的基础上，伸直躯干、收腹、挺胸、抬头，肘关节随走步速度的加快而自然弯曲，以肩关节为轴自然前后摆臂，同时腿朝前迈，脚跟先着地，再过渡到前脚掌，然后推离地面。健步走时，上下肢应协调运动，并配合深而均匀的呼吸。

长时间坚持健身走，可以有效促进下肢各关节、肌肉活动能力的发展，增强心肺功能。健步走的速度快慢是决定锻炼效果的关键因素。通常可分为慢步走（每分钟 70～90 步）、中速走（每分钟 90～120 步）、快步走（每分钟 120～140 步）、疾步走（每分钟 140 步以上）。

(三)有氧舞蹈

有氧舞蹈于 20 世纪 70 年代首次普及,自此有氧舞蹈逐步发展成为深受广大群众喜爱、节奏感鲜明的街舞、拉丁舞以及爵士舞。有氧舞蹈就是把锻炼身体当成重要目标、把徒手运动当成重要基础、充分结合舞蹈动作,在音乐伴奏下完成的健身活动,锻炼者要密切联系自身的年龄特征、体能素质以及锻炼目标,在此基础上选择或自编有氧舞蹈完成锻炼。

二、灵敏性训练方法

对于导游来说,长年累月都需要在城际奔波,经常要置身于高山峻岭和惊涛骇浪中,同时各种突发事件时有发生;对于记者来说,经常要在环境艰苦的前线完成采编工作,特殊情况下还需要及时参加地震、洪水、国外战争等采访活动。由此可知,变姿类职业人员具备良好的应变能力与灵敏性具有很大的必要性。

(一)训练灵敏性的主要手段

(1)做各种调整身体方位的健身性练习。

(2)以非常规姿势完成侧向或倒退跳远、跳深等的练习。

(3)做专门设计的各种复杂多变的"躲闪跑""之字跑""穿梭跑"和"立卧撑"四项组成的综合性练习。

(4)限制完成动作的空间练习,如在缩小的球类运动场地进行练习。

(5)做各种变换方向的追逐性游戏和对各种信号做出应答反应的游戏等。

(二)训练灵敏性的主要途径

1.徒手练习

(1)单人练习。主要有弓立卧撑转体、箭步转体、跳起转体、腾空飞脚、前后滑跳、屈体跳、快速折回跑、快速后退跑等练习。

(2)双人练习。主要有手触膝、躲闪摸肩、撞拐、模仿跑、过人、巧用力等练习。

2.器械练习

(1)单人练习。主要包括各种形式的个人运球、传球等练习。

（2）双人练习。主要包括各种形式的传球与接球、运球中的抢球等练习。

3.组合练习

（1）两个动作组合练习。主要有交叉步—后退跑,后踢腿跑—圆圈跑等。

（2）三个动作组合练习。主要有交叉步侧跨步—滑步—障碍跑,滑跳—交叉步跑—转身滑步跑等练习。

（3）多个动作组合练习。主要有滑跳—交叉步跑—后踢腿跑—后退跑—前踢腿等练习。

4.游戏

分析发展灵敏性素质的游戏可知,其具备的显著特征是综合性、趣味性以及竞争性,其不仅能激发练习者的强烈兴趣,还能让练习者全神贯注地投入活动中,一方面要求练习者集中注意力、主动思考、灵活应对变化多样的活动情境,另一方面能够使运动者神经系统的灵活程度与反应过程得到有效锻炼。发展灵敏性素质的游戏有应答性游戏、集体游戏以及追逐游戏等。除此之外,散手与跆拳道同样可以运用在灵敏性训练中。

三、心理素质

对于变姿类职业人员来说,需要承受较大的工作负荷,工作时间的稳定性不强,在任何时间段都要处于待命状态,心理彻底放松的难度很大,对于体力劳动和脑力劳动兼备的新闻工作者更是这样。只针对记者职业的调查表明,有许多新闻工作者都处在超负荷状态,尤其是身处一线的采编人员,往往需要承受很大的工作压力强度,加班加点已经成为工作常态。除此之外,很多记者严重缺乏睡眠,即便晚上有休息时间,但很多时候需要赶稿乃至通宵工作。在高强度工作与无规律生活习惯的双重影响下,对记者的身心健康带来了不同程度的伤害。

由此可知,变姿类职业人员不仅要坚持参与增强身体素质的练习,也要逐步增强自身的健身意识,还要不断提升自身的心理素质,从而更好地适应当今社会的快节奏、强压力的工作现状。变姿类职业人员,要想从根本上提升自身的心理素质,应当要求自己在工作与生活中始终保持平和的心态,遇到突发事件或紧急情况时,第一步是保持冷静以及清晰思维,长期下来可以形成良好的心理素质。

第四节 工场操作类职业人员运动训练

一、心肺功能

对于现场作业来说,只有从业者的心脏功能可以随着工作强度的改变而及时调整,才能够使机体的需求得到充分满足。对于在烈日下工作的人来说,积极参与心肺功能训练有很大的必要性,如此能够预防和减少因心肺功能不适应而出现的昏厥情况。

二、肌肉耐力

肌肉长时间维持工作的能力,就是肌肉耐力。对于上举焊接、紧固螺丝以及打孔等高抬举作业来说,完成这些作业必须维持很长时间的收缩状态,包括静力成分与动力成分两种。如果从业者的肌肉耐力不佳,则会造成其肌肉血液供给不足,无法在对应时间内排除肌肉中的代谢废物,从而产生局部肌肉疲劳的问题,使其工作效率大幅度降低,严重时还会出现工伤事故。由此可知,着重训练工场操作类职业人员的各部位肌肉并有效发展肌肉耐力具有很大的必要性。

(一)上肢肌肉力量训练方法

1.直臂体前平举哑铃

训练方法:身体直立,在大腿前部双手持哑铃,手掌相对。直臂以肩关节为轴,从身体前部平举哑铃。沿原运动路线返回开始姿势,上举时吸气,放下时呼气。

训练作用:主要发展三角肌前部的力量。

2.持铃头后伸臂

训练方法:身体直立,双手持哑铃屈肘举于脑后,掌心相对,以肘关节为轴,前臂内旋,虎口相对,将哑铃举过头顶,然后沿原运动路线返回开始姿势。上举时吸气,放下时呼气。

训练作用:主要发展肱三头肌的力量。

3.侧弯举

训练方法:两手或一手侧握哑铃(拳眼向前),上臂紧贴体侧,持铃向上弯起至肩前,缓慢下放还原。

训练作用:促使工场操作类职业人员的前臂伸指肌群和上臂前侧肌群得到充分发展。

4.正握腕弯举

训练方法:单手正握哑铃或双手正握哑铃,掌心向下,握距和肩部宽度相同,上臂和体侧紧贴在一起,向上弯举哑铃,举到极限之后用较慢速度下放还原,前臂肌群一直维持紧张用力状态。

训练作用:主要发展前臂伸肌群和上臂外侧肌群的力量。

(二)下肢肌肉力量训练方法

1.腿弯举

训练方法:俯卧在卧推凳上,促使膝盖刚好抵住卧推凳的边缘,双腿处于伸直状态并促使脚跟和上托缘的下缘紧贴在一起,两手将凳的前端紧紧握住,集中收缩股二头肌的收缩力,保证小腿处于完全收紧的状态,维持这种静止状态 1~2 秒,此后用较慢速度还原。

训练作用:主要发展股二头肌的力量。

2.腿屈伸

训练方法:坐在装有伸腿架的卧推凳上,两脚背面分别紧贴下脱棍的下缘,双手握住凳的两边,使上体挺直,用股四头肌的收缩力慢慢使两腿伸直,保持这个静止收缩状态 1~2 秒,然后慢慢还原。

训练作用:主要发展股四头肌的力量。

3.踮脚跳跃

训练方法:两脚并拢站立,两膝微屈,两手撑腰,双脚前掌原地向上纵跳,膝盖绷直。下落时,先前脚掌着地,然后全脚掌着地,再踮脚起跳。

训练作用:主要发展小腿腓肠肌、比目鱼肌、股四头肌的力量,对提高身体平衡能力也有锻炼价值。

三、平衡能力

平衡能力也被称为动态平衡,具体是指个体对抗地心引力,保持身体动作稳定灵活的动作能力之一。对于高空建筑工、高层清洗工等高空作业者来说,平衡能力与静力性耐力必须达到很高的要求。因此,工场操作类职业人员在体能训练中或选择运动项目时,一定要积极发展前庭稳定性、下肢肌肉静力性耐力、灵敏性素质,从而使其平衡能力得到有效增强。平衡能力的运动训练方法如下。

(1)急跑中听信号完成急停动作。

(2)在平衡木上做一些简单动作。

(3)在肋木上做横跳、上下跳练习。

(4)发展旋转的平衡能力练习。

(5)各种站立平衡,如搬腿平衡、俯平衡、侧平衡等。

(6)一对一面向站立,双手直臂相触,虚实结合相互推,使对方失去平衡。

第五节　特殊职业人群运动训练

一、空乘人员体能训练

民航乘务体能训练课程是只针对民航乘务班学生开设的特殊课程,这项课程侧重于培养学生的一般耐力素质、力量素质、抗眩晕能力、平衡能力、灵敏素质,旨在培养出适应当今民航乘务服务业发展所需的对应职业身体素质的人。

空乘人员体能训练的目的是最大限度地缓解与减少空乘人员的身体疲劳与身体不适,进一步强化空乘人员处理突发事故的应急能力,增强空乘人员在飞机上长期工作的能力,从而大幅度提升空乘人员的服务质量。

(一)耐力素质练习

(1)12分钟定时跑。在规定的12分钟里计时跑步,要求完成一定距离的练习量。

(2)2分钟跳绳练习。连续不停顿地跳绳2分钟。

(3)连续跑台阶。在高20厘米的楼梯或高50厘米的看台上,连续跑

30～50 步,如跑 20 厘米高的楼梯,每步跳 2 级,重复 6 次,每次间歇 5 分钟,强度为 55%～65%。注意事项有严禁动作出现间断,不对时间做严格规定,向下走要尽可能处于放松状态,心率恢复至 100 次/分钟之后再完成下一次练习,练习者在练习过程中也可以身着沙背心。

(4)1 分钟立卧撑:由直立姿势开始,下蹲两手撑地,伸直腿成俯撑,然后收腿成蹲撑,再还原成直立,每次做 1 分钟,4～6 组,间歇 5 分钟,强度为 50%～55%。注意事项是动作一定要达到规范性要求,只有站起来才视为练习者完成一次练习,练习者可以身着沙背心完成练习或做立卧撑接蹲跳起,这种情况下运动强度会有所增加,所以建议把练习内容调整为 30 次/组,组间间歇时间 10 分钟。

(二)力量素质练习

(1)仰卧举腿。练习者在地板上仰卧,双手握住同伴双脚完成举腿动作,同伴借助手部来推动练习者双脚,从而使练习者更好地控制腹肌能力。在练习过程中,练习者要保持很快的举腿动作,放下时严禁腿着地。

(2)俯卧背腿。俯卧在地板或垫子上,两腿并拢伸直,髋部支撑,两臂自然伸直置于体侧,连续做两腿向后上振起动作。练习时,两腿尽量向上振起。俯卧腿上振是发展脊柱伸肌与髋关节伸肌力量的有效手段之一。

(3)俯卧撑。俯身向前,手掌撑地,手指向前,两臂伸直,两手撑距同肩宽,两腿向后伸直,两脚并拢以脚尖着地。两臂屈肘向下至背低于肘关节,接着两臂撑起伸直成原来姿势。练习时,身体保持平直,不能塌腰成"凹"形,也不可拱臂成"凸"形。

(4)引体向上。双手正握单杠或反握单杠,握距和肩部宽度相同,两脚离开地面,两臂处于伸直状态,身体悬垂。引体发力,促使身体朝上方拉直至头过杠面,此后身体用较慢速度垂下并还原为最开始的姿势。在练习过程中,练习者发力引体不可以借助身体摆动力量以及屈蹬腿力量。

(5)屈臂悬垂。练习者双手反握单杠,握距和肩部宽度相同,使手臂弯曲,保证下巴与头部的位置始终处在单杠以上,双脚脱离地面,身体处于悬垂状态,手臂用最大力量保证身体静止悬垂,手臂用力使身体保持静止悬垂状态,尽全力增加坚持的时间。

(三)抗眩晕能力练习

身体前庭感受器官应对旋转、晃动的能力,就是抗眩晕能力。科学组织与参与针对性练习,有助于增强空乘人员的抗眩晕能力,能有效缓解因为所在空间快速旋转或晃动导致的头晕、头痛、恶心、呕吐等不适症状。抗眩晕能力练习的常见方法如下。

(1)连续前滚翻。将体操垫排成一长排,从垫子的一侧开始做连续前滚翻,一直做到垫子的另一侧。

(2)闭目旋转接直线行走。闭目原地连续(左、右)转 10 周,然后闭目沿直线走 10 米,再睁眼看自己走的方向是否准确。

(3)垫上侧滚动。将体操垫排成一长排,仰卧躺在体操垫上,双腿伸直并拢,可将双手抱在胸前,身体连续向左或向右做侧滚动 360°。

(四)平衡能力练习

平衡能力是指不管人体处于哪种位置、完成哪种运动,或者受到外力作用时,可以自动调整姿势的能力。换句话说,平衡能力就是人体在身体重心偏离稳定支持面的情况下,可以马上借助自主活动或反射性活动使身体重心垂线返回稳定的支持面内。平衡能力练习包括以下几种。

(1)走平衡木。在平衡木上用较快速度连续快步行走,同时使身体重心始终处于稳定状态。

(2)燕式平衡。由站立双手侧平举开始,上体双臂向前下压,左(右)腿保持单腿站立,同时抬起右(左)腿,保持上体、双臂、右(左)腿与地面平行,尽可能坚持比较长的时间。

(3)走链桥。从链桥一端不间断地走到另一端,保证身体处于平稳状态,把链桥晃动幅度控制在合理范围内。

(4)闭眼单脚站立。左(右)脚站立,抬起右(左)腿(或双手交叉抱住上抬的单腿的小腿前面),闭眼单腿站立,尽可能坚持比较长的时间。

(五)灵敏性素质练习

灵敏性素质是人的运动技能、神经反应以及多种身体素质的整体表现。灵敏性素质之所以是运动技能、神经反应、多种素质的整体表现,原因在于所有专项的每个动作都在一定程度上反映了人体的速度素质、力量素质、耐力素质以及柔韧性素质等。具体来说,通过力量,尤其是爆发力量,来有效控制身体的加速或减速;通过速度,尤其是爆发速度,来有效控制身体移动、躲闪、变换方向的快慢程度;通过柔韧保证力量、速度的发挥;通过耐力保证持久的工作能力。空乘人员长期高质量完成灵敏性素质练习,可以有效强化肢体反应敏捷性,使其应对突发事故的水平得到本质提升。灵敏性素质练习主要包括以下几种。

(1)倒退跑接加速跑。向后做倒退跑,听信号后急停向前加速跑。注意事项是加速跑阶段必须发挥出高速度,也允许采取计时跑。

（2）喊数抱团成组。参与者围成一个圆圈，按照顺时针方向或逆时针方向跑动，教练员位于圆圈中央，教练员报出运用加、减、乘、除简单运算得出的数字，参与者用最快速度迅速抱团组合，比谁的反应最快。

（3）折返跑练习。在固定距离的两端完成往返跑练习，促使参与者熟练掌握跑动速度并具备即停能力，达到一端后让一只手触摸两端的某点，重复完成往返练习，此外练习过程等可以采取计时的方式。

（4）"贴膏药"游戏。学生面向内站成单层圆形，每两人并列为一组，各组间隔 2 米。游戏时，逃者不是贴前或贴后，而是贴左或贴右，如果贴左（贴右）则右面（左面）一人成为新的逃者。这项游戏的练习方法和练习规则是：第一，逃者想要解脱必须贴左或贴右；第二，严禁逃者跑出圆圈 2 米以外的区域，不然视为被抓住；第三，当追者和逃者进行角色互换时，允许进行缓冲的时间是 3～5 秒，换句话说，就是新的追者应当给新的逃者预留 3～5 秒的准备时间。

二、警察、安保人员的体能训练

体能训练是警察和安保人员学习擒拿技能、警用枪械、防暴与缉捕战术以及健康体育课程的重要基础。擒拿技能、警用枪械、防暴与缉捕战术以及其他体育运动所需的速度素质、力量素质、耐力素质、柔韧素质、灵敏素质等都需要在体能训练过程中取得。与此同时，走、跑、跳、投、跃、攀、爬、钻等人体基本活动能力，同样一定要在体能训练中获得强化。

针对警察、安保人员的体能训练，这里主要阐析通过障碍的训练方法。参与通过障碍训练，不仅能使警察与安保人员的奔跑、跳跃、攀越、支撑、平衡和钻爬等越障能力得以增强，还能有效提升他们各个方面的身体素质，使他们逐步具备顽强不屈、艰苦奋斗的优良品质。

（一）跨越壕沟

1. 动作方法

跑至壕沟前缘 30 厘米处，一脚蹬地起跳，身体向前上方跃起，另一腿向前上摆出并跨越壕沟着地。

2. 保护与帮助

保护者站在壕沟侧面，必要时拉扶练习者的手臂和身体。

(二)跳越矮墙

1.动作方法

(1)一手一脚支撑跳跃。跑到距离矮墙大约一米的位置,一只脚通过蹬地起跳来让身体跃上矮墙,起跳腿的同侧手保证手指朝前并把矮墙上缘当成支撑点,另一条腿向上方摆动,同时把矮墙上缘当成前脚掌的支撑点,随后立刻使起跳腿用最短速度上提收于胯下,顺利越过矮墙着地。

(2)一手支撑跳越矮墙。参与者跑到距离矮墙前面大约1.5米的位置,一只脚拼尽全力起跳,身体朝前上方跃起,另一条腿朝侧前上方摆起,另外一侧的手保持手指朝前的姿势并把矮墙上缘当成支撑点。当身体跳跃到矮墙上方的位置时,轻微地收腹含胸,起跳腿用最短时间屈膝提腿,小腿收在胯下的位置并越过矮墙着地。

(3)踏蹬跳跃矮墙。参与者跑到矮墙前1米的位置,一只脚通过蹬地起跳使身体朝前上方跃起,另一只脚的前脚掌蹬矮墙上缘,上体前倾,越过矮墙着地。

2.保护与帮助

侧身站在矮墙前的右侧方,准备好一只手扶住参与者的右臂,另一只手托送参与者的身体重心。

(三)通过独木桥

1.动作方法

跑至斜板前约30厘米处,一脚蹬地,身体向前上方跃起,另一腿以前脚掌踏蹬斜板中上部,蹬地脚迅速踏上桥面。通过时,上体略前倾,两腿微屈,脚掌稍外张,两臂自然张开,保持身体平衡。至桥端时,一腿下迈着地,另一腿从桥端下桥后迈步跑进。

2.保护与帮助

斜桥和平桥的两边分别站一个人,桥头落地线分别站一个人,为保护失去身体重心的参与者做好充足准备。

（四）攀越高墙

1.动作方法

（1）臂撑攀越。参与者跑到和高墙相距大约 1 米的位置，一只脚完成起跳动作，另一条腿弯曲膝盖朝上方抬，借助前脚掌朝前下方向猛蹬墙的中间位置，借助朝上的冲力两手攀住高墙上缘，让身体撑上高墙。与此同时，起跳腿用最快速度弯曲膝盖并朝上方抬，促使膝部或小腿内侧挂在高墙的上边，身体用最快速度向上翻，身体上半部分马上向下潜，起跳腿异侧手换位（手指向后），同侧臂下移并以手推墙，使身体转向跑进方向，前脚着地后继续跑进。

（2）一手一脚攀越。跑至高墙前一脚处起跳，另一腿屈膝上抬，以前脚掌向前下猛蹬墙的中部，身体向前上方腾起，两手攀撑于高墙上缘，撑起身体，起跳腿屈膝上摆，身体成一手一脚支撑于高墙上缘。随即蹬墙腿屈膝收于支撑腿跨下并前伸，手推高墙跳下，两腿前后分开着地，并屈膝缓冲，然后继续跑进。

2.保护与帮助

高墙前后各站 1 人，前者主要负责向上托送，帮助练习者攀越高墙，后者负责练习者翻墙下落的安全。

（五）跨越低桩网

跑至网前约 1 米处，一脚蹬地，另一脚前摆并跨过第一根网线，后脚小腿稍向上向外翻绕过第一根网线，并迅速前摆跨过第二根网线着地。两腿依次交替跨过剩下的数根网线。

（六）绕行桥桩

跑至桥下左侧，屈膝弯腰，右腿向右前方迈步，左手扶拉第二柱，身体内倾，左腿绕过第二柱后向第三柱左前方迈出一步，随着身体向第三柱内倾，右手扶拉第三柱，右腿绕过第三柱后向右前迈出一步，身体随之穿出桥下继续跑进。由桥右侧进入则动作与上述相反。

（七）钻越洞孔

跑至洞孔前 60～80 厘米处，右腿屈膝支撑，左腿上举前伸，身体向前弯腰探头，腹部靠拢左大腿，两臂前伸，使左脚、头部和两臂同时钻过洞孔，然后左脚着地支撑,上体向前上挺起,右腿向前提拉过洞孔向前跑进。

(八)通过高板跳台

1.动作方法

第一部分攀上高板。

(1)挂臂式攀上。跑至高板前约 50 厘米处,一脚蹬地起跳,同侧手前伸并攀住高板上缘远端,另一手撑于或小臂挂于高板的后上缘,随即另一腿用脚跟或小腿挂在高板上缘,身体借力翻上高板面。

(2)立臂撑上。跑到高板前大约 40 厘米的位置,两脚完成起跳动作,两臂或两手挂撑在高板的上缘,通过身体朝上的惯力以及两臂的撑力来平稳地支撑起身体,此后两脚前后踏上高板。

第二部分跳下高台和低台。

上台后,上体前倾,一腿向前下迈步,脚掌踏于高台中部,另一腿向前下迈步,脚掌踏于低台中部,踏高台腿顺势前迈着地。

2.保护与帮助

上高板保护必须保证有两个人,一人站在板下挡推练习者过度前摆的双腿,一个站在板前侧面对练习者身体重心进行助推。

(九)匍匐通过低桩网

跑至网前约 1.5 米处,一脚向前跨一步,同时屈膝弯腰,上体向前下俯冲,两臂前伸,手掌着地,借两腿蹬力钻入网内。前进时,两手两膝两脚着地,以右手扒、左脚蹬和左手扒、右脚蹬的合力交替爬行。出网时,两臂撑起上体继续跑进。

第六节 慢性病及功能障碍人群运动训练

一、慢性病人群的运动训练

(一)慢性病概述

慢性病是慢性非传染性疾病的简称,并非是指具体的疾病,而且是对一大类起病原因模糊、病程时间长、病情迁延无法治愈、没有清晰明了的传染性生物病因证据、病因情况繁杂,同时部分还没有彻底被确定的疾病的概括性总称,具体有心脑血管疾病、肿瘤、糖尿病、慢性阻塞性肺疾患、骨质疏松症、慢性肝肾疾病、慢性骨关节病等疾病,最常见的疾病是肥胖、高血压、糖尿病、冠心病。

要想有效防治慢性病,第一步应当是落实第一级预防措施,主要采取健康教育的方式,调整与改变产生慢性病的不良生活习惯,具体包括饮酒、吸烟、锻炼不足等,由此有效避免慢性病,最大限度地降低慢性病的患病概率。除此之外,还需要高度重视慢性病的早期发现工作、登记工作、分级管理工作等在内的第二级预防措施与第三级预防措施。

慢性病治疗研究的范围十分广泛,现阶段被优先推广的方法分别是非药物整体治疗法以及运动疗法。高质量完成慢性病患者的运动评估工作、制定处方工作以及训练与再训练工作,有助于减缓与消除因慢性病导致的身体功能与结构障碍,有助于大幅度提升慢性病患者的独立生活、生活质量、社会生存能力,最终使慢性病患者及早回归社会,为社会贡献更大的力量。

(二)肥胖症的运动训练

在全球经济高速发展和广大群众生活水平持续提升的背景下,人们的饮食结构不断改变,体力劳动正在逐步减少,肥胖人数正在逐年上升,肥胖已经成为全球范围内的首要健康问题,同时截至当前,肥胖依旧在以惊人速度增长,肥胖极易引发血脂异常、高血压、脂肪肝、糖尿病等,同时会使人体产生动脉硬化的速度大大加快,由此可能造成脑梗死、冠心病等疾病,所以现代人必须对肥胖引起足够重视。

一般认为体重过重就是肥胖,这是一种误解。肥胖症的正确概念是体内脂肪的过度积聚和分布异常、体重的增加,包括遗传和环境因素在内的多种因素相互作用引起的慢性代谢性疾病。根据病因可以分为单纯性肥胖和继发性肥胖两类,单纯性肥胖最为常见,没有明显内分泌与代谢性疾病,但伴有脂肪与糖代谢调节障碍。本部分主要讨论单纯性肥胖的运动训练。

1.运动训练的作用机制

(1)运动可使肥大的脂肪细胞变小。

(2)运动可降低肥胖者的胰岛素含量,增加胰岛素的敏感性,有利于脂肪代谢。

(3)运动使血脂降低,脂肪分解代谢加强。

(4)运动增加能量消耗。

2.肥胖症的运动训练目的

借助运动训练能够有效增加能量代谢,促使机体所需能量处于负平衡状态,循序渐进地实现减少脂肪、减轻体重的目标。运动训练不只是肥胖症的预防措施和治疗措施,还是减肥的关键环节。

肥胖症的运动训练过程也是形成健康生活方式与生活习惯的过程。通常情况下,一个减肥运动方案由三个阶段组成,分别是适应阶段、减肥阶段和巩固阶段。肥胖症运动训练的第一步是制定适宜的减肥目标,要想达到健康体重与理想体重,首先要根据减肥目标来确定减多少体重,不合理的减肥目标是造成很多人减肥失败的重要原因,确定目标后就应当持续训练,有效避免体重反弹。对于绝大部分人而言,只要想减掉一定体重并避免反弹就可以,通常最初目标是体重的 10%,每周减重严禁超过 1 千克,肥胖者不仅要积极参与训练,还要适当控制饮食,养成健康的饮食习惯,贯彻分阶段原则与循序渐进原则。

3.运动训练的类型和方法

确定减肥目标后,应当着手选择恰当的运动类型与训练计划。通常来说,一般肥胖的运动治疗会优先选取中等强度、较长时间的有氧运动,同时辅助力量性运动和球类运动项目等。在现阶段,普遍认为参与节奏明显的动力性有氧运动对保持身体能量平衡、提高耐力素质、提高心肺功能有积极作用,具体项目有长距离步行、自行车和游泳、健身操以及水中运动等。相关研究证实,水中运动是最有前途的减肥运动,除游泳运动以外,水中运动已经衍生出水平行走、水中跑步、水平跳跃等项目。力量性运动主要是指完成躯干运动与四肢大肌群运动,可供选择的运动方式有仰卧起坐、俯卧撑等,可供选择的球类运动有羽毛球运动、篮球运动、乒乓球运动等。

(1)有氧运动。可以通过运动试验制定运动处方,一般运动强度取 50%~60% 最大摄氧量,或 60%~80% 最大心率。运动量的大小,根据每日计划能量代谢负平衡的多少来决定。运动时间不少于 30 分钟,并逐渐延长至 1 小时,运动频度为每周 3~4 次,或每天 1 次,根据其对运动的反应进行调节。

①步行。安全、简单、易于掌握,是应用最广泛的一种运动方式。可以分为快速步行、中速步行和慢速步行。步行每分钟 120~140 步为快速步行,适合于全身情况良好者;每分钟 100~120 步为中速步行,适合于情况一般者;每分钟 70~100 步为慢速步行,适合于年龄较大和体质较差者。

②慢跑。正确的慢跑方式是指自然放松,采取日常习惯的步幅、全脚掌

着地、循序渐进地加快速度,心率加快至靶心率且保持一段时间,尽全力吸气,然后进行均匀呼吸。跑步训练最大速度的参照是运动时间大约 20 分钟、出汗。

③登山。登山运动的显著特征是耗氧量较大、体能消耗多,但减肥成效显著,肥胖症患者应当兼顾自身体能水平,以心率有无达到最高极限来进一步确定,锻炼时间总计 30 分钟以上,条件允许时可以每天登山 1～2 次。

(2)力量性运动。主要是躯干肌群和四肢大肌群的运动,进行仰卧起坐、下蹲起立及俯卧撑等运动,也可以使用运动器械,如哑铃、拉力器等进行锻炼。运动时的肌肉力量符合最大肌力的 60%～80%,反复运动 30 次,每隔 2～3 周再加大运动量。

(3)球类运动。科学参与球类运动,达到锻炼肌力、不间断消耗能量的目标,最终取得理想的减肥效果。每次的运动时间应当超过 30 分钟,篮球运动、足球运动、网球运动、羽毛球运动均可。

(三)高血压的运动训练

高血压病是诱发心血管疾病、脑血管疾病以及肾血管疾病的重要危险因素。运动疗法是全方位治疗高血压病的一个重要组成部分,不仅能明显增长肌肉力量与肌肉体积,还能起到防治慢性病的作用,当前已经得到绝大部分研究人员的肯定。针对高血压人群与普通百姓科学安排运动与锻炼具有很大的必要性。

1. 运动训练的作用机制

(1)运动训练可降低交感神经兴奋性。

(2)运动训练能够对大脑皮质以及皮质下的血管运动中枢产生积极影响,对人体血压控制水平进行重新调整,促使血压始终在正常范围内。

(3)在运动训练过程中,活动肌群中的血管会随之扩张,毛细血管的密度或数量会有所增加,总外周阻力会随之下降,进而对降低血压发挥积极作用,特别是舒张压。

(4)运动训练可以加快尿钠的排泄速度,在一定程度上降低血容量,最终使过高的血压随之降低。

(5)运动训练可以加快体能脂肪的消耗速度,进而对控制与延缓血管硬化发挥积极作用,最终使人体的外周血管阻力得到有效降低。

(6)运动训练对高血压患者调整自身情绪有积极作用,由此能有效减轻其血管应激水平,最终达到降低血压的目标。

2. 运动训练的目的

运动训练对高血压患者降低血压、提高体力活动能力、提高生活水平都有协助作用。

3. 运动训练的类型和方法

有氧运动与抗阻运动是现阶段高血压病运动疗法的研究重点,具体如下。

(1)有氧运动。指运动强度相对较低、持续时间较长、大肌群参加的,以有氧代谢为主要代谢形式的运动,这种运动往往是全身性的,以提高人体心肺功能为主要目的,适当的有氧运动可增加体能并在心血管疾病的防治上具有重要意义。通常可以选择步行、骑自行车、游泳、慢节奏交谊舞等。强度一般为 50%～70%的最大靶心率,或 40%～60%最大吸氧量,停止活动后心率应在 3～5 分钟内恢复正常。步行速度一般为 50～80 米/分钟,不超过 100 米/分钟,每次锻炼 30～40 分钟,其间可以穿插休息或医疗体操。50岁以上者活动时的心率一般不超过 120 次/分钟。

(2)抗阻训练。通常指身体克服阻力以达到肌肉增长和力量增加的训练过程。抗阻训练作为全身锻炼的一部分,可以显著增长肌肉力量和体积,还可以提高肌肉耐力及协调性,通过调整动作重复次数和负荷阻力来调整运动强度,发挥慢性病防治作用。近年来的研究显示,在一定范围内,中小强度的抗阻运动可产生良好的降压作用,而且不会引起血压升高。国外有研究报道称,采用 15RM 的运动强度对 65～73 岁的高血压病老年人进行了 6 个月的器械抗阻训练,受试者的血压转为正常。国内关于抗阻训练的研究报道比较局限,多数研究是观察静力性收缩训练对血压的影响,动力性肌肉抗阻训练的研究较少。需要说明的是,当前运动医学界权威机构认定的和高血压相关的运动处方内容中并没有推荐把抗阻训练当成优先选择的运动形式。

(四)糖尿病的运动训练

糖尿病已经被认定为全球第三大威胁人类健康的慢性非传染性疾病,当前全球糖尿病患病率呈现出逐年上升的走向,相关部门预测 2025 年全球糖尿病患者将会增加至 3 亿。运动、饮食控制、胰岛素是治疗糖尿病的主要应用方案,当前已经证实运动不足是Ⅱ型糖尿病的一项独立危险因素,此外是可能诱发代谢综合征的因素。1999 年 11 月,世界卫生组织告诫世界各国警惕糖尿病大范围流行,同时推荐运动训练是治疗糖尿病的基础手段。

1.运动训练的作用机制

(1)科学参与运动训练,进而增加胰岛素敏感程度,有效改善血糖与脂代谢紊乱的情况,使糖尿病患者的体重减轻。

(2)科学参与运动训练,进一步强化心血管系统功能,提高身体抵抗力。

(3)提高控制血糖的水平,适度减少降糖药物的用量,预防和减少慢性并发症。

(4)有效缓解精神紧张与精神焦虑,从根本上消除抑郁状态,建立强大的自信心,增强工作能力,改善生活品质。

2.运动训练的目的

在科学参与运动训练的基础上,有效控制糖尿病患者的血糖,降低其出现并发症的可能性,提高其日常生活能力以及生活质量。

3.运动训练的类型和方法

因为运动强度、运动时间、运动频率是运动量的决定性因素,所以运动处方一定要反映出适量、经常性、个性化的原则。在糖尿病的康复过程中,必须对运动方式做出合理选择,现阶段被大范围采用的运动疗法主要是有氧运动,同时也有力量训练。

(1)Ⅰ型糖尿病运动训练旨在保持运动能力、推动身体健康、提高生活品质。对于运动种类与运动强度的制定工作,可以结合Ⅰ型糖尿病患者的年龄、病情、喜好、运动水平而定,可供选择的运动项目包括步行、慢跑、游泳等。在最初阶段,最佳运动强度是最高心率的50%~60%,最开始的运动时间是20分钟,然后逐步延长,每周的运动次数是3~4次,当运动能力逐步提升后,在循序渐进地增加运动时间、运动频率。需要注意的是,Ⅰ型糖尿病患者必须在较好控制血糖、遵循医生指导的情况下参与运动训练,每次运动应当保持适度,切记过度劳累,从而避免出现反作用。

(2)Ⅱ型糖尿病患者参与运动训练,可以有效改善糖代谢异常的问题,使Ⅱ型糖尿病的发病率得到显著降低,也能有效预防与治疗Ⅱ型糖尿病以及糖尿病的并发症。运动总量应当控制在每天3~6个运动单位。主要运动类型是有氧运动,具体包括散步、慢跑、跳舞等。在积极倡导有氧运动的同时,也需要适当增加肌肉力量训练的内容,但必须把心血管承受的负荷和骨关节系统承受的负荷控制在合理范围内,从而为运动安全提供保证。建议在餐后30分钟到1小时内参与运动训练,首次运动持续时间以10分钟为宜,然后循序渐进地延长为30~40分钟,安排必要的间歇时间,达到靶心率的累积时间通常建议为 20～30 分钟。运动的强度通常可以选择相当于 50％～60％最大摄氧量,或以 70％～80％最高心率为运动中的靶心率。运动频率每周控制在 3～4 次较为合理,可根据每次运动的运动量大小而定。

需要注意的是,运动治疗不可以单方面重视运动的益处,也需要重视并预防运动训练可能引发的危险,任何糖尿病患者在运动前都需要做对应的检查。

(五)冠心病的运动训练

冠心病康复是指综合采用医学及相关学科手段,通过训练与再训练,帮助心血管疾病患者缓解症状,改善心血管功能,在生理、心理、社会、职业和娱乐方面都达到理想状态,提高生存质量。冠心病的康复分为三期:住院期康复(Ⅰ期)以及出院后康复(Ⅱ期)、慢性冠心病或慢性期康复(Ⅲ期),而运动训练是冠心病康复方案的主体。

1.运动训练的作用机制

(1)运动训练。主要产生周围训练效益,使骨骼肌线粒体增加,氧化酶活性提高,肌肉氧的利用率增加,最大摄氧量和体力,工作能力增加。

(2)对冠状动脉结构和功能的影响。运动训练能够增粗近端冠状动脉,有效增强冠状动脉的扩张能力,促使冠状动脉和侧支循环的血流大大增加,在一定程度上改善缺血心肌的血供,提升心绞痛阈值,此外运动训练还能够在某种程度上避免介入术再狭窄的情况出现。

(3)其他作用。如降压、防治糖尿病;改善脂肪代谢,降低体重;降低死亡率和心血管疾病的再发率;减少卧床并发症和疾病引起的不良心理反应。

2.运动训练的目的

(1)Ⅰ期康复目的。在适当活动的基础上,降低绝对卧床休息产生的负面作用。

(2)Ⅱ期康复目的。维持适度的体力活动,循序渐进地适应家庭活动,等到病情彻底恢复到稳定状态后,为参加第Ⅲ期康复锻炼做好充足准备。

(3)Ⅲ期康复目的。巩固Ⅱ期康复效果,对危险因素进行有效控制,促使冠心病患者的体力活动能力与心血管功能得到充分改善与提升,使发病前的工作与生活得以恢复。

3.运动训练的类型和方法

(1)Ⅰ期康复运动训练方案:增加活动量时应遵循循序渐进的原则。

Ⅰ期康复可供选择的训练方案有床上活动、步行训练、呼吸训练等。表 10-1 列举的康复方案是国内外经验综合的结果,可以作为参考。患者在训练过程中没有不良反应出现,运动心率增加<10 次/分钟,次日训练可进入下一阶段。运动中心率增加 20 次/分钟左右,则需要继续同一级别的运动。心率增加超过 20 次/分钟或出现任何不良反应,则应该退回到前一阶段运动,甚至暂停运动训练。

表 10-1　国内外经验综合的结果

活动	步骤						
	1	2	3	4	5	6	7
冠心病知识宣教	＋	＋	＋	＋	＋	＋	＋
腹式呼吸 10	10 分钟	20 分钟	30 分钟×2	30 分钟×2	—	—	—
腕踝动(不抗阻)	10 次	20 次	30 次	30 次×2	—	—	—
腕踝动(抗阻)	—	10 次	20 次	30 次	30 次×2	—	—
膝肘动(不抗阻)	—	—	10 次	20 次	30 次	30 次×2	30 次×2
膝肘动(抗阻)	—	—	—	10 次	20 次	30 次	30 次
自己进食	—	—	帮助	独立	独立	独立	独立
自己洗漱	—	—	帮助	帮助	独立	独立	独立
坐厕	—	—	帮助	帮助	独立	独立	—
床上靠坐	5 分钟	10 分钟	20 分钟	30 分钟	30 分钟×2	—	—
床上不靠坐	—	5 分钟	10 分钟	20 分钟	30 分钟	30 分钟×2	30 分钟×2
床边坐(有依靠)	—	—	5 分钟	10 分钟	20 分钟	30 分钟	30 分钟
床边坐(无依靠)	—	—	—	5 分钟	10 分钟	20 分钟	—
站(有依托)	—	—	5 分钟	10 分钟	10 分钟	30 分钟	—
站(无依托)	—	—	—	5 分钟	10 分钟	20 分钟	30 分钟
床边行走	—	—	—	5 分钟	10 分钟	—	30 分钟
走廊行走	—	—	—	—	5 分钟	10 分钟	2 次
下一层楼	—	—	—	—	—	1 次	1~2 次
上一层楼	—	—	—	—	—	—	—

注:"＋"表示实施该步骤,"—"表示不实施该步骤

（2）Ⅱ期康复能够逐渐恢复日常生活的活动能力，运动能力往往会达到4～6 METs。治疗冠心病的常见手段有室内外散步、家庭卫生、园艺活动、临近区域购物、医疗体操等（表10-2）。

表 10-2　冠心病Ⅱ期康复一般日常生活活动能力

活动内容	第 1 周	第 2 周	第 3 周	第 4 周
门诊宣教	1 次	1 次	1 次	1 次
散步	15 分钟	20 分钟	30 分钟	30 分钟×2 次
厨房工作	5 分钟	10 分钟	10 分钟×2 次	10 分钟×3 次
看书或电视	15 分钟×2 次	20 分钟×2 次	30 分钟×2 次	30 分钟×3 次
降压舒心操	保健按摩学习	保健按摩×1 次	保健按摩×2 次	保健按摩×2 次
缓慢上下楼	1 层×次	2 层×2 次	3 层×1 次	3 层×2 次

一般活动没有进行医务检测的必要性，但较大强度的活动进行医务检测有很大的必要性，电话心电图监护系统检测或经验丰富的康复治疗人员观察数次治疗过程都可以，一定要保证医务检测的安全性。对于不存在并发症的患者来说，可以在家属帮助下逐渐转变成无监护活动。需要注意的是，活动期间严禁出现气喘、疲劳、过度用力。这里主要对家庭活动方案的六个阶段进行全面分析，具体如下。

第一阶段：活动是缓慢上下楼，但避免任何疲劳；个人卫生是自己洗澡，避免过冷、过热的环境；家务是洗碗筷、洗蔬菜、铺床，提 2 千克左右的重物，短时间园艺工作；娱乐是打牌、下棋、阅读、针织、短时间乘车等；需要避免的情况是提举超过 2 千克的物品、弯腰过度、情绪沮丧、过度兴奋和应激。

第二阶段：个人卫生是独立外出理发；家务活动是以洗小件衣服或使用洗衣机、晾衣服、擦桌子、梳头、简单烹饪、提 4 千克左右的重物；娱乐活动是可以进行有轻微体力消耗的娱乐；在患者可以上下两层楼或可以步行 1 千米而无任何不适时，可恢复性生活，但是要注意采取相对比较放松的方式；需要避免的活动是长时间活动、高温环境、提举超过 4 千克的重物、参与设计经济或法律问题的活动。

第三阶段：家务活动是可以长时间熨烫衣物、铺床、提 4.5 千克左右的重物；娱乐活动是轻度园艺工作，在家练习桌球、室内游泳（放松性）、短距离公共交通、短距离开车、探亲访友；步行活动是连续步行 1 千米，每次 10～15 分钟，每天 1～2 次；需要避免的活动是提举过重的物品、活动时间过长。

第四阶段：家务活动是可以与他人一起外出购物、正常烹饪、提 5 千克左右的重物；娱乐活动是小型油画制作或木工制作、家庭小修理、室外打扫；步行活动是连续步行，每次 20～25 分钟，每天 2 次；需要避免的活动是提举过重的物体、使用电动工具，如电钻、电锯等。

第五阶段：家务活动是可以独立外出购物、短时间吸尘或拖地、提 5.5 千克右的重物；娱乐活动是家庭修理性活动、钓鱼、保龄球类活动；步行活动是连续步行每次 25～30 分钟，每天 2 次；需要避免的活动包括提举过重的物体、过强的等长收缩运动。

第六阶段：家务活动是清洗浴缸、窗户，无不适可以提 9 千克左右的重物；娱乐活动是慢节奏的跳舞、外出野餐、看电影；步行活动是日常生活活动，应每次 30 分钟，每天 2 次；需要避免的活动是剧烈运动如举重、开大卡车、攀高、重体力活动，以及竞技性活动，如各种体育比赛。

（3）Ⅲ期康复运动。具体有有氧训练、力量训练、柔韧性训练、作业训练、医疗体操、气功等，常见的运动形式包括间断性运动和连续性运动。具体来说，间断性运动是指基本训练期存在很多次高峰靶强度，高峰强度之间强度降低。连续性运动是指训练期靶强度始终处于固定状态，运动员需要达到一定阈值方可出现训练效应，每周的整体运动量是 2 926～8 360 焦耳。运动总量不存在显著的性别差异。合理运动量的标志是运动时出汗较好，轻度呼吸较快但不会对对话产生负面作用，早晨起床自我感觉良好，不存在不间断的疲劳感以及其他不适感。运动训练的靶强度通常是 40%～85%，最大摄氧量或 70%～85% 最大心率；靶强度运动的常见持续时间是 10～60 分钟，频率是每周 3～5 天为宜。

二、功能障碍人群的运动训练

残疾是指因为躯体、身心、精神疾病或损伤，以及先天性异常造成的人体解剖结构和生理功能的异常（或）丧失，最终出现长期、持久或永久性的功能障碍状态。各种功能障碍都会对患者的身体活动、日常生活、日常工作、日常学习、社会交往活动能力产生或多或少的影响。

我国残疾分类是指视力残疾、听力语言残疾、智力残疾、肢体残疾以及精神残疾。这里主要对肢体残疾进行研究，着重分析截肢、偏瘫、截瘫以及脊柱畸形的运动训练。

（一）截肢的运动训练

截肢是指截除没有生机和（或）功能，以及由于局部疾病对生命产生严重威胁的肢体。一般来说，截肢会给患者带来巨大伤害，会大大增加患者在生活、工作、学习、社会参与方面的困难。截肢完成后，及时安装适宜的假肢是尤为必要的,适宜的截肢可以最大限度地发挥代偿功能,有效提高患者的生活自理能力,增加患者参与工作、回归社会的可能性,此外对患者建立自信心和提升生活品质有很大的积极影响。

在现阶段,造成截肢的常见原因有糖尿病截肢、外伤性截肢、神经性疾病截肢、肿瘤截肢以及感染性截肢,糖尿病截肢占全部截肢原因的一半。截肢的临床表现是肢体缺失、患肢疼痛、残端的疼痛与肿胀、感染、瘢痕,也可伴随全身功能减退造成的身体功能以及 ADL(日常生活活动能力)功能的障碍;心理障碍也是截肢的一种表现,患者的常见反应是过度自卑、痛苦、焦虑,严重时会对生活丧失信心。对于截肢患者而言,完成系统评定是尤为必要的,常见的评定内容有全身状态、残肢(外形、关节活动度、肌力、疼痛等)、假肢、ADL 等。只有结合具体评定结果,才能制定出切实有效的治疗方案。常见的运动治疗方案包括以下几种。

1.全身运动训练

对于截肢患者来说,截肢后会对患者的关节周围乃至整个身体的肌力、关节活动度、平衡、协调等功能产生或多或少的影响,截肢患者行走所需的能量消耗比常人多很多,能量消耗会随着截肢位置增高而增大。由于强身健体同样是截肢患者必须完成的一项任务,所以其应当选择适宜的运动项目,具体包括轮椅篮球、上肢抗阻肌力训练、腰背肌力量训练等。

2.残肢训练

残肢训练包括关节活动度训练、残肢肌力训练、残肢皮肤强度训练、使用助行器的训练和步行训练等,具体如下。

(1)关节活动度训练有助于避免关节挛缩,同时参与时间越早对患者的积极作用越大。例如,上肢截肢患者积极参与早期的肩关节活动度训练;大腿截肢患者积极参与髋关节的内收训练与伸展训练,有效避免屈曲外展畸形,参与关节活动度训练时主动和被动充分结合起来,主动发挥主要作用,被动发挥辅助作用。

(2)残肢肌力训练能够对残肢肌力产生显著的训练效果,这样才能更加自如地控制假肢。例如,小腿截肢患者需要积极参与后股四头肌,也可以借助抗阻训练来提高身体伸屈膝盖的能力,另外要有效训练小腿残留的肌肉力量,有效防止相关肌肉萎缩的情况发生。

(3)残肢皮肤强度训练可以借助按摩的手段,针对残端皮肤开展承重训练,使患者皮肤的功能得以增强。

(4)助行器训练包括患者使用拐杖时身体向前倾斜的可能性很大,因而姿势矫正具有很大的必要性。

(5)步行训练具体包括单腿站立负重训练、借助助行器完成步行训练,这不但对患者尽快离床有很大的积极作用,而且对患者增强体力也有很大的积极作用。

3.临时假肢训练

(1)准备工作需要达到的要求是:第一步要教会患者灵活运用正确的假肢穿戴法,残肢与接受腔必须充分接触,有效防止残肢末端局部负压,最终出现残肢端红肿、残肢端疼痛、残肢端破溃的问题。

(2)站立平衡训练应当要求患者在平衡杠内训练站立平衡,由双侧负重逐渐过渡为单侧负重,由健侧负重逐渐过渡到假肢侧单腿站立,假肢侧单腿站立的时间应当达到5~10秒。

(3)迈步训练应当选择在平衡杠内完成,循序渐进地减少双足支撑面积直至10厘米左右,由假肢侧迈步逐步过渡到健侧的迈步训练。

(4)步行训练从平衡杠内的辅助步行训练开始,逐步过渡到平衡杠外,从双手过渡到单手,逐步到独立完成步行,患者还可以借助拐杖等助行器完成训练。

4.穿戴正式假肢的训练

(1)穿戴条件

残肢成熟定型是一项基本条件。接受短时间的假肢训练,残肢弹力绷带的缠绕,残肢不存在肿胀与不适,残肢没有出现肌肉萎缩,残肢在连续两周以上都没有产生变化,接受腔情况理想。

(2)上肢假肢训练

与下肢假肢相比,上肢假肢训练更加烦琐、难度更大。上肢假肢训练往往会先训练截肢者熟悉的假肢以及假肢控制系统,随后再开展手部开闭动作训练以及抓握训练。对于单侧上肢截肢患者来说,第一步是完成利手交换训练,具体是指最开始不是利手的健肢必须逐步转变成功能性更强的利手部,假手负责发挥辅助作用;对于双侧上肢截肢患者来说,训练过程更加烦琐、难度更大,结合为截肢者选择手部装置完成切实有效的训练。

(3)下肢假肢的训练

下肢假肢训练严禁出现急于求成的心理,平衡训练发挥着十分关键的作用,患者掌握冠状面平衡的难度比矢状面平衡的难度要大很多。建议截肢者面对镜子来观察自身行走步态的所有细节,从而发挥反馈的效果,最终促使患者及时纠正异常步态。除此之外,患者可以行走在各种路面,逐步增加行走难度,如在石子路、沙土路、门槛、上下阶梯上行走,从而让训练难度逐步增加,推动患者的灵活性与应激水平得到有效提升。

(二)偏瘫的运动训练

偏瘫也叫半身不遂,具体就是一侧的上下肢、面肌、舌肌下部出现的运动障碍。结合偏瘫的具体程度,能够将其划分成轻瘫、不完全性瘫痪和全瘫。一般来说,脑血管意外、脑外伤以及脑手术后经常会出现偏瘫。在治疗偏瘫的过程中,除急性期对症处理以外,运动功能训练是最常见的方式。

偏瘫运动训练是指结合疾病特征与患者功能情况,在治疗器械和或治疗者手法操作以及患者自觉参与的基础上,即采用主动方式与被动方式来优化患者身体的局部功能或整体功能,最终使患者的身体素质提升、充分满足日常生活需求的一种治疗方式。偏瘫运动训练是指充分结合偏瘫患者的功能障碍特征,结合神经生理学原理与发育学原理来推动患者中枢神经系统的功能得以康复,常见训练方法有 Bobath 技术、Rood 技术、PNF 技术、Brunnstrom 技术等,运动疗法是促使偏瘫患者康复的一项常见方式。

1. Bobath 技术

Bobath 技术又称神经发育治疗技术,由英国的物理治疗师 Berta Bobath 和她的丈夫神经学家 Karel Bobath 在 20 世纪 40 年代共同创立。Bobath 技术提倡的观点是:充分联系正常人体的发育顺序,借助正常自发性姿势反射以及平衡反应对肌张力进行合理调整,从而诱发正常的运动反应。

Bobath 技术倡导的步骤是:首先学习并掌握最基本的姿势和运动模式,其次循序渐进地调整为日常生活中复杂的功能性动作和技巧性动作,技巧性动作主要包括姿势控制、调正反应、平衡反应、其他保护性反应,伸手、抓握与放松等基本动作模式为基础。由此可知,Bobath 技术在推动患者主动运动、增加动作难度指数、战胜痉挛问题、降低肌张力与避免畸形以及完成高难度动作等方面具有很大的实用价值。这项技术的基本技术与治疗手段包括控制关键点、反射性抑制、调正反应、平衡反应、感觉刺激等。

2. Rood 技术

Rood 技术也叫多种感觉刺激技术,由物理治疗师和作业治疗师 Margaret Rood 创立。Rood 技术的基本理论由三个部分组成,分别是合理的感觉刺激能够使偏瘫患者的肌张力处于正常状态,同时可以诱发所需的肌肉反应;感觉性运动控制得以建立的基础是患者身体发育,同时使逐步发展而来的;完成的动作应当目标明确,充分运用患者对动作的有目的反应来成功诱导患者皮下中枢的运动模式。Rood 技术的常见技术与手法是:第一,借助感觉刺激来有效诱发患者的肌肉反应;第二,挖掘和运用个体发育的规律,从而让患者运动的控制水平得到大幅度提升。

3.神经肌肉本体促进技术(PNF 技术)

神经肌肉本体促进技术由美国内科医生和神经生理学家 Herman Kabat 在 20 世纪 40 年代创立。这项技术得以创立的理论基础是把正常运动模式以及运动发展当成基础,反复重申整体的意义而并非单一肌肉的活动,具体特点是肢体与躯干的螺旋形与对角线主动、被动、抗阻力运动,和日常生活中的功能活动存在很多相似之处,同时借助手部接触、语言命令、视觉引导来作用于运动模式,这项技术的常见技术就是对角线模式。

4.Brunnstrom 技术

Brunnstrom 技术由瑞典物理治疗师 Signe Brunnstrom 创立,目前是偏瘫康复最常用的治疗方法之一,其技术基本点是脑损伤后恢复过程中的任何时期均可利用的运动模式。强调整个恢复过程中逐渐向正常、复杂的运动模式发展,从而达到中枢神经系统重新组合,而肢体的共同运动和其他异常的运动模式是偏瘫病人在恢复正常自主运动之前必须经过的一个过程。因此,主张在恢复早期利用这些异常的模式来帮助患者控制肢体的共同运动,达到最终能自己进行独立运动的目的。Brunnstrom 技术最基本的治疗方法是早期充分利用一切方法引起肢体的主动反应,并利用各种运动模式,如共同运动、联合反应,再从异常模式中引导、分离出正常运动成分,最终脱离异常运动模式,逐渐向正常功能性模式过渡。Brunnstrom 把偏瘫患者肢体恢复分为 6 期,由于各期存在问题不同,因此治疗重点也不同。

(三)截瘫的运动训练

截瘫是指脊髓胸、腰或骶段的损伤,造成患者的躯干、骨盆脏器及下肢运动和感觉功能损害或丧失。截瘫包括马尾和圆锥的损伤,但不包括腰骶丛病变或椎管外周围神经的损伤。对于脊髓损伤患者来说,当其生命体征趋于稳定之后,可以立刻增加早期康复。

1.早期运动训练

早期运动训练由关节活动训练与直立适应性训练等组成。具体来说,关节活动训练是指在患者生命体征稳定后马上参与全身所有关节的被动运动,通常建议 1~2 次/天,所有关节在各轴向运动若干次即可,要尽可能防止关节挛缩的情况出现;直立适应性训练应当循序渐进地由卧位过渡到半卧位或坐位,每天应当逐步增大倾斜度,以无头晕等低血压不适症状为为宜,始终遵循循序渐进原则,通常会采取直立床训练。

2.恢复期运动训练

当患者生命体征稳定、骨折部位稳定、神经损害或压迫症状稳定、呼吸平稳后,就可以马上进入恢复期治疗。

(1)肌力训练肌力达到 2~3 级,重视锻炼肩带肌力和腰背肌力的训练,步行训练的基础是腹肌、髂腰肌、腰背肌、股四头肌、内收肌、臀肌等的训练。

(2)肌肉与关节的牵张包括腘绳肌牵张、内收肌牵张和跟腱牵张,属于康复治疗过程中一定要坚持完成的项目。

(3)对于坐位训练而言,合理有效的独立坐位是患者实现转移、轮椅训练以及步行训练的重要基础,其中床上坐位由长坐位与短坐位组成。

(4)转移训练独立转移和辅助下转移训练。

(5)步行训练完全性脊髓损伤患者步行的重要前提是其上肢具备良好的支撑力与控制力。倘若存在实用的步行能力,那么神经损伤平面往往在腰部或腰部以下水平,不完全性损伤者则应当结合残留肌力的实际状况来科学制定步行的预后。

(四)脊柱畸形的运动训练

脊柱畸形是指脊柱的冠状位、矢状位或轴向位偏离正常位置并出现形态方面的异常。以具体位置为依据,能够把脊柱畸形划分成颈椎畸形、胸椎畸形以及腰椎畸形;以形态学为依据,能够把脊柱畸形划分成前凸、侧凸和后凸畸形。

倘若无法及时发现并处理脊柱畸形,则一些患者的症状可能会逐步加重,由此产生严重的畸形,由此对患者的身体外观产生负面影响,导致患者出现运动功能障碍,最终产生异常步态,患者也可能出现心肺功能障碍乃至产生脊髓受压并造成下肢瘫痪以及排便功能障碍,使得患者的心理压力大幅度增加,使其生活质量大幅度降低。由此可见,早期诊断、早期治疗、早期康复都具有很大的必要性。

准确判断脊柱畸形患者的实际情况,具体包括 Cobb 角的测量、脊柱旋转的测量、柔软度和骨成熟度的测量及预后的判断,旨在向脊柱畸形患者提供切实有效的治疗方法,这里主要对脊柱侧凸的运动训练方法进行着重阐析,具体如下。

1. 脊柱侧弯小于 10°

高度重视日常活动中的姿势治疗,密切配合矫正体操。一般来说,患者可以选择卧位,从而有效消除脊柱的纵向重力负荷。当脊柱所处的斜度不同时,脊柱侧屈运动可以集中于所需治疗的节段,具体来说,就是选择特定姿势练习来使患者特定部位的脊柱侧凸得到有效改善。患者完成矫正操时需要达到的要求是:每个动作持续 2～3 分钟,重复 10～30 次或更多,一直到肌肉出现疲劳,特殊情况下患者可以借助沙袋来增加负荷,从而促使效果更加显著。

2. 脊柱侧弯 10°～20°

除以上的运动训练手段以外,侧方体表电刺激同样可以充当配合手段,同时仔细观察脊柱侧弯的进展情况,2～3 个月复查一次,当患者表现出发展倾向后应当及时佩戴支具矫形器。

3. 脊柱侧弯大于 20°

把支具矫形器当成主要矫治方法。

4. 脊柱侧弯大于 45°或侧弯伴有旋转畸形严重者

一般来说,建议患者选用手术治疗,手术治疗前后依旧要配合恰当的矫正体操以及姿势治疗,从而使手术效果得到进一步提升和巩固。

参考文献

[1]田麦久.运动训练学[M].2版.北京:高等教育出版社,2017.

[2]郭斌,颜彤丹,刘翔.体育运动训练理论与实践指导[M].北京:人民日报出版社,2017.

[3]周李莉,郭福江,尹亚晶.体育运动训练与健身实践研究[M].北京:人民日报出版社,2016.

[4]张颖.现代运动训练分析与常见项目实践指导[M].北京:中国水利水电出版社,2016.

[5]王琳,薛锋.运动训练理论研究[M].北京:中国社会科学出版社,2014.

[6]《运动医学》编写组编.运动医学[M].北京:北京体育大学出版社,2016.

[7]鲁威人.体育学[M].北京:清华大学出版社,2016.

[8]安丽娜.竞技体育理论教程研究[M].北京:中国纺织出版社,2016.

[9]吕品,茅菊兰,邓强松.高校排球运动科学化训练的路径构建[M].北京:光明日报出版社,2016.

[10]汪军.运动生理学[M].北京:北京体育大学出版社,2016.

[11]肖涛,孔祥宁,王晨宇.运动训练学[M].重庆:重庆大学出版社,2016.

[12]胡亦海.竞技运动训练理论与方法[M].北京:人民体育出版社,2014.

[13]胡振浩,张溪,田翔.职业体能训练[M].北京:高等教育出版社,2008.

[14]杨发明,张秀花.运动训练[M].郑州:河南科学技术出版社,2014.

[15]许琦.现代游泳训练方法[M].北京:北京体育大学出版社,2007.

[16]邓树勋,王健,乔德才,郝选明.运动生理学[M].3版.北京:高等教育出版社,2015.

[17]乔德才.运动人体科学基础[M].北京:高等教育出版社,2012.

[18]陈小平.生物学和教育学理论基础的建设——我国运动训练理论亟待解决的问题[J].体育科研,2011(04).

[19]郑晓鸿.运动训练监控释义及其目的意义与内容的理论探析[J].

吉林体育学院学报,2008(05).

[20]田麦久.运动训练学[M].北京:高等教育出版社,2006.

[21]曹青军.运动训练理论与实践[M].北京:北京理工大学出版社,2010.

[22]张先锋.田径运动训练理论与实践[M].长春:东北师范大学出版社,2012.

[23]张瑞林.体育管理学[M].北京:高等教育出版社,2008.

[24]刘大庆,张莉清,王三保,茅洁.运动训练学的研究热点与展望[J].北京体育大学学报,2013(03).

[25]郭可雷.现代运动训练发展趋势探究[J].山东体育学院学报,2011(06).

[26]杜晖.体育运动训练学的发展与创新探索[J].当代体育科技,2014(32).

[27]邬璐阳.运动训练发展创新的动力研究[J].山西财经大学学报,2013(S1).

[28]黄恩洪.运动训练的创新发展研究[J].赤峰学院学报(科学教育版),2011(12).

[29]王浩宇.现代运动训练发展趋势探究[J].当代体育科技,2015(27).

[30]文渭河,杨杨,刘抗英.浅谈我国运动训练的创新发展[J].才智,2014(05).

[31]李明,曹勇.体育运动心理训练理论与实践[M].北京:中国地质大学出版社,2015.